RHÉTORIQUE ET IMAGE

TEXTES EN HOMMAGE À Á. KIBÉDI VARGA

Leo H. Hoek et Kees Meerhoff (éds.)

Ex dono Keith Robert Busby
olim socii peregrini et
olim commensali
1997.

ⓞ The paper on which this book is printed meets the requirements of "ISO 9706:1994, Information and documentation - Paper for documents - Requirements for permanence".

ⓞ Le papier sur lequel le présent ouvrage est imprimé remplit les prescriptions de "ISO 9706:1994, Information et documentation - Papier pour documents - Prescriptions pour la permanence".

ISBN: 90-5183-825-5 (Bound) (CIP)

Printed in The Netherlands

Photo couverture: Carel Blotkamp, *Bis* (© C. Blotkamp, 1995)

RHÉTORIQUE ET IMAGE

FAUX TITRE

Etudes
de langue et littérature françaises
publiées

sous la direction de Keith Busby,
M.J. Freeman, Sjef Houppermans,
Paul Pelckmans et Co Vet

No. 98

Rodopi

Amsterdam - Atlanta, GA 1995

L'image autonome ne peut par conséquent posséder une rhétorique intentionnelle et univoque que si elle est soutenue soit par un texte soit par un savoir préalable qui lui enlève son caractère indéfini et qui l'arrache au monde sensible pour l'intégrer au monde social.

A. Kibédi Varga, "Une rhétorique aléatoire: agir par l'image"

Quand je vois à travers l'épaisseur de l'eau le carrelage au fond de la piscine, je ne le vois pas malgré l'eau, les reflets, je le vois justement à travers eux, par eux. S'il n'y avait pas ces distortions, ces zébrures de soleil, si je voyais sans cette chair la géométrie du carrelage, c'est alors que je cesserais de le voir comme il est, où il est, à savoir: plus loin que tout lieu identique. L'eau elle-même, la puissance aqueuse, l'élément sirupeux et miroitant, je ne peux pas dire qu'elle soit *dans* l'espace: elle n'est pas ailleurs, mais elle n'est pas dans la piscine. Elle l'habite, elle s'y matérialise, elle n'y est pas contenue, et si je lève les yeux vers l'écran des cyprès où joue le réseau des reflets, je ne puis contester que l'eau le visite aussi, ou du moins y envoie son essence active et vivante.

Maurice Merleau-Ponty, *L'Œil et l'esprit*

A. Kibédi Varga

Avant-propos

La problématique exclusive de l'image, située dans un contexte verbal et visuel, a été choisie comme point de départ à la publication de ce recueil dédié à Aron Kibédi Varga. Texte et image étant envisagés dans leur interdépendance, les contributions, toutes interdisciplinaires, se veulent des réflexions à plus d'un titre: histoire littéraire, histoire de l'art et de l'architecture, rhétorique, sémiotique, philosophie et typographie s'avèrent être ici des approches fructueuses pour explorer les relations multiples et variées entre la littérature et l'art. Cette double perspective est également présente dans l'image de la couverture, *BIS*, créée par Carel Blotkamp.

Titulaire de la chaire de littérature française à la Vrije Universiteit (Amsterdam), Aron Kibédi Varga a déployé une intense activité de recherche et d'enseignement dans des domaines aussi variés que le théâtre, la nouvelle et le roman classiques, la rhétorique, la poétique, la stylistique, la sémiotique, la théorie du récit, la poésie baroque et moderne, la philosophie, le postmodernisme et les recherches 'interarts'. En fin de volume, la bibliographie de ses travaux en porte ample témoignage.

Il y a plus de dix ans, il a pris l'initiative de fonder le Département des Arts Comparés ('Texte et Image') à la Vrije Universiteit et de créer en même temps une *Association Internationale pour l'Étude des Rapports entre Texte et Image (International Association of Word and Image Studies).* Par ses nombreuses publications dans ce domaine, il a contribué à procurer à cette 'interdiscipline' ses lettres de noblesse. Les collègues et amis de Aron Kibédi Varga ont tous eu à coeur de prolonger une oeuvre et une réflexion qui ne cessent de les inspirer.

Le rayonnement multiforme de cette oeuvre est mis en évidence par la variété et le caractère des contributions. Deux textes inédits, écrits par des poètes qu'il est inutile de présenter, encadrent les réflexions des collègues universitaires. Ils honorent le poète qu'est aussi Aron Kibédi Varga, et saluent une oeuvre savante sans cesse nourrie par la pratique de l'écriture poétique.

Les éditeurs tiennent à remercier tous ceux et toutes celles qui ont contribué à ce livre avec des textes souvent très personnels. A travers l'érudition généreusement offerte, c'est l'amitié, c'est la joie de lire et d'écrire que chaque contribution manifeste *visiblement.*

Leo H. Hoek
Kees Meerhoff

À UN RETOUR À SAN BIAGIO

Yves Bonnefoy

Salle, absolue
Pour peu qu'on te dénude jusqu'au nombre,
Déchirant les peintures, les statues
Qu'a jetées notre peur sur ta lumière.

Œuvre
Qui as fait arc et flèche de la forme
Mais qui vas t'effacer de ma mémoire
Car la pensée n'est pas capable de l'espace.

De toi je ne puis dire
Que: "cela est",
Que tu n'attestes rien, ne signifies pas,
Es, seulement,
Une, dans le désordre de l'esprit.

Beauté, monnaie
Dont les deux faces sont nues.

Et pour me souvenir
Tant soit peu, malgré tout,
Malgré la mort
Quand l'aigle de ton absence volera
Toujours plus près de moi avec des cris,

Qu'aurai-je? La vision
D'un gave, au bas du monde. Celle
De l'écume qui fuse, qui reflue,
Qui bouillonne à nouveau et brille encore.

Celle, là-bas,
De la paix du cône de déjection, parmi les pierres.

quelques objets, et non pas sur leur environnement, suggère le manque d'intérêt du photographe pour les indices qui pourraient localiser cette scène. Il les a rayés peut-être consciemment: si la scène a été une scène d'intimité, et s'il y a participé, aucun tiers ne doit le savoir ou s'en apercevoir. Sauf éventuellement pour l'autre buveur, le photographe n'a pris la photo que pour lui-même: cette photo est identifiable seulement par des souvenirs personnels et non pas par des indices publics. Le photographe, lui, en sait la signification, aussi bien que l'identité des buveurs. D'autres 'regardeurs' – comme nous-mêmes en ce moment – ne le sauront jamais: le photographe n'est pas un voyeur, le lecteur ne doit pas le devenir non plus.

Si mes suppositions sont exactes, le savoir présupposé par la photo est un savoir interne, réservé aux participants, y compris le photographe, et ne peut pas être décodé par l'analyse. La signification de cette photo, et de n'importe quelle photo, est par définition limitée, mais ce sont ces limites que je voudrais discuter ici et qui font l'acte de photographier tellement fascinant.

Le récit englobant

On pourrait penser, en première instance, que j'ai essayé de suivre ci-dessus le modèle iconographique de Panofsky. En décrivant les objets 'mis en photo', je les ai identifiés selon l'expérience quotidienne habituelle dans la phase "pré-iconographique". Mon analyse de leurs relations pourrait ensuite être vue comme un essai d'identifier l'image, l'histoire ou l'allégorie, représentée par les objets en question ("phase iconographique"). Mais l'identification échoue dans ce deuxième cas: comme il ne se passe rien dans la photo et que les actants humains y font même défaut, il n'y a pas d'"histoire" à reconnaître. Panofsky (1991:214) fait d'ailleurs la précision que la nature morte est un des genres par rapport auxquels l'analyse peut faire l'économie de cette deuxième phase (iconographique) et passer directement à la troisième phase, celle iconologique, où l'on regarde l'image en tant que manifestation, ou symptôme, des valeurs générales de l'époque ou de l'artiste.

D'autre part, on voit bien que le modèle de Panofsky ne colle pas, du moins pas tout de suite, à l'image photographique. La 'nature morte' en peinture est souvent, si non toujours, un objet composé, arrangé par le peintre selon une certaine intention, (vaguement) symbolique ou (exactement) allégorique, et qui doit faire l'objet de l'analyse iconographique (*ibid.*:211). Ce n'est pas le cas de notre photo et je crois d'aucune photo *prise sur le vif* – je ne parle donc pas des photomontages – où l'arrangement des objets est aléatoire: la photo renvoie à une "unstaged reality" (Krakauer 1979:182).

Deuxièmement, notre photo ne *représente* pas une action mais la présuppose dans le passé immédiat. Même dans le cas où la photo aurait inclus 'les buveurs', où on aurait pu les classer comme 'partenaires d'affaires', 'couple conjugal' ou 'couple d'amoureux', l'identification d'une 'source' littéraire aurait été impossible: le photographe montre ce couple, autrement que le peintre (classique), tel qu'il l'a vu et non pas tel qu'il l'a conçu; le couple du peintre ne sort pas de la peinture, celui du photographe se promène dans le monde.

L'étage iconographique n'a apparemment pas de sens dans l'analyse des photos, même si celui iconologique peut nous renseigner sur 'la personnalité' du photographe, ou sur sa 'vision du monde', ainsi qu'il le fait dans l'analyse de la peinture.

Et pourtant. L'absence (habituelle) d'une "source extérieure" iconographique dans la photographie n'implique pas l'absence d'un "savoir extérieur", nécessaire à la compréhension de la photo. En fait, les sources iconographiques ne sont qu'un cas particulier – historiquement limité, car disparu dans la peinture post-mythologique – de ce savoir extérieur sans lequel aucune image ne peut être comprise. L'analyse iconographique rejoint inopinément la sémiotique, les deux bien étonnées de se retrouver ensemble: il s'agit du fait fondamental que l'image, autrement que le texte verbal, ne peut pas constituer *toute seule* un message compréhensible. Peinture ou photographie, toute image figurative qui représente une scène reconnaissable – et d'autant plus une 'nature morte' – semble avoir besoin, pour être comprise, de ce que Barthes nommait un ancrage ou un relais verbal, le texte verbal à côté: titre, mots dans l'image qui suggèrent une certaine connotation, reportage de presse, ballons dans une bande dessinée, dialogue des personnages dans un film etc. Sinon, d'autres images doivent l'accompagner afin de constituer une séquence capable de générer, elle, la signification de l'ensemble: les neuf toiles de la *Légende de sainte Ursule* (1490) de Carpaccio, les huit planches de *La Carrière du roué* (1735) de Hogarth, une série de photospreuves judiciaires, comme je l'ai déjà suggéré, ou la série des photos de Muybridge d'un cheval au galop (ill. 2).[1]

2 Eadweard Muybridge, Cheval au galop, *1878*

Je propose de considérer toutes ces informations supplémentaires nécessaires pour fixer le sens d'une image isolée, comme son *discours englobant.* Celui-ci prend, selon le cas, la forme d'une source iconographique – L'*Iconologia* de Cesare Ripa pour Panofsky – ou bien d'une idéologie: le discours collectif des revues où Stieglitz publiait ses photos "esthétiques" et Hines ses photos "documentaires", un discours que Sekula, dans son essai là-dessus (1982), évaluait, lui-aussi, selon des préférences idéologiques. Mais c'est également un discours englobant, ce que Schaeffer (1987:87-90) nomme "le savoir latéral", le savoir dont dispose un photographe amateur qui nous assure que cet arbre-là dans la photo est un cerisier planté par son père (*ibid.*): cette "photo-souvenir" fait pour lui partie de la "saga familiale" et a par conséquent un poids affectif qu'un étranger ne pourra jamais comprendre.

Il s'agit ensuite de préciser la nature de ce discours englobant. Ma – deuxième – proposition est de le considérer comme un *récit.* Il fonctionne, en fait, pour la photographie et peut-être pour toute image, sur deux paliers. Le premier est celui du contexte 'naturel' de la scène, ou de l'événement,

1. Série de photos que Wolfgang Baier (1977:423) nommait 'chronophotographies', parce qu'elle était le précurseur du cinéma.

3 Paolo Uccello, Bataille de San Romano, *1456-1460*

que l'image en question représente. Ce récit est constitué par 'le discours d'action' dont fait partie la scène représentée par la photo et il est, du moins en partie, l'objet de la perception du photographe, parfois du peintre traditionnel aussi, pour autant qu'il en était le témoin; ce récit fonctionne donc pour eux comme un discours-objet. Sur un deuxième palier se trouve le savoir théorique, historique, politique, iconographique, *das literarisches Vorwissen* (Kemp 1989:63), nécessaire à la production de l'image, mais aussi la totalité du programme (artistique) dont celle-ci fait partie – c'est Gombrich (1978) qui a souligné son importance – ou la saga du groupe, la biographie des participants, etc. Le peintre, ou le photographe, doit posséder une bonne partie de ce savoir, autrement il ne pourrait ni comprendre ni exécuter la mission dont il est chargé, mais ce savoir, bien qu'impliqué dans l'objet de son expérience, n'en fait guère partie. Le discours englobant se constitue sur ce palier, pour le photographe, comme un métadiscours. Est-il, lui-aussi, un récit? En grande partie, oui, sans doute, parce que le mythe, le texte sacré ou historique, la saga familiale, l'arrière-fond politique, sont eux-mêmes organisés comme autant de récits. Une autre partie du métadiscours, plutôt philosophique ou politique, a probablement, elle aussi, une certaine structure narrative sans être un récit proprement dit (pour la sémiotique du discours scientifique, cf. Greimas & Landowski 1979).

Dans la suite de cet article je m'intéresserai surtout au premier palier, le(s) récit(s) du discours-objet. Il est par ailleurs évident qu'au niveau de l'*analyse complète* d'une photo, ou de l'image en général, il est nécessaire de connaître à la fois les deux paliers du discours englobant.

L'image isolée a du sens seulement si la scène qu'elle représente fait partie d'un récit (supposé) connu: les tableaux de la *Bataille de San Romano* de Paolo Uccello (ill. 3), ou les photos de guerre de Robert Capa (ill. 4: la fameuse image d'une collaboratrice, au milieu de la foule, dans les rues de Chartres, après la libération; cf. Manchester 1989:92-93). L'image en question est un instantané, une interruption de l'action commencée avant et continuée après le moment respectif. Toute image est une image figée, retirée d'un film, dirait-on, où l'on enregistre le mouvement complet, ou une bonne partie de celui-ci, reconnaissable et compréhensible en tant que tel. Le regard désespéré de Sampras, que je vois maintenant à la télévision, je ne puis le comprendre qu'en tant qu'image figée: un instantané pris pendant sa défaite à Roland Garros devant Courier. Seulement si le film continue, ou si je lis le compte rendu du match, je puis comprendre le sens de cette image.

4 Robert Capa, Collaboratrice promenée dans les rues de Chartres, *1944*

On sait d'ailleurs depuis longtemps qu'une photo isolée est, par définition, incomplète. Arnheim (1979:149-150) soulignait dans la photo "the incompleteness of the fraction of a second lifted from the context of time" et la définissait comme "a sample extirpated from an action whose integrity resides beyond the realm of the picture"; les photos "rely for their visual validity on the action of which they are a phase". Krakauer (1979:182-183) définissait la photo par son caractère fragmentaire:

> A photograph, whether portrait or action picture, is in character only if it precludes the notion of completeness. Its frame marks a provisional limit; its contents refers to other contents outside the frame and its structure denotes something that cannot be encompassed: physical existence.

La photo est par définition "indeterminate", un personnage est montré dans une certaine pose mais "the function of this pose within the total structure of his personality remains everybody's guess. The pose relates to a context which itself is not given". L'interprétation d'un instantané (photo, peinture) suit donc les mêmes règles que l'interprétation d'un geste perçu dans la réalité: chacun est le fragment d'une action plus large et il faut connaître le sens de celle-ci avant de comprendre le sens de celui-là. Un exemple quotidien banal: on cherche une place pour garer sa voiture et on voit quelqu'un à côté de la porte fermée d'une voiture déjà stationnée dans le parking; nous supposons que la personne en question est le chauffeur de la voiture mais nous ne savons pas comment interpréter son geste: vient-il de fermer la portière ou, au contraire, est-il en train de l'ouvrir? Il faut le lui demander: le geste en soi est ambigu.

Or, si nous admettons que le sens global d'une action n'est formulable que dans le récit qu'on fait de l'action – Ricœur (1983:69-70) estimait qu'une suite d'actions n'est compréhensible que par leur "mise en intrigue"[2] –, il en résulte que l'instantané – la photo aussi bien que le geste du chauffeur – n'est compréhensible qu'à travers le récit qu'on met à notre disposition dans le discours englobant. Le peintre le trouvait à l'époque dans son "discours latéral" – l'Encyclopédie, selon Eco – de la Renaissance. Le photographe observe pendant un certain temps les événements dont il témoigne, nous observons l'attitude du chauffeur en question et, si nécessaire, on se renseigne, le photographe aussi bien que nous, auprès des personnes impliquées. J'ai fait remarquer ailleurs que l'apparition du sens n'est possible que grâce à la jonction d'un discours englobé et d'un discours englobant, opérée par un "actant-observateur", le photographe dans notre cas (Alexandrescu 1985). D'une manière encore plus générale on pourrait parler, ainsi que le fait Kibédi Varga dans un article très stimulant, de la nécessité que tout événement imprévu soit domestiqué, rendu compréhensible, par sa "narrativisation", par la création d'un récit dans lequel il reçoit une place acceptable:[3]

---

2. P. Ricœur reprend une remarque d'Aristote et souligne ici que la mise en intrigue commence par l'établissement d'une relation causale entre les épisodes: ils ne sont plus présentés seulement l'un après l'autre mais aussi l'un à cause de l'autre, ce qui confère à leur enchaînement un caractère vraisemblable. Et ailleurs: "le temps devient temps humain dans la mesure où il est articulé sur un mode narratif" (p. 85).

3. Cf. aussi Kibédi Varga 1989. Dans l'introduction à ce livre F. Ankersmit parle de la "raison narrative" (*narratieve rede*) qu'il faudrait accepter à côté, sinon au-dessus, de la raison scientifique (*wetenschappelijke rede*) dans l'interprétation du monde (p. 10).

> Lorsqu'un objet, un événement nous paraît incompréhensible, nous cherchons à le *narrativiser*: en inventant une histoire autour, en assignant à l'incompréhensible une place à l'intérieur d'une histoire compréhensible, l'incompris est désarmé et tourné vers nous. (Kibédi Varga 1990:21, notre traduction)

Le photographe perçoit l'événement dont il est le témoin, ou qu'il vit en tant que participant (la photo-souvenir), d'une manière qu'il ne pourra rendre plus tard, si on le lui demande, que par un récit verbal d'appui (reportage etc.). L'événement en soi n'est pas un récit mais le compte rendu en devient un: le 'contenu' de son expérience est, pour le photographe, absolument chaotique: un tourbillon de mille impressions, participants et petites actions enchevêtrées les uns dans les autres. Il ne peut transmettre cette expérience que dans la 'forme' plus ou moins ordonnée d'un récit. Chaque photo, en soi dépourvue de signification précise, n'est compréhensible que si elle est placée dans la totalité du récit-reportage, ou du récit que le photographe amateur 'a dans sa tête', ou qu'il a consigné dans son agenda. Le photographe, à la différence du peintre de la Renaissance, ne peut pas s'appuyer sur un 'récit de référence' formulé d'avance. Au contraire, c'est lui-même qui doit extraire ce récit, implicitement ou explicitement, de son expérience.

Mais il y a plus. Le photographe ne domine pas son monde, il n'est pas, comme le peintre, celui qui 'invente' l'image en tant que fragment d'un récit connu d'avance et (supposé) réel, il n'est – sauf exception, voir notre photo – que le témoin des actions 'inventées' par des sujets inconnus et sur lesquels il n'a aucune prise. *L'image qu'il montre est la sienne mais le récit dont elle fait partie est un récit produit devant ses yeux par les autres.* Ce récit n'est pas arrivé à sa fin, au moment où le photographe en témoigne, et personne ne sait comment il finira. Le peintre de la Renaissance renvoie à un récit iconographique depuis longtemps arrondi et classé en tant que signification, tandis que le photographe, bien qu'il sache quelque chose sur l'avant et l'après du moment photographié, lui, ne connaît pas la fin de l'histoire car ce sont les autres, les sujets de l'action, qui en décideront. En fait, le photographe ne fait, par son instantané, que nous offrir le cadre de plusieurs scénarios, de *plusieurs récits possibles mais inachevés*. C'est nous, les spectateurs, ou les (futurs) historiens, qui devrons choisir, après la fin de l'événement, quel scénario est le juste, et le compléter, le 'concrétiser' ensuite jusqu'à produire *un (seul) récit achevé*. Ou, par contre, nous pourrions laisser ce récit à jamais inachevé, car dans la plupart des cas, y compris celui de notre photo, nous, les spectateurs, nous ne connaîtrons jamais la fin de l'histoire. Les personnages de la photo sont dans un sens les personnages du journaliste mais, dans un autre sens, plutôt pirandellien, ils s'émancipent par rapport à leur auteur et continuent leur vie comme si la photo n'avait jamais été prise. Le récit englobant, mais inachevé, dont dispose le photographe – ce que j'ai nommé plus haut le récit du discours-objet – il le 'montre' dans sa photo, et il y met aussi, autant que possible, son savoir latéral, par son travail de composition de la photo: à nous de la déchiffrer. Autrement dit, il conçoit à l'intérieur de l'instantané quelque chose qui le dépasse, l'"espace aveugle" dont parlait Barthes (1980:90-91), ou ce que j'aimerais nommer, et ce sera ma troisième proposition, *le récit interne* de la photo, *le récit englobé par la photo*, les traces du passé mais aussi les 'traces du futur' dissimulées là-dedans par le photographe:

> Alle diese Bilder, sogar die Einzelszenen, deuten Veränderungen im Laufe der Zeit dadurch an, dass sie in Beziehung zu nicht abgebildeten Geschehnissen stehen. Es geht um die Bedingungen und Folgen menschlichen Tuns, die Handlungen selbst werden weggelassen ... Gerade diese Einbeziehung von Dingen ausserhalb des Dargestellten macht die 'Signifikanz' der Szenen aus. (Kurlander e.a. 1989:48).

L'événement (*Geschehnis*), l'action (*Handlung*) n'est pas dans la photo, mais son présupposé, ses conditions (*Bedingungen*) et ses conséquences (*Folgen*) s'y retrouvent comme autant de rudiments du récit. Ainsi que nous l'avons vu plus haut, la scène représentée par notre photo n'est pas seulement dérobée au temps et au mouvement mais, d'un autre point de vue, elle les inclut: la photo ne contient pas seulement l'instant, mais aussi la durée.

Les limbes du récit

On se rappelle que les premiers essais de Barthes sur la photographie ont précédé ses études narratologiques. Ceci explique peut-être pourquoi il ne s'est pas attardé sur les relations intrinsèques entre la photo et le récit: celui-ci ne peut entrer dans le monde de l'image, selon Barthes, que par la grâce d'un message linguistique accompagnant le message visuel.

D'autre part, si on accepte qu'un détail descriptif dans la prose peut devenir une 'catalyse' – on se rappelle que celle-ci était, selon Barthes, une unité narrative dont le récit peut faire l'économie mais dont le discours ou la narration ne pourraient se passer – ou au moins un indice, et être ainsi récupéré par le récit, il faudrait se demander pourquoi un détail semblable dans la photo ne pourrait remplir les mêmes fonctions dans un récit visuel. Autrement dit, pourquoi les objets d'une 'nature morte' ne pourraient-ils constituer en soi, donc sans relais verbal, les rudiments d'un récit? Le codage vient dans le monde visuel, selon Barthes, non pas du côté dénotatif mais du côté connotatif, et là il n'y a pas de récit à attendre. J'aimerais essayer de montrer par la suite que le dénotatif peut bien constituer, dans la photo, un début, ou les rudiments, d'un récit, et que le dénotatif est par conséquent, lui-aussi, codifiable. On peut donc opérer une jonction entre la constitution du sens dans la photo et les catégories narratives que Barthes, et d'autres à sa suite, ont réservé au texte écrit, sans saisir par ailleurs la possibilité de les projeter sur le visuel. Ce faisant je m'appuierai aussi sur les livres de P. Dubois (1990), et de J.M. Schaeffer (1987), qui voit dans la photo "un indice non codé qui fonctionne comme un signe d'existence" (Schaeffer 1987:57-58), précisant ainsi, par une approche pragmatique, ce que Barthes nommait, dans *La Chambre claire*, "l'avoir-été-là" du photographe.[4] On pourrait aussi comparer ce que Barthes écrit, plutôt intuitivement, sur le *punctum* de la photo, et ce que Schaeffer décrit, dans la photo-souvenir, comme la distance, ou la rupture dans le temps, entre celui qui regarde la photo, le photographe y compris, et l'événement passé. Nous devrions nous demander alors comment la photo nous fait croire à la continuité entre son espace-temps interne et le grand espace-temps de l'histoire externe.

Revenons à la photo discutée au premier paragraphe. Quelle différence y aurait-il entre l'acte de regarder la photo et l'acte de lire sa description, disons, à la page 29 de tel ou tel roman? On réagirait sans doute avec les mêmes spéculations sur les 'buveurs': la 'concrétisation' du texte écrit, dont parlait Ingarden et la *Rezeptionsästhetik*, n'est pas différente du tout dans le cas de l'image visuelle (Ingarden 1968:49-63).[5]

---

4. Dubois (1990, surtout les deux premiers chapitres) et Schaeffer (1987) critiquent, d'un point de vue pragmatique, les theories sémiologiques de Barthes et d'Eco (1968). Floch (1985, 1986), d'autre part, tout en critiquant Barthes, développe la sémiotique de Hjelmslev et de Greimas. L'analyse greimassienne se retrouve dans Fresnault-Deruelle (1993). Aumont (1990) presente, plusieurs points de vue théoriques. Une collection très large d'articles sur la photographie est Kemp éd. (1983).

5. Ce qu'Ingarden dit sur le texte littéraire – ses "Unbestimmtheitsstellen" doivent être comblées par le lecteur – est repris *ad litteram* pour l'image visuelle par Kemp (1989:67; cf. aussi ses autres articles sur ce thème).

Notre photo se laisse par ailleurs facilement analyser en termes narratologiques. La scène d'intimité pourrait être vue comme une catalyse à la Barthes, une pause entre deux fonctions cardinales auxquelles participent les deux buveurs, ou seulement l'un d'entre eux. Mais une autre interprétation reste également possible: il s'agit ici, au contraire, d'une seule fonction cardinale; ce sont justement les quelques instants (heures, jours?) passés ici qui comptent dans la vie des deux buveurs et c'est ce qui se passe au-delà des caisses de fleurs, à côté même ou ailleurs dans le monde, qui n'est, pour eux, qu'une catalyse. Faut-il d'ailleurs regarder cette scène en totalité, ou faut-il la décomposer en parties successives? Faut-il voir ici une seule fonction cardinale – la rencontre – ce par quoi les menus détails – le dévissage de la bouteille de whisky, par exemple – ne seraient que des catalyses, ou faut-il voir la scène comme une suite de fonctions cardinales également importantes (on pourrait imaginer un scénario à ce propos)? Ou bien serait-elle, cette photo, plutôt une énorme ellipse qui cache pudiquement l'essentiel, ce que les deux personnes se sont dit, ou ont fait, à table? Et l'indice d'intimité, comment l'interpréter? Est-elle, cette intimité, quelque chose de fondamental pour le couple en question – mais était-ce vraiment un couple? – ou est-elle un jeu que les deux se sont joué l'un à l'autre, par amour-propre, par nécessité, ou par perversité?

Nous savons déjà qu'on ne saurait répondre à ces questions. Mais cette impossibilité d'interpréter la scène en question ne veut nullement dire qu'elle n'est pas narrative. Au contraire, c'est justement le fait qu'elle est un fragment de récit qui nous empêche de décider de son importance pour le récit avant d'en connaître la fin. Le fait d'être exprimée visuellement ne change rien a son statut narratif: c'est un fragment de récit et celui-ci reste, par définition, indéterminé. La photo nous suggère qu'il s'agit d'un 'vrai' fragment de vie: le temps passé à cette table continue à couler dans le hors-champ. Nous savons que les buveurs ont quitté la table sans la ranger mais nous ne savons pas pourquoi ils sont partis, ni vers quelle destination. Il est cependant évident que leurs vies, leurs récits, continuent. Les traces d'une activité passée, dans la photo, nous fait continuer le flash-back au-delà de la photo et imaginer un scénario quant à l'origine des buveurs. L'hypothèse qu'ils peuvent revenir à table dans quelques instants, nous fait nous imaginer un certain avenir pour eux, toujours hors la photo. Cette image apparemment si simple continue à vivre par des analepses et des prolepses dans un hors-champ presqu'infini.

Voilà que j'utilise quelques termes de Genette (1972, pour citer seulement le début d'une bibliographie immense), mais nous pourrions voir dans cette scène aussi, cette fois dans les termes de Bremond (1973), une suspension du récit, une "virtualité" dont on ne sait si elle sera suivie par un "passage à l'acte".

Je renonce à prolonger cette longue liste d'interrogations. Il est évident que la photo est ouverte sur plusieurs – et différents avenirs. Le récit interne de cette photo se laisse continuer par pratiquement tous les scénarios compatibles avec ses données. Nous nous trouvons, dans cette photo, dans *les limbes du récit, dans le monde de la virtualité, où l'avenir n'est pas encore né*. Le photographe ne semble pas avoir voulu nous suggérer une clôture reconnaissable, une sortie prévisible de ces limbes. Il n'a voulu nous dire, peut-être, que le fait qu'il y errait encore, et les deux buveurs aussi, à travers ces limbes, et qu'il gardait seulement l'espoir d'en sortir un jour et de clore le récit de sa vie, ou de leurs vies.

Ou, peut-être, voulait-il dire quelque chose de plus?

Les récits inachevés

En fait, il me semble que *le monde de la photographie est le monde du récit inachevé*. On pourrait m'objecter que cette 'règle' est peut-être valable pour les 'photos de presse' mais aucunement pour les photos expérimentales. L'exception envisagée n'est cependant pas si certaine qu'elle en a l'air: l'extraordinaire exposition photographique *Muri di carta*, organisée à Venise pendant la Biennale de 1993, confirme plutôt la persistance de l'élément narratif dans les photographies d'avant-garde. Luigi Ghirri, par exemple, résume les principes de son travail, qui a révolutionné l'art de la photographie en Italie vers 1970, de la manière suivante: "le foto assumono senso dal loro essere dentro un 'sistema', all'interno di un montaggio o discorso narrativo" (Quintavalle 1993:131). A regarder les cycles les plus saisissants de ses photos, comme *Kodachrome* (1970-1978) ou *Diaframma 11, 1/125, Luce Naturale* (1970-1979; cf. ill. 5), on ne peut que lui donner raison. Les photographes, le professionnel aussi bien que l'amateur, le traditionaliste aussi bien que l'avant-gardiste, prennent des photos comme un aide-mémoire. Ils veulent évidemment sauver de l'oubli ce qui y a été, même si, selon Barthes, "se vouant à la capture de l'actualité, [ils] ne savent pas qu'ils sont des agents de la Mort. C'est la façon dont notre temps assume la Mort:

sous l'alibi dénégateur de l'éperdument vivant", car la photo n'est que "cette image qui produit la Mort en voulant conserver la vie" (Barthes 1980:143-144).

5 Luigi Ghirri, Bologna, *1973*

Sauver une personne, ou un événement, du néant de l'oubli ne serait-ce qu'une manière de l'ensevelir dans la mort? Barthes a probablement conçu cette – si troublante – idée de la photo parce qu'il était obsédé par le référent de la photo – sa mère, et la photo de celle-ci au "Jardin d'Hiver" – et, plus généralement par la Mort, et non pas par l'acte du photographe, par l'expérience du témoin. C'est aussi la raison pourquoi Barthes refuse à la photo la qualité de souvenir et ne voit en celle-ci que le temps "immobilisé", ou "engorgé", ainsi que dans un tableau vivant (1980:142).

Si, d'autre part, on accepte ma proposition de regarder la photo comme un récit interne inachevé, on dégage, il me semble, un autre versant d'une possible explication de la photo. On veut sauver dans et par celle-ci, selon moi, ce qui, vu dans la perspective du présent, nous apparaît ou bien comme le *Grand Récit* qui dominera notre vie (individuelle ou collective), ou bien comme le *petit récit* qui aurait pu devenir – mais il ne l'est pas devenu – notre vie alternative. (Je laisse de côté une motivation purement esthétique de l'acte photographique). Cette 'ontologie narrative' de la photo répond à deux questions: pourquoi prenonsnous des photos à un certain moment? Et pourquoi les regardons-nous plus tard dans la vie? Je retiens la première question comme la plus importante – elle regarde *l'acte* du photographe – et c'est ici, je crois, que ma proposition diffère de l'approche psychanalytique de Victor Burgin. Celui-ci accordait, lui-aussi, au monde (interne) de la photographie la qualité de "narrated world" mais il définissait ce récit ainsi: "the narration of the world the photography achieves is accomplished not in a linear manner but in a repetition of 'vertical' readings, in stillness, in a-temporality" (1986:69). Ainsi qu'il arrive dans le rêve à tel élément de la réalité, la photographie 'travaille' à transposer "the scene of the photograph to the spaces of the 'other scene' of the unconscious" (*ibid.*). Ce 'travail' est sans doute présent dans la *lecture* de la photo, à côté d'ailleurs d'autres types de lecture, y compris celle narrative, mais il n'est pas présent, sinon par exception, dans *l'acte* de photographier.

Il est indéniable que nous prenons une photo parce qu'à ce moment-là 'quelque chose se passe': le frisson, le choc devant ce quelque chose que nous vivons nous fait déclencher, d'un mouvement presqu'automatique, l'appareil. Or, ce 'quelque chose', nous en subissons l'impact sans en savoir la signification: le récit est, à ce moment-là, inachevé, bien que sa force et son mystère nous fascinent entièrement. Ce n'est que plus tard qu'on va rationaliser cette première réaction, qu'on va choisir la photo 'la plus représentative', qu'on va lui donner une place dans le discours englobant, et c'est encore plus tard qu'on sera en état de comprendre et d'évaluer le récit englobé de la photo, soit comme une partie essentielle, soit comme un moment insignifiant de notre vie, ou de la vie des autres.

C'est pourquoi ce sont plutôt les photos que les films, ou les vidéos, qui constituent 'les archives secondaires' de l'individu, ou du groupe. Les films sont des récits achevés, dans lesquels l'action est présentée comme plus ou moins complète et où le sens est plus ou moins évident; c'est par contre la photo qui, par son côté sauvage, inachevé, nous parle, nous fait rêver.

En 1859 Baudelaire accordait à la photographie le rôle de "sauver de l'oubli les ruines pendantes... les choses précieuses dont la forme va disparaître et qui demandent une place dans les archives de notre mémoire". Il plaignait, en même temps, le peintre qui, sous l'influence du photographe, "devient de plus en plus enclin à peindre non pas ce qu'il rêve, mais ce qu'il voit"

Pierre Fresnault-Deruelle
1993 *L'Eloquence des images*, Paris, PUF

Gérard Genette
1972 *Figures III*, Paris, Seuil

Ernst H. Gombrich
1978 "Aims and Limits of Iconology", dans: *Symbolic Images* (1972), Oxford, Phaidon Press, 1-25

Algirdas Julien Greimas & Eric Landowski
1979 *Introduction à l'analyse du discours en sciences sociales*, Paris, Hachette

Roman Ingarden
1968 *Vom erkennen des literarischen Kunstwerks*, Tübingen, Max Niemeyer Verlag

Wolfgang Kemp
1989 "Ellipsen, Analepsen, Gleichzeitigkeiten", dans: W. Kemp éd., *Der Text des Bildes. Möglichkeiten und Mittel eigenständiger Bilderzählung*, Munich, edition text + kritik, 62-88

Wolfgang Kemp éd.
1983 *Theorie der Fotografie*, 3 vol., Munich, Schirmer-Mösel Verlag

A. Kibédi Varga
1989 *Discours, récit, image*, Liège-Bruxelles, P. Mardaga
1990 "Het verhaal in de literatuur", dans: F. Ankersmit, M.C. Doeser, A. Kibédi Varga éds., *Op verhaal komen. Over de narrativiteit in de mens- en cultuurwetenschappen*, Kampen, Kok Agora, 20-35

Siegfried Krakauer
1979 "Photography", dans: P.R. Petruck éd., *The Camera Viewed*, vol. 2, New York, E.P. Dutton, 161-187

Amy Kurlander, Stephan S. Wolohojian, Christopher S. Wood
1989 "Das erzählte Drama in Bildern: Adolph von Menzel und Max Klinger", dans: W. Kemp éd., *Der Text des Bildes. Möglichkeiten und Mittel eigenständiger Bilderzählung*, Munich, edition text + kritik, 35-61

William Manchester
1989 *In Our Time. The World as Seen by Magnum Photographers*, New York, The American Federation of Arts

Erwin Panofsky
1991 "Ikonographie und Ikonologie", in: E. Kaemmerling éd., *Bildende Kunst als Zeichensystem*, t. 1 (1979), Cologne, DuMont Buchverlag, 207-225

Arturo Carlo Quintavalle
1993 *Muri di carta. Fotografia e paesaggio dopo le avanguardie*, Milan, Electa

Paul Ricœur
1983 *Temps et récit*, t. 1, Paris, Seuil

Jean-Marie Schaeffer
1987 *L'Image précaire*, Paris, Seuil
Allan Sekula
1982 "On the Invention of Photographic Meaning", dans: V. Burgin éd., *Thinking Photography*, Londres, The MacMillan Press (traduction hollandaise dans: O. van Alphen & H. Visser éds., *Een woord voor het beeld*, Amsterdam, SUA, 1989, 117-146).

LA SÉMANTISATION DE L'ARCHITECTURE
LE CAS DE CHARLES JENCKS

Elrud Ibsch

Tout comme Ihab Hassan a milité en faveur du postmodernisme littéraire, Charles Jencks, lui, l'a fait pour l'architecture postmoderne. Tous deux se sont totalement investis dans la défense d'un art rejeté par les critiques parce qu'ils le jugeaient "superficiel" et "éclectique". La stratégie généralement utilisée pour ouvrir la voie à un nouveau courant artistique consiste à chercher le point faible dans le système qui était en vigueur précédemment – ou qui l'est toujours. Cette stratégie a été suivie par Hassan et Jencks et le modernisme était une cible toute trouvée. Rien n'était plus simple que d'établir une relation de nom entre modernisme et postmodernisme et, de plus, la production d'écrits et de constructions "modernistes" était incessante. (En ce qui concerne les constructions, il s'agissait surtout de logements sociaux).

Aujourd'hui on reconnaît franchement la présence de points de vue normatifs dans les conceptions de l'art (les poétiques). Une poétique sert en effet à étayer théoriquement et rhétoriquement un nouveau mouvement artistique. Des procédés rhétoriques servent à le faire accueillir comme la délivrance longtemps attendue de ce qui était devenu routine. Par ailleurs, le mouvement artistique qui semble de ce fait devoir être supplanté emploie lui aussi des procédés rhétoriques pour jeter l'anathème sur le nouveau principe: celui-ci serait inférieur et signe de décadence.

Enthousiasmé par l'écriture postmoderne, Ihab Hassan (1987) a formulé ce qui, d'après lui, est caractéristique du postmodernisme: l'indétermination, la fragmentation, la décanonisation, la dépersonnalisation, la non-représentation, l'ironie, l'immanence, la participation, le carnavalesque, le constructivisme.

Pour Ihab Hassan, ces caractéristiques sont positives. Et, comme on pouvait s'y attendre, le modernisme est par opposition caractérisé négativement comme substantialiste, transcendantaliste, holiste, personnaliste, sérieux, distant, réaliste, etc.

Cette prise de position a eu pour conséquence que, dans la discussion autour du concept de postmodernisme, il a parfois été avancé qu'Hassan avait fait du modernisme une caricature. La forte polarisation qu'il a introduite est surtout inacceptable pour ces historiens de la littérature qui voient dans le modernisme la source d'inspiration du postmodernisme et qui considèrent le postmodernisme comme une radicalisation des principes épistémologiques et éthiques déjà présents à l'état latent dans le modernisme, plutôt que comme une rupture absolue entre les deux mouvements.

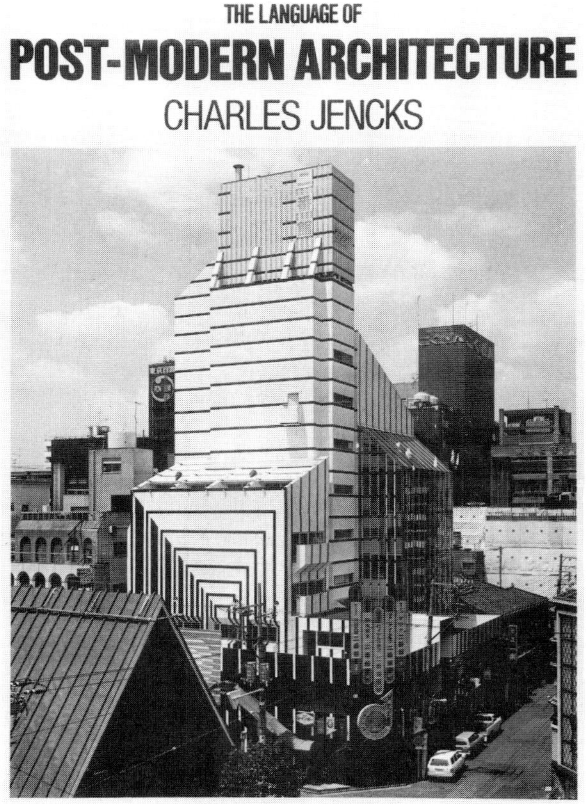

1 Architecture postmoderne à Tokyo par M. Takeyama, à la couverture du livre de Ch. Jencks

Quelle était la situation dans le domaine de l'architecture? En 1975 Jencks a introduit la notion de "postmodernisme" dans le débat sur l'architecture. Dans *The Language of Post-Modern Architecture* (1977), il se livre à des réflexions au sujet du terme de 'postmoderne' dans l'architecture et il arrive à la conclusion que cette appellation est parfaitement acceptable: elle exprime assez bien le fait qu'il s'agit d'une transformation partielle du 'langage' que l'architecture utilisait jusque là. Et c'est précisément pour se démarquer de l'avant-garde que le terme 'postmodernisme' est particulièrement bien choisi: là où l'avant-garde se plaît à invoquer la révolution permanente et l'innovation, le postmodernisme, quant à lui, ne nie aucunement sa dette au modernisme. Tout en étant conscient de ses origines, il cherche à les dépasser, à les transgresser. Cette dualité est précisément la caractéristique de ce courant. Le préfixe 'post' signale le point de départ du mouvement sans donner aucune information sur le point d'arrivée.

L'architecture postmoderne utilise les éléments formels de l'architecture moderniste dans la mesure où elle les juge adéquats (dans la construction d'usines, d'hôpitaux, de bureaux, par exemple), mais non pas sans leur faire subir en même temps des transformations et des transgressions. Jencks ne cache pas sa préférence pour les transformations, qui constituent en définitive la spécificité des constructions postmodernes. Les traits spécifiques les plus frappants de cette forme d'art sont, pour employer ses propres termes, sa richesse sémantique et sa puissance communicative. Par puissance communicative, Jencks veut dire que les constructions postmodernes sont susceptibles de plaire à deux sortes de publics, le public expert et le public amateur. Ayant constaté cela, il insiste sur le caractère élitaire de l'architecture moderniste, qui se trouve dans l'impossibilité de réaliser la communication avec ces deux publics.

2 Richesse sémantique et puissance communicative: Les Arènes de Picasso *par Manolo Nuñez*

A travers cet argument se dessine comme une pseudo-logique qui n'est pas rare dans les exposés de Jencks et qui s'accroît en même temps que ses efforts pour nous convaincre. Y aurait-il en effet de par le monde un bâtiment, de quelque période que ce soit, qui ne se prête pas à la discussion entre professionnels ou au jugement du public?

Mais, mis à part le raisonnement dont la logique prête à discussion, on voit bien où Jencks veut en venir. Il cherche de quoi étayer son argument selon lequel l'architecture postmoderne s'exprime précisément à travers des langages que le grand public reconnaît et apprécie: en plus du jargon commercial, ce sont les langages propres à la région et à l'histoire locale. Pour traduire l'imbrication des différents discours, Jencks emploie le terme de 'codage multiple'.

Un des chapitres du *Language of Post-Modern Architecture* est intitulé "La métaphore". La thèse de Jencks est la suivante: "Le public perçoit nécessairement un bâtiment en relation avec un autre bâtiment ou un autre objet, c'est-à-dire comme une métaphore", et il ajoute que la perception métaphorique, définie comme le transfert d'une certaine expérience à une autre, fait partie de l'essence même de la pensée humaine. L'attention qu'il porte à l'aspect cognitif de la métaphore le situe d'ailleurs en plein dans l'actualité de la recherche contemporaine.

Selon la thèse de Jencks, la sémantisation métaphorique est considérée comme étant uniquement une stratégie de perception. La perception métaphorique est attribuée à l'observateur. L'objet en question – le bâtiment – et son producteur – l'architecte – sont passés sous silence. Cette option paraît logique, et l'on pourrait l'approuver, s'il n'y avait une petite remarque à faire. L'inéluctabilité de la perception métaphorique des constructions architecturales est peut-être un peu exagérée. Il n'est pas impensable que, dans certaines circonstances, quelqu'un qui observe un bâtiment se pose une question purement fonctionnelle, à savoir s'il peut par exemple protéger du mauvais temps et de la nuit.

Jusqu'ici, on suit Jencks encore relativement bien, et son argumentation est bien réfléchie. Mais c'est par la suite qu'il avance à pas de géant dans le domaine de la théorie de la communication et de la métaphore. Ainsi, il fait un certain nombre d'affirmations catégoriques, dont le contenu est le suivant: (1) Plus les métaphores sont nombreuses, plus la communication est dramatique. (2) Moins les métaphores sont univoques, plus l'incertitude est grande. Et, conséquence de ce qui précède, (3) plus une métaphore est polyvalente, plus l'effet qu'elle produit est fort. Jencks prend l'exemple suivant pour illustrer ces assertions: une voiture de marchand de hot-dogs construite en forme de hot-dog ne laisse pas le champ assez libre à l'imagination et étouffe toute autre métaphore potentielle. (Nous verrons plus tard que le jugement positif qu'il porte en définitive sur ce type d'iconicité, est basé sur la valeur communicative qu'il attribue à l'architecture Pop-Art postmoderne). Ces trois postulats sur la communication par métaphores que Jencks énonce avec aplomb et rapidité, montrent que son argumentation n'est pas analytique et disciplinée mais plutôt rhétorique.

A la rigueur on pourrait accepter sa première proposition vue à la lumière de sa thèse principale sur la théorie de la perception. Bien que ce qu'il faut entendre par "communication dramatique" ne soit pas clair, la proposition (1) est encore susceptible d'être traduite en termes de perception: plus les métaphores perçues sont nombreuses, plus la communication qui s'établit est dramatique. Pour comprendre le mot 'dramatique' on pourrait penser aux discussions entre les spectateurs sur les différentes sémantisations, parfois contradictoires, qu'ils ont opérées. La proposition (2) révèle un glissement dans l'argumentation qui affaiblit l'exposé. Il y est, tout à coup, question de métaphores et de leurs caractéristiques et non plus de perception métaphorique. Les propositions (2) et (3) impliquent la présence dans l'objet en question de la métaphore ayant pour caractéristique d'être "polyvalente". L'effet attribué dans (3) à cette métaphore n'est pas proposé comme une hypothèse vérifiable mais comme une donnée absolue. Cette stratégie devient sujette à caution aussitôt que l'on pense aux expériences de Berlyne (1960) sur les limites de la tolérance à l''excitation' ("arousal").

L'exemple de la voiture à hot-dogs semble judicieux si l'on se place dans la perspective de (2) et (3), dont il veut être le pendant négatif. Les deux termes de l'expression métaphorique sont présents, le comparé et le comparant, la voiture et le hot-dog. Etant donné que le domaine sémantique de la marchandise (le hot-dog) est transféré de manière univoque à la 'construction' où elle est vendue (la voiture aménagée), la métaphore exploite de façon abusive la relation sémiotique de l'iconicité et est ainsi perçue comme peu novatrice et redondante.

Comme contre-exemple positif Jencks présente la *Chapelle de Notre-Dame-du-Haut* à Ronchamp (1950-1954) du Corbusier. Il fait remarquer que la chapelle a été comparée à de nombreux objets: aux maisons de l'île de Mykonos, à une meule de gruyère, à un canard, à un navire et à des mains élevées vers le ciel en signe de prière. On pourrait croire que cet exemple marque le retour de Jencks à son point de départ – la théorie de la perception –, et qu'il réserve la perception métaphorique à l'observateur seul. Mais ici aussi une faille apparaît dans l'argumentation. Dans le cas de

3 Le Corbusier, Chapelle à Ronchamp, *1950-1954*

Ronchamp, la métaphorisation polyvalente est attribuée au Corbusier, le créateur. Celui-ci est présenté comme quelqu'un qui possède le talent d'activer "notre riche réservoir de représentations visuelles sans que nous soyons conscients de ses intentions". Le Corbusier a métaphoriquement 'surcodé' l'édifice. Jencks nomme ensuite un certain nombre d'autres métaphores, dont "la carapace de crabe" et "les sons", comparaisons provenant directement du Corbusier.

Un bâtiment perçu comme "métaphore" s'est transformé entre les mains de Jencks en un phénomène complexe que nous avons du mal à saisir: tantôt cette expression désigne l'activité cognitive métaphorisante de l'observateur, tantôt la métaphore est inhérente à l'objet, et tantôt encore elle dépend de l'intention de l'architecte.

Le moment est venu de reparler de la voiture aménagée en forme de hot-dog. La question qui se pose est la suivante: si cette métaphore est condamnée pour son univocité et sa redondance, comment se fait-il qu'une telle voiture soit considérée comme un excellent exemple du genre Pop-Art, indispensable à la puissance communicative non-élitaire de l'architecture postmoderne? Jencks en donne l'explication. Les transformations de contexte et d'échelle sont tellement radicales que l'on peut interpréter ces signes iconiques comme des réflexions auto-ironiques sur leur fonctionnement.

Jencks continue: la représentation exprime "la vérité des faits" (une vérité cachée par le travail de Mies [van der Rohe]). Sur la base d'une équivalence, présumée et gratuite, entre faits et vérité, le style Bauhaus se retrouve perdant face à la voiture à hot-dogs en forme de hot-dog! Sans parler de l'incompatibilité de ce jugement de Jencks avec son affirmation précédente sur la force de la métaphore ambivalente et polyvalente.

Jencks ne semble être versé ni en linguistique ni en sémiotique. Si cela était, comme pourrait-il justifier l'erreur de raisonnement qu'il commet dans *The Language of Post-Modern Architecture*? Le langage de l'architecture est, dit-il, beaucoup plus docile que le langage parlé et il est beaucoup plus sensible aux changements provoqués par des modes passagères. Curieux de savoir comment il va étayer ses assertions, nous lisons ce qui suit: un édifice peut avoir jusqu'à trois cents ans; mais la perception qu'en a le public et l'usage qu'il en fait peuvent varier tous les dix ans: une église peut être transformée en salle de concerts, et l'on peut mettre du linge à sécher sur une balustrade décorative. Par contre, réécrire les sonnets de Shakespeare, lire une tragédie comme si c'était une comédie, ou transformer des poèmes d'amour en lettres d'injures, serait faire preuve de perversité. Même si l'on ne tient pas compte d'une petite négligence – les exemples que donne Jencks sur le langage verbal ne se rapportent pas au langage *parlé* mais au langage artistique *écrit* –, cette énumération est sans fondement logique. Les exemples concernant les édifices démontrent un changement de *fonction* et non de signification: l'église n'est pas moins reconnaissable comme église, ni la balustrade comme balustrade. L'innovation provient justement de la tension entre forme/signification et fonction. Une modification pragmatique a eu lieu; il n'est pas question de langage docile. Les sonnets de Shakespeare peuvent bien évidemment être 'réécrits' (les réécritures de littérature déjà existante sont plutôt la règle que l'exception dans le postmodernisme); ces sonnets peuvent aussi être 'cités' dans un autre texte; ils peuvent être récités de façon parodique. *Hamlet* peut être joué comme une comédie, et même des poèmes d'amour peuvent être transformés en lettres d'injures – par exemple lorsqu'une femme abandonnée par son mari lui renvoie la pile de ses poèmes d'amour d'autrefois, dans le but de lui rappeler comment il a tenu ses promesses de fidélité éternelle, tout en espérant que sa nouvelle amie arrivera à la même conclusion si elle les lit aussi. Dans chacun de ces cas, il doit être établi séparément s'il s'agit de modifications de forme, de signification, de fonction ou des trois à la fois. Dans un certain nombre de réécritures, on constate déjà une transformation de la forme; dans le cas des citations, on assiste peut-être à la fois à une transformation de signification et de fonction et dans le cas des poèmes d'amour, la fonction change sans que la signification linguistique se modifie.

Nous avons prêté beaucoup d'attention à la désinvolture avec laquelle Jencks cherche à réserver à l'architecture postmoderne une place d'honneur dans l'évolution historique. Cette attention a paru nécessaire parce que son argumentation est, ces derniers temps, non seulement désinvolte mais aussi contestable par son orientation éthique. Je fais allusion aux déclarations de Jencks, faites avec beaucoup d'insistance et de violence verbale, selon lesquelles l'architecture moderniste est interprétée comme étant fasciste, ce qui l'a amené, au cours de son séjour aux Pays-Bas, à qualifier dans des entretiens nos champs de fleurs de "camps de concentration pour tulipes" (cf. Hulsman 1993). Ce point de vue est regrettable car Jencks a beaucoup de mérite dans le domaine de l'analyse et de la description de l'architecture et de l'art postmodernes, et il a réuni une collection de documents impressionnante – même si l'on peut faire des critiques de détail sur les principes de collection et de classement (cf. Jencks 1987).

Le manque de clarté en ce qui concerne le statut de la métaphore est aussi évident – et peut-être plus évident encore – dans le débat modernisme-fascisme que dans les exemples cités précédemment. L'architecture moderniste est-elle fasciste dans la mesure où les deux termes de la métaphore sont présents?[1] L'architecture moderniste est-elle interprétée comme étant fasciste sur la base d'associations métaphoriques dont la récurrence indique un large consensus dans la perception? Les créateurs de l'architecture moderniste l'ont-ils voulue fasciste? Est-ce l'usage – ou l'abus – que l'on en fait qui est fasciste? A toutes ces questions, Jencks ne donne pas de réponse. Il ne les pose même pas.

Dans sa polémique contre l'architecture moderniste ressort régulièrement le reproche du "mutisme" de cet art. Le fonctionnalisme moderne ("Form follows function; form follows construction") a rompu avec les règles des *genera dicendi* en rhétorique. L'architecture européenne traditionnelle était en effet caractérisée par l'attention qu'elle portait aux ornements hiérarchiquement motivés (cf. Borchmeyer 1990 et Gelderblom 1993). La rupture est intervenue après que cette ornementation motivée eut fait place, au cours du dix-neuvième siècle, à l'usage purement éclectique et imitatif qui en était fait – l'historisme en architecture avait dégénéré en une imitation vide de tout

1. Sur les métaphores picturales, cf. Forceville 1994.

contenu. L'architecture fonctionnaliste et moderniste fut un mouvement opposé, désireux de se libérer du poids de l'historisme, de l'ornement. Elle voulait aussi se débarrasser d'un langage qui n'était pas le sien; en ce sens là, elle aspirait au purisme. S'il faut appeler "désémantisation" ou "mutisme" le résultat de cette tentative, qu'il en soit ainsi (bien que ce ne soient pas les termes que je choisirais), à condition pourtant de garder à l'esprit l'évolution de l'architecture et de comprendre "désémantisation" comme une qualité différentielle ('Differenzqualität') par rapport à la sursémantisation de l'architecture éclectique de la "Gründerzeit".

Mutisme, désémantisation, fonctionnalisme à l'état pur sont peut-être des notions qui conviennent pour décrire le postmodernisme naissant, mais elles conviennent moins quand il s'agit d'établir le rapport avec le champ sémantique du fascisme. Le concept de fascisme est en effet difficilement compatible avec mutisme et désémantisation. Bien évidemment, le fascisme est communicatif, et les moyens communicatifs qu'il utilise sont la hiérarchie et l'ornementation. Logiquement parlant, le style de la "Gründerzeit" serait un meilleur choix pour le volontarisme national-socialiste que l'architecture Bauhaus.

Il est clair que l'expression métaphorique: "modernisme égale fascisme" ne correspond pas au décodage assez simple de la voiture à hot-dogs. Les deux termes de la métaphore picturale ne sont pas donnés. De plus, les édifices modernistes ne sont en général pas pourvus d'ornements national-socialistes, et le drapeau à croix gammée ou à l'enseigne des SS n'y flotte pas.

Ceci revient à dire que, du point de vue de la théorie de la communication, Jencks dispose encore de trois arguments sur lesquels s'appuyer: (1) les associations métaphoriques de l'observateur, (2) l'intention du créateur et (3) la fonction que les utilisateurs des constructions leur ont attribuée.

(1) Jencks réalise la métaphore "fascisme" à travers les associations sémantiques suivantes: l'architecture moderniste signifie 'contrôle', 'progrès', 'efficacité', 'santé', 'guérison'. Les domaines sémantiques représentés ici n'ont pas de marqueurs spatiaux ou concrets. Ils représentent des actions et des visées humaines abstraites, dont la puissance visuelle est soit limitée soit révélée seulement par paliers associatifs. Ainsi par exemple: l'édifice ressemble à un hôpital, d'où 'santé', 'guérison'; ou bien l'édifice donne une impression de transparence, d'où 'contrôle'.

Des propriétés sémantiques qui n'apparaissent pas parmi les associations de Jencks, et qui sont pourtant pour bien des gens attachées au domaine sémantique

4 Symbolique mythique de l'architecture fasciste

du fascisme et du national-socialisme sont 'étalage de puissance', 'dimension mythique', 'artisanat anti-moderne', 'symbolique germanique', 'régionalisme'. Ces caractéristiques sont même en partie incompatibles avec la série d'associations de Jencks.

Mais, comme il a été établi à de nombreuses reprises, la précision de l'argumentation n'est pas le point fort de cet avocat de l'architecture postmoderne. Au cours de l'entretien déjà cité (dans le quotidien hollandais *NRC-Handelsblad* 21-5-1993), il raisonne avec la même insouciance en sens inverse. En réponse à la question de savoir pourquoi aux Pays-Bas les activités dans le domaine de la construction postmoderne sont si limitées, l'infatigable raisonneur commence par constater que le traumatisme des deux guerres mondiales a provoqué aux Pays-Bas une aspiration à la santé et à la guérison, aspiration qui a trouvé sa satisfaction totale dans la blanche architecture moderniste. Le modernisme y était perçu comme un style "anti-fasciste". Les Néerlandais l'ont adopté parce qu'ils ne voulaient être ni anti-démocrates, ni réactionnaires, ni répressifs. Les Néerlandais sont en outre des *homines economici*, sensibles à toute légitimation utilitariste. De plus, ce sont toujours des calvinistes: "Le modernisme est l'ultime architecture calviniste et puritaine. Si Calvin avait vécu au vingtième siècle, il se serait appelé Mies van der Calvin". Enfin, aux Pays-Bas règne l'idéal de l'égalité sociale, dont l'architecture moderniste rendrait plus proche la réalisation.

Si la qualité d'un courant architectonique est cautionnée par la multiplicité des relations métaphoriques – nous rappelons les postulats généraux de Jencks sur la métaphore –, alors le modernisme – le modernisme "muet"! –

est fort bien placé. S'il est à la fois fasciste et anti-fasciste, on peut le considérer comme le summum de l'ambivalence. Mais un tel jugement perd en même temps toute valeur: il dit tout et son contraire!

Jencks court le risque de ne plus être pris au sérieux lorsqu'il s'écrie: "Les champs de tulipes sont des camps de concentration pour tulipes, c'est le contrôle de la nature poussé à l'absurde". Il indique lui-même le domaine sémantique qui est transféré de "camps de concentration" à champs de tulipes: c'est – à nouveau – le contrôle. Il aurait pu ajouter: une sorte, une race. Pour le reste cependant, les notions de "soin" et "attention portée à la croissance" interfèrent quand même quelque peu avec les associations sémantiques provoquées généralement en premier lieu par "camps de concentration": mort et extermination et avec les couleurs qui leur sont attachées: le noir et le gris.

5 Bauhaus à Dessau dans les bâtiments construits par Walter Gropius (1925-1926)

Si nous nous arrêtons un moment sur (2) – l'intention du créateur –, Jencks semble disposer d'un argument de poids vu l'aspiration de Mies van der Rohe de plaire à l'élite culturelle du national-socialisme et dans le fait qu'il a qualifié son architecture de proche de la 'pensée' d'Hitler et des siens. Il s'est donné du mal pour obtenir la réouverture de la Bauhaus, qui

de l'inspiration ni de la dégénérescence. Il est lui aussi incapable de se défendre contre un usage inattendu ou abusif.

Les *historiens* de la littérature ou de l'architecture ne devraient pas mettre en valeur un courant au détriment d'un autre, en utilisant l'artillerie lourde de Jencks. Leur parti-pris exagéré mettrait leur crédibilité sérieusement en question. C'est donc à juste titre que Bernard Hulsman qualifie Jencks de *critique* de l'architecture. Un critique a droit à une partialité beaucoup plus grande. Mais tout dépend alors d'une argumentation convaincante. Et c'est sur ce point que Jencks n'est pas à la hauteur: il procède de façon trop peu analytique et beaucoup trop intuitive et émotionnelle; de plus, il ne semble même pas remarquer les contradictions dans lesquelles il s'empêtre.

Ceci est d'autant plus grave que, sa description de l'architecture postmoderne – spécialement dans son grand ouvrage illustré (1987) – semblait le désigner comme l'historien par excellence de l'architecture moderne et postmoderne. Mais, vu ses dernières interventions, il paraît douteux que l'on puisse lui faire confiance lorsqu'il traite des formes et des fonctions, de la relation problématique entre le texte et l'image, entre le texte et le bâtiment.

Vrije Universiteit, Amsterdam (traduction: Scarlett Glory)

Bibliographie:

D.E. Berlyne
1960 *Conflict, Arousal, and Curiosity*, New York, McGraw-Hill

Dieter Borchmeyer
1990 "Die Postmoderne. Realität oder Chimäre?", dans: G. Schulz & T. Mehigan éds., *Literatur und Geschichte 1788-1988*, Berne etc., Peter Lang, 301-332

Charles Forceville
1994 "Pictorial Metaphor in Advertisements", dans: *Metaphor and Symbolic Activity* 9, 1, 1-29

Arie-Jan Gelderblom
1993 "Ceci n'est pas une pipe. Kunstgeschiedenis en semiotiek", dans: M. Halbertsma & K. Zijlmans éds., *Gezichtspunten. Een inleiding in de methoden van de kunstgeschiedenis*, Nijmegen, SUN, 271-310

Ihab Hassan
1987 "Pluralism in Postmodern Perspective", dans: M. Calinescu & D.W. Fokkema éds., *Exploring Postmodernism*, Amsterdam-Philadelphia, John Benjamins, 17-39

Bernard Hulsman
1993 "Architectuurcriticus Jencks over de duistere kant van het modernisme", dans: *NRC-Handelsblad* 21 mai

Charles Jencks
1975 "The Rise of Postmodern Architecture", dans: *Architectural Association Quarterly* 7, 3-14
1977 *The Language of Post-Modern Architecture*, Londres, Academy Editions
1987 *Post-Modernism. The New Classicism in Art and Literature*, Londres, Academy Editions.

RHÉTORIQUE ET IMAGE TYPOGRAPHIQUE: LE TIMBRE-POSTE HOLLANDAIS DES ANNÉES 50 AUX ANNÉES 90[1]

David Scott

Dans ses multiples écrits sur la rhétorique visuelle, A. Kibédi Varga a souvent essayé d'établir un rapport entre les éléments d'une typologie de celle-ci et ceux de la rhétorique discursive (cf. Kibédi Varga 1984:109-118; 1989:219-234). Des cinq catégories de la rhétorique classique – *inventio, dispositio, elocutio, memoria, actio* – il retient notamment certaines stratégies caractéristiques de la deuxième et de la troisième catégorie – telles que *répétition, pléonasme, mise en relief, énumération, parallélisme* – et essaie de les identifier dans le contexte de l'image visuelle. En outre, il inscrit son analyse de l'image visuelle dans le cadre d'une conception communicative de la parole, un schéma de communication où l'*émetteur* (dont les intentions constituent la *rhétorique*) propose un *message* (dont le référent est représenté par une *sémiotique*) au *récepteur* (dont l'acte d'interprétation constitue une *herméneutique*). Finalement, Varga constate dans ses analyses de la rhétorique des images la distinction entre l'art de bien dire – la *rhétorique épidictique* – et l'art de persuader – la *rhétorique persuasive*. Pour la plupart, il étaye ses constatations dans ce dernier champ avec des exemples tirés de l'art classique du 17e siècle – flamand, français ou hollandais. Ce que je vais tenter dans cet exposé, utilisant la terminologie et les catégories distinguées par Varga, est d'établir le rapport entre rhétorique et image typographique dans le contexte du timbre-poste hollandais récent.

Je choisis le timbre-poste hollandais parce que, du point de vue de la sémiotique et de la problématique du mot et de l'image, il offre un corpus

---

1. Je tiens à remercier mon ami et collègue Leo Hoek, qui m'a fourni quelques-uns des timbres reproduits ici et qui m'a donné de précieux renseignements, et Alianne Conijn, qui m'a aidé avec la traduction des textes incorporés dans certains des timbres. Je remercie aussi Paul Hefting et ses collaborateurs au *Kunst & Vormgeving* de la PTT Nederland pour leur aimable concours relatif aux détails biographiques de certains artistes.

exceptionnellement riche (cf. Scott 1994). Dérivé, en partie, de la célèbre tradition néerlandaise moderne des arts graphiques (cf. Broos & Hefting 1993a, 1993b), il utilise d'une manière exemplaire les possibilités de persuasion et de bien dire de l'image visuelle, surtout quand il joue un rôle commémoratif en fêtant les grands événements historiques et culturels du pays. Minuscule réclame ou affiche en miniature, support publicitaire ou souvenir d'un événement, le timbre, comme le portrait royal au 17e siècle, proclame le prestige du pays, la richesse de sa civilisation et, par sa mise en image même, le raffinement des moyens de communication de la culture qui l'a produit. Pour restreindre le corpus, je focaliserai uniquement sur le timbre typographique (un genre qui est devenu la spécialité des Hollandais) de l'ère restreinte des quatre dernières décennies – les années pendant lesquelles A. Kibédi Varga a habité la Hollande.

ill. 1-4

J'examinerai d'abord le statut *sémiotique* du message philatélique, surtout dans la mesure où la typographie joue le rôle d'*image visuelle* autant que de message symbolique, avant de passer à l'analyse de ce phénomène dans les termes de la rhétorique classique. J'utiliserai les catégories de la sémiotique peircienne (surtout celles – icône, indexe, symbole – de la Deuxième Trichotomie) pour souligner les tendances contradictoires de la typographie et j'essayerai ensuite d'indiquer le rôle de la rhétorique dans la création de ces apories. Le but de cette analyse sera finalement de montrer que le débat moderne autour des façons antithétiques d'envisager la fonction de la typographie, illustrées si clairement par le timbre-poste typographique hollandais, reprend en effet les arguments mobilisés par les anciennes discussions dans le contexte de la littérature aussi bien que des arts visuels et se lie, donc, inéluctablement, au problème de la rhétorique à l'époque classique comme il a été posé par Varga.

Quel est donc le statut sémiotique du timbre-poste et le rôle joué par les éléments typographiques dans la construction de son message? Le timbre-poste est d'abord un signe *indiciaire* (cf. Peirce 1960:143-144). Sa fonction première est d'indiquer le pays d'origine du courrier auquel il est attaché, le prix de port de ce dernier et le fait que ce prix a été payé. L'affranchissement du courrier par la poste confirme l'envoi de la lettre ou du paquet. Ces fonctions sont pourtant remplies essentiellement par des signes *symboliques*: les lettres et chiffres qui indiquent le nom de pays et le prix de port et, sur le cachet de la poste, le lieu et la date de l'envoi du courrier. Il y a eu depuis la Deuxième Guerre Mondiale deux séries de timbres hollandais définitifs qui ont rempli cette fonction essentielle: la série calligraphique de Jan van Krimpen[2] qui date de 1946 et qui est retenue jusqu'au début des années 1970 (ill. 2) et la série de Wim Crouwel[3], diffusée à partir de 1976 (ill. 15), dont les chiffres ont été créés par ordinateur. Ces timbres ne portent que le nom du pays et le prix de port. A cause de cette absence de signes supplémentaires (profil de monarque ou autre icône national), le chiffre lui-même accède à une certaine présence iconique, présence soulignée (littéralement) par les paraphes calligraphiques de la série Van Krimpen. Quoique ces timbreschiffre n'aient jamais porté que des valeurs assez basses (les timbres définitifs de valeur plus importante sont ornés en Hollande, comme dans la Grande Bretagne, du profil du monarque), cette confiance en la seule typographie comme moyen suffisant de transmettre un message *visuel* est plus généralement significative dans le contexte du timbre hollandais: comme nous le verrons, ce seront souvent des éléments uniquement typographiques qui, même dans le timbre-poste *commémoratif*, rempliront les fonctions *iconiques* normalement confiées aux éléments picturaux (profils de gens célèbres, monuments et sites, etc.). Car la fonction

---

2. Jan van Krimpen (1892-1958) est l'un des typographes hollandais les plus célèbres de son époque; créateur de nombreux caractères typographiques y compris 'Lutetia' (1925) et 'Romanée' (1949), il était associé à la société Enschedé pendant 35 ans. Cf. Purvis 1992:105-111; Dreyfus 1952; Huib van Krimpen 1989:190-197; et Jan van Krimpen 1957.

3. Wim Crouwel (1928), créateur célèbre de timbres (voir ill. 3, 10, 15), avait relancé, avec Otto Treumann (né à Fürth en Allemagne en 1919 mais habitant la Hollande depuis 1935), dans le timbre-poste hollandais du début des années 60, le style fonctionnel et objectif élaboré par l'avant-garde hollandaise des années 20. L'un des fondateurs en 1963 de l'atelier Total Design à Amsterdam, Crouwel était parmi les premiers à utiliser l'ordinateur dans la création typographique, cf. Crouwel 1970:51-59.

principale du timbre commémoratif est de proposer une *image* caractéristique de la personne ou de l'événement que le timbre commémore ou une image pittoresque et attrayante qui attirera le regard du philatéliste ou du collectionneur, à qui depuis longtemps les timbres picturaux se sont principalement adressés.

ill. 5

S'il devient le rôle de la *typographie*, autant qu'aucun autre élément visuel, de confirmer le pays d'origine du timbre hollandais, cela est en partie à cause de la double fonction, symbolique et iconique, qu'elle joue dans la transmission du message philatélique. Cette double fonction est d'ailleurs symptomatique de deux tendances profondes mais contradictoires qu'on remarque plus généralement dans le contexte de la typographie. Pour ceux qui soutiennent la grande tradition, le rôle de la typographie est de promouvoir la transparence des *symboles* conventionnels, c'est-à-dire, la lisibilité du texte. Pour Beatrice Warde, par exemple, et, après elle, pour des typographes hollandais tels que Jan van Krimpen, "Printing Should Be Invisible": on ne remarque pas la forme des lettres qu'on lit, même si elles sont belles, le rôle de celles-ci étant uniquement de transmettre le contenu du message qu'elles portent. Pour les typographes des avantgarde du vingtième siècle, par contre, le symbole doit se transformer autant que possible en icône, en présence visible et presque tangible, même au risque de miner la lisibilité du message textuel auquel la typographie donne corps. Pour Warde, les typographes de ce genre, qui comprennent des noms aussi célèbres que Piet Zwart et Paul Schuitema, ne sont que des "Stunt typographers" (cité par Kees Broos 1982:147-63), des farceurs qui jouent avec les lettres sans respecter la transparence du message textuel.

La puissance de la rhétorique est pourtant visible dans les deux catégories. Dans la typographie traditionnelle, avec ses liens anciens avec la calligraphie, la rhétorique se manifeste dans les redondances décoratives ou gestuelles des déliés de certaines lettres, dans les fioritures qui accompagnent ou soulignent certains motifs. Le grand maître de ce genre dans le timbre-poste hollandais est Jan van Krimpen (voir ill. 1, où le rythme établi par la répétition du chiffre 7 devient un motif visuel presqu'aussi important que la croix rouge; et ill. 2). Mais W. van Stek (ill. 4) et Sem Hartz[4] (ill. 5) sont aussi des typographes dans la grande tradition. La façon, par exemple, dont celui-ci dans son timbre commémorant les réfugiés interpose des majuscules en italiques entre les romains du cadre et la signature royale au centre de l'image philatélique manifeste sa maîtrise de l'art typographique. Dans les dessins de ce genre, le message transmis par la rhétorique est celui de l'authenticité des documents anciens, des sceaux ou des signatures royaux, et le prestige de l'art qui seul sait maîtriser les règles de la calligraphie, de la proportion et de l'inscription épigraphique, et qui n'est pas susceptible de contrefaçon.

ill. 6-8

Mais il y a une autre tradition, plus récente, de la typographie en Hollande, associée surtout avec les avant-garde hollandaises et européennes comme *De Stijl* et le *Bauhaus*, où la puissance de la rhétorique est autrement exploitée. Car, dans cette deuxième catégorie de typographie, quand le signe conventionnel devient iconique, il tend à devenir plus opaque, plus sensuel, plus visible. Il tente de convaincre le récepteur (lecteur et observateur) par la *rhétorique* de sa présentation plutôt que par la transparence de son message. Et comme c'est le cas avec l'art pictural, les procédés rhétoriques utilisés par la typographie comprennent des éléments caractéristiques de la rhétorique discursive: *mise en relief, répétition, pléonasme, énumération, parallélisme*. Ainsi la *mise en relief* peut être exprimée par l'échelle des lettres ou en utilisant des caractères gras, comme dans ill. 18 où la typographie reprend

4. S. L. Hartz (1912) avait collaboré avec Enschedé dès la fin des années 30; graveur sur cuivre et typographe (connu surtout pour sa linotype 'Juliana' créée pour British Linotype en 1958) il était le dessinateur de timbres le plus célèbre en Hollande des années 40 et 50. Avec son élève Paul Wetselaar, Hartz maintient dans le timbre-poste hollandais la tradition classique établie par Van Krimpen et Pijke Koch (1901-1991) dans les années 20 et 30, tradition caractérisée surtout par l'harmonie entre image et éléments typographiques.

le style des lignes de démarcation disposées sur le terrain de 'korfbal'. La *répétition* se transforme en termes visuels par la multiplication du même caractère ou de la même lettre, comme dans les effets de poésie typographique créés par Jurriaan Schrofer (né à la Haye en 1926) dans son superbe timbre commémorant le cinquantenaire de l'IAO (ill. 11). Un effet analogue a été créé par Michel Olijff (né à Anvers en 1927) dans son timbre fêtant le trentième anniversaire du Benelux en 1974 (ill. 13), où la structure du sigle BENELUX est décomposée en ses trois éléments typographiques constitutifs, BE, NE, LUX, la partie centrale, NE, étant, bien sûr, alignée avec le début du mot NEDERLAND, d'où il a tiré son origine. Olijff a réussi, ainsi, à lier ingénieusement le message *commémoratif* (BENELUX) au message *définitif* (NEDERLAND) du timbre.

ill. 9-11

Le *pléonasme* peut se manifester dans la répétition en termes *typographiques* d'un motif exprimé dans la même image en d'autres termes graphiques, ou bien dans la création d'un logotype ou d'un motif quasi iconique utilisant des lettres ou des caractères conventionnels. Dans trois timbres fort ingénieux de W. van Stek, par exemple, le motif de la croix rouge est créé de trois différentes manières par des éléments typographiques (lettres ou chiffres) qui en même temps expriment une partie essentielle du message textuel: l'idée du centenaire 1867-1967 et 100 ans; l'idée de la Croix rouge hollandaise: NRK – Nederlandse Rode Kruis (voir ill. 6-8). Dans le timbre de Gerrit Noordzij[5], qui commémore le cinquième centenaire de la Bible de

5. Gerrit Noordzij (1931), étant typographe et professeur de typographie à l'Académie royale des Beaux-arts à la Haye (où il a été responsable pour la formation de toute une génération de créateurs typographiques), a bien compris l'enjeu de la présentation des procédés typographiques dans le timbre. Son travail, bienqu'ouvert aux idées nouvelles, ne continue pas moins la tradition établie, chez Enschedé surtout, par des maîtres comme Jan van Krimpen.

Delft (ill. 16), ce pléonasme se constitue en profondeur. Car ici le timbre se lit à plusieurs niveaux, dont chacun renforce celui qui précède et dont chacun *parle* précisément des procédés typographiques utilisés par le timbre en créant son message. D'abord nous voyons, littéralement, les lettres – c'est-à-dire les caractères typographiques de plomb, en l'occurrence, le D et le B – qui auraient été utilisés pour la composition au 15e siècle des mots *Delftse* et *Bijbel.* Elles sont disposées sur un extrait du texte de la Bible, cette disposition rendant fatalement une partie de ce texte illisible: ce n'est pas la transparence du texte qui compte ici, mais l'illusion de la présence de l'objet. (Dans le timbre-poste hollandais traditionnel, aucun motif visuel n'est jamais permis d'effacer la moindre partie du message textuel.) De plus, en filigrane, on lit la lettre 'a', formée électroniquement, image insérée sans doute pour nous rappeler la distance qui séparent les procédés typographiques utilisés en 1477 et en 1977. Pour aider le lecteur/observateur/philatéliste à bien comprendre ces divers niveaux de lecture, ce timbre était accompagné d'une vignette qui expliquait son contenu visuel tout en ajoutant des précisions relatives à son créateur, l'imprimeur (Enschedé), la date de diffusion, etc. Dans un autre timbre, un chef-d'œuvre de simplicité, Noordzij utilise une graphie anglaise élégante du 19e siècle pour citer un mot de l'homme politique Thorbecke, dont le timbre marque le centenaire en 1972 (ill. 12).

ill. 12-14

Quant à l'*énumération*, c'est la fonction du timbre-poste comme partie d'une série, dont chacun *énumère* un aspect de l'objet ou de l'événement commémorés, comme on voit, par exemple, dans la série Croix rouge de 1967 (ill. 6-8). En un sens, le timbre de Noordzij sur la Bible de Delft incorpore en un timbre les multiples idées qui auraient pu constituer la base d'une série (lettres de plomb, fragment de texte, histoire de l'imprimerie, etc.). Un procédé analogue a été adopté par Gielijn Escher (1945) dans son premier timbre (celui de 1980 commémorant le centenaire de la Vrije Universiteit Amsterdam, ill. 21), où les trois motifs d'une série – Abraham

Kuyper (le fondateur), le sceau de l'institution et le chiffre 100 – sont, en l'occurrence, tous incorporés dans une unique image typographique constituée par le 1 et les deux zéros du chiffre 100. Un détail intéressant est la manière dont la légende "Vrije Universiteit" dépasse la marge juste suffisamment pour que les points des 'i' s'inscrivent sur le fond blanc de la bande qui précède la dentelure. Est-ce pour nous rappeler que les conventions typographiques ne sont jamais tout à fait fixes, et que la moindre violation de la règle suffit à nous déconcerter?

Le *parallélisme* se manifeste dans l'équilibre des deux messages contenus dans tout timbre commémoratif: le message *commémoratif* (Croix rouge, Benelux, etc) et le message *définitif* (le nom de pays, le prix de port, éléments textuels obligatoires). Cette harmonie en quelque sorte *épidictique* est parfaitement illustrée dans le timbre 'Korfbal' (ill. 18) de Marte Röling (1939) et dans celui du Parlement Européen d'Otto Treumann (ill. 20), où dans les deux cas le nom de pays et le prix de port (les éléments définitifs) suivent la même disposition *diagonale* que celle du message commémoratif du timbre. L'astuce de Babs van Wely (née en Indonésie en 1924), dans son timbre pour enfants de 1979 (ill. 19), a été de pousser l'art de bien dire jusqu'à faire jouer l'élément définitif du timbre, le nom de pays, un rôle *commémoratif*, puisque le mot *Nederland* – contrairement sans doute aux règles de l'Union Postale Universelle – paraît *à l'inverse* à l'intérieur du message commémoratif du timbre, et pas à l'extérieur comme de coutume.

ill. 15-17

Ayant ainsi passé en revue les procédés de la rhétorique visuelle utilisée par la typographie philatélique, passons aux catégories fondamentales de la rhétorique classique et examinons le rôle qu'elles jouent dans la création du timbre-poste. Si l'*inventio*, soit le texte (l'objet, le personnage, l'événement à commémorer), est déjà donné, et si la *memoria* et l'*actio* sont plutôt l'affaire de l'imprimeur (affaire très importante, tout de même, la maison de

Enschedé, qui produit la plupart des timbres hollandais, étant mondialement connu pour la qualité de son impression), ce sont surtout la *dispositio* et l'*élocutio* qui sont le fait du typographe. Car le typographe est, dans les deux sens du mots, *compositeur*: celui qui compose les lettres de plomb pour en faire des mots et des phrases et celui qui compose l'image typographique totale. La *dispositio* est synonyme d'ordre ou de *composition* et comprend le dessin et la structure de l'image typographique, contrôle la lisibilité et la disposition de l'information et fait partie ainsi de l'acte de nommer. Le rapport entre texte et blanc ou fond est très important: dans le timbre-poste typographique, la 'page' est envisagée comme l'espace d'une image, non comme la feuille d'un livre. Comme nous l'avons vu, la grandeur des caractères ou des chiffres peut varier énormément, leur statut iconique étant souvent, comme dans l'affiche, fonction de leur taille.

ill. 18-20

Si la *dispositio* est synonyme de *composition*, l'*elocutio* est synonyme d'*expressivité* ou de plaisir esthétique, que ce soit par la couleur, ou par les figures de style (métaphores visuelles), c'est-à-dire la communication au sens large du mot. Selon certains théoriciens et praticiens de la typographie, et surtout ceux associés aux avant-garde, l'*elocutio*, compris comme un cri de plaisir ou d'interpellation, doit l'emporter sur la *dispositio*, la simple information. Pour Piet Zwart, Jurriaan Schrofer ou Otto Treumann, la lisibilité est moins importante que l'impact. Pour eux, le signifiant typographique est à apprécier comme 'dessin' avant d'être lu comme 'message'. Le plaisir sensuel doit venir avant l'appréciation intellectuelle de l'image: l'impact esthétique précède et gouverne l'interprétation.

La tension inévitable qui existe entre *dispositio* et *elocutio* est visible dans toute création typographique, mais il me semble que là où les typographes traditionnels ont tendance à favoriser la *dispositio*, les typographes de l'avant-garde s'intéressent surtout aux possibilités de l'*elocutio*. Parmi les manifestations les plus spectaculaires de l'*elocutio* dans le dessin typographique moderne sont l'utilisation de la couleur *fonctionnelle* et le montage, deux procédés inventés par l'avant-garde des années 20 et affinés par les artistes hollandais associés au *Stijl*. Notons, par exemple, comment Wim Crouwel arrive à transformer la sobre *dispositio* de son timbre commémorant l'hymne national de 1968 (ill. 10) avec l'*elocutio* des tons rouge, bleu et blanc (couleurs du drapeau national hollandais) et l'orange, couleur de la maison d'Orange-Nassau, ou comment Otto Treumann et Marte Röling utilisent les couleurs nationales pour enrichir au niveau sémantique une composition typographique. La disposition *diagonale* de la typographie adoptée par ceux-ci est elle-même éloquente, ajoutant une dimension dynamique au message qu'elle incorpore. Notons que la Hollande est le seul pays européen qui permette régulièrement cette disposition irrégulière du nom de pays sur ses timbres-poste.[6]

Quant au montage, cette spécialité des arts graphiques hollandais depuis les années 20, le principe en a été retenu par Zwart jusqu'en 1968 quand il créa le timbre commémorant les chèques postaux de virement (ill. 9). Dans ce timbre, comme celui de Jolijn van der Wouw qui commémore en 1976 le 250e anniversaire de la Loterie nationale (ill. 14), le typographe n'a fait que reprendre telle quelle l'image de l'objet à commémorer – respectivement un chèque et un billet – et y ajouter le nom de pays et le prix de port. Ce genre de montage devient encore plus radical quand les éléments sont purement typographiques, ce qui est le cas du dessin PTT (1978, ill. 17) où la phrase "25 jaar" apparaît comme une ombre derrière le texte principal. Dans les trois timbres des *Droits de l'enfant* de 1989 (dont un est reproduit dans ill. 23) d'Anthon Beeke (1940), trois images (maison et cœur: amour, sécurité; pain et couvert: nourriture; les mots "Lezen" ('lire') et "schrijven" ('écrire'), ce dernier écrit par un enfant: alphabétisation) superposées sur le texte des droits de l'enfant, transforment celui-ci en palimpseste. Un procédé analogue, mais purement typographique, a été utilisé par Karel Martens (1939) dans son timbre commémorant *Le Code civil* (1992, ill. 24) où trois niveaux de texte sont superposés, chacun distingué par une couleur

---

6. Pour commémorer les élections au parlement européen, l'Irlande avait en 1979 émis un timbre typographique – son premier – créé par Peter Wildbur, où l'on voit, exceptionnellement, une disposition diagonale du nom de pays.

différente. La disposition diagonale des phrases "nieuw burgerlijk" et "wetboek 1.1.1992" en rouge sur le fond noir et blanc du texte et le jaune du chiffre indiquant le prix de port du timbre, est un geste éloquent qui fait danser les éléments typographiques et arrive ainsi à animer à la fois la surface textuelle du timbre et la communication de son message.[7]

ill. 21

La typographie devient donc une rhétorique dans la mesure où elle incorpore des éléments expressifs ou épidictiques (*elocutio*) organisés dans une composition logique (*dispositio*). La fonction épidictique ou démonstrative de la typographie est visible surtout dans le timbre-poste commémoratif où elle se manifeste dans l'amplification décorative ou dans une composition qui est inattendue tout en étant fonctionnelle. Si les dessinateurs néerlandais du timbre-poste ont si bien compris la puissance *rhétorique* de la typographie, cela doit être en parti à cause du fait que ce sont des artistes – Van Krimpen, Crouwel, Treumann, Zwart – qui sont parmi les plus grands de la tradition graphique hollandaise contemporaine. Aussi sensibles à l'art de bien dire qu'à l'art de persuader, ils sont – Treumann et Zwart en particulier – très sensibles au rôle de la propagande, aux procédés de la typographie et de la présentation qui peuvent transformer un message en slogan, en mot d'ordre ou en affiche.

Pour conclure, je vais mettre les tensions signalées entre *dispositio* et *elocutio* de la typographie dans le contexte plus large du long débat animé qui a été mené en Hollande par les typographes et artistes graphiques depuis le début du siècle. Dès l'exposition d'art commercial monté au Stedelijk Museum, Amsterdam, en 1917, le débat lancé par Roland Holst et Albert Hahn sur le rôle de l'image graphique commerciale – 'information' (Holst) contre 'cri' ou interpellation (Hahn) (cf. Purvis 1992:21) – a été repris par

7. C'était Piet Zwart (1885-1977) qui avait le premier (en 1931) eu l'idée d'un timbre purement typographique; le projet ne fut pas retenu par la PTT (voir Purvis 1992:125), mais il aurait été dans le genre des autres timbres créés par Zwart à cette époque, avec leur utilisation révolutionnaire de montage photographique et typographique. Le timbre d'Otto Treumann de 1979 (ill. 20) rend hommage à son grand précurseur et à l'avant-garde des années 30.

Jan van Krimpen
1957 *On Designing and Devising Type*, New York, The Typophiles; London, The Sylvan Press
Philip B. Meggs
1992 *A History of Graphic Design*, New York, Van Rostrand Reinhold
Charles Sanders Peirce
1960 *Collected Papers*, Vol. II Elements of Logic, éd. Ch. Harsthorne & P. Weiss, Cambridge, Mass., Belknap Press of the University of Harvard
Alston W. Purvis
1992 *Dutch Graphic Design, 1918-1945*, New York, Van Nostrand Reinhold
David Scott
1994 "Philately and the avant-garde: Dutch postage stamp design from the early 1920s until the 1940s", dans: *The Journal for Decorative and Propaganda Arts* 20, 58-77.

Illustrations:

1	1957	Jan van Krimpen	*Croix rouge*
2	1962	Jan van Krimpen	*Timbre chiffre* (définitif)
3	1963	Wim Crouwel	*Centenaire du Congrès postal de Paris*
4	1964	W. van Stek	*3e Centenaire de l'Université de Groningue*
5	1966	Sem Hartz	*ICEM*
6-8	1967	W. van Stek	*Croix rouge*
9	1968	Piet Zwart	*50e Anniversaire du PCGD*
10	1968	Wim Crouwel	*4e Centenaire de 'Wilhelmus van Nassouwe'*
11	1969	Jurriaan Schrofer	*50e Anniversaire de la IAO*
12	1972	Gerrit Noordzij	*Centenaire de la mort de Thorbecke*
13	1974	M. Olijff	*30e Anniversaire du Benelux*
14	1976	Jolijn van der Wouw	*250e Anniversaire de la Loterie nationale*
15	1976	Wim Crouwel	*Timbre chiffre* (définitif)
16	1977	Gerrit Noordzij	*500e Anniversaire de la Bible de Delft*
17	1978	PTT	*25e Anniversaire des Droits de l'homme en Europe*
18	1978	Marte Röling	*Sports: 'Korfbal'*
19	1979	Babs van Wely	*Timbre pour enfants*
20	1979	Otto Treumann	*Premières Elections à l'Assemblée européenne*
21	1980	Gielijn Escher	*Centenaire de la 'Vrije Universiteit' Amsterdam*
22	1986	Stephan Saaltink	*Centenaire du code pénal*
23	1989	Anthon Beeke	*Les Droits de l'enfant*
24	1992	Karel Martens	*Le Code civil 1992.*

LA TRANSPOSITION INTERSÉMIOTIQUE POUR UNE CLASSIFICATION PRAGMATIQUE

Leo H. Hoek

> Il n'est peut-être pas erroné d'étudier les formes de la communication humaine uniquement au niveau de l'ouïe et de la vue.
> (Kibédi Varga 1989b:90)

De nombreux types de texte, littéraires ou argumentatifs, s'inspirent de sources artistiques et ont un référent pictural. Quant au textes littéraires, les exemples les plus connus sont la poésie picturale[1] (par exemple le sonnet intitulé *Sur 'Le Tasse en prison' d'Eugène Delacroix* par Baudelaire, ou le poème de Char sur les *Casseurs de cailloux* de Courbet) et le roman d'artiste (*Le Chef-d'œuvre inconnu* de Balzac, *L'Œuvre* de Zola, *Manette Salomon* par les Goncourt, etc.). L'exemple le plus évident de poésie picturale est sans doute l'ekphrasis classique, supplantée depuis par son avatar moderne, la 'transposition d'art', cette mode du XIXe siècle qui consiste à passer d'un mode d'expression esthétique à un autre (du pictural au littéraire, au musical, etc. ou inversement). Quant aux textes argumentatifs, on peut citer par ailleurs les *Salons* (de Diderot, de Gautier, etc.), la critique d'art, les travaux d'histoire de l'art ou de théorie de l'art, les catalogues d'expositions, etc. De même, on distinguera entre 'littérature d'art', visant l'imitation, la transposition ou la description littéraire d'œuvres artistiques, et 'commentaire d'art', visant la construction d'un savoir. Littérature d'art et commentaire d'art instituent, de manière plus ou moins explicite, des rapports entre le texte et l'image. Or, les types de rapports que l'on peut distinguer entre le texte et l'image dépendent – telle est notre hypothèse – de leur situation de production/réception et non pas de la nature intrinsèque du texte ou de l'image.

---

1. Pour désigner le discours verbal ayant pour référent une œuvre d'art, nous utiliserons le terme 'pictural', conformément à l'usage (cf. Went-Daoust 1987, Scott 1991, Krieger 1992:2, etc.) et en dépit de ce que ce terme pourrait avoir de malencontreux par la suggestion d'un discours peint, alors qu'il s'agit simplement d'indiquer par ce terme que ce discours orienté sur les beaux-arts, y trouve son point de départ.

Types de rapports texte/image

Nous aimerions montrer ici que le résultat d'une classification des relations possibles entre le texte et l'image dépend de la situation de communication: celle de la production ou celle de la réception. Une taxonomie des relations texte/image qui voudrait réunir ces deux perspectives (par exemple les classifications proposées dans Rio 1976, Kibédi Varga 1989a, Lund 1992), risque de confondre le critère de la successivité et celui de la simultanéité. La successivité (texte existant avant l'image, ou image existant avant le texte) caractérise la perspective de la production; la simultanéité (texte situé dans une image, image située dans un texte, texte auprès d'une image, image auprès d'un texte) spécifie la perspective propre à la réception. Nous sommes d'avis qu'il importe de distinguer clairement entre ces deux perspectives, parce que le choix en faveur de l'une ou de l'autre comme point de départ pour une classification des rapports texte/image aboutit à une catégorisation foncièrement différente. Pour le montrer, nous pouvons prendre comme exemples le livre illustré et l'emblème. Dans les deux cas il y a, pour le récepteur, présence simultanée du texte et de l'image. Du point de vue de la production, par contre, l'illustration et l'emblème sont marqués par la successivité: dans le cas de l'illustration, c'est l'image qui explique et interprète un texte préexistant, et dans le cas de l'emblème, c'est le texte qui décrit et explique une image conçue avant lui (cf. Scholz 1992:119-120). Cette différence se perd dans une taxonomie qui choisit le point de vue du récepteur, pour qui l'emblème et l'illustration sont tous les deux des cas de présentation simultanée (cf. Lund 1992:8). Une taxonomie qui choisit au contraire la perspective de la production, catégorisera différemment l'illustration (primauté du texte) et l'emblème (primauté de l'image). Cet exemple montre bien qu'il est important de distinguer entre production et réception lorsqu'on examine les types de rapport entre le texte et l'image.

En partant du point de vue de la production de la relation texte/ image, on se posera donc la question si le texte précède l'image (comme dans l'illustration) ou si l'inverse se présente (le cas de l'ekphrasis). La primauté du texte sur l'image et la primauté de l'image sur le texte constituent du point de vue de la production deux catégories distinctes. Par contre, lorsqu'on choisit la perspective de la réception, deux autres catégories s'imposent: d'abord, la présentation simultanée, lorsque discours visuel et discours verbal sont combinés comme dans le discours mixte (affiches, timbres, publicités) ou immédiatement juxtaposés comme dans les livres illustrés. Et, ensuite, la (co)référence, qui se manifeste lorsque texte et image autonomes sont rapprochés en vertu de correspondances historiques, individuelles ou collectives. Quand un poème (*Le Cimetière d'Eylau* écrit par Hugo le 28 février 1874 et publié dans *La Légende des siècles*) et une peinture (*Napoléon sur le champ de bataille d'Eylau* par le baron Gros, peint en 1808) renvoient, indépendamment et différemment ('bataille' vs 'cimetière'!), au même événement historique (la bataille du 7 février 1807 contre les Prussiens et les Russes), il est question de coréférence historique. Quand une image et un texte sont associés en vertu d'affinités personnelles, la référence sera dite individuelle. Un exemple: le personnage de Maigret dans les romans policiers de Simenon est, pour moi comme pour beaucoup d'autres sans doute, surdéterminé par le rôle de Jean Gabin dans les films faits d'après ces romans. Parfois aussi la référence est collective: un texte comme le 'discours du trône' évoquera inévitablement pour tout Néerlandais des images stéréotypées: la reine, la tournée à travers La Haye dans le carrosse royal doré, et la lecture du texte devant le Parlement. Les relations texte/image basées sur la (co)référence ne sont ni immédiates ni objectivement présentes mais passent toujours par la conscience d'un sujet récepteur, responsable du rapprochement. Seules les relations immédiates entre le texte et l'image sont génératrices de textes où discours verbal et discours visuel voisinent physiquement.

Il convient donc, en principe, de distinguer entre trois types de relations physiques entre le texte et l'image: primauté de l'image et primauté du texte (du point de vue de la production), et présentation simultanée du texte et de l'image (du point de vue de la réception).

Primauté de l'image

L'image prime le texte quand celui-ci trouve son origine, sa raison d'être, sa référence dans celle-là. C'est la soumission – du moins présumée – à l'image qui constitue le critère pour parler de primauté. La relation est instaurée à partir du discours verbal; il s'agit donc d'une relation orientée: le texte présuppose l'image. Deux cas se présentent:

1. parfois, la transposition intersémiotique de l'image à l'écrit se fait au sein d'une seule œuvre d'art. C'est le cas lorsque le texte – titre parfois inscrit sur le cadre du tableau, légende d'une image, mots inscrits dans la marge –

a pour fonction de *nommer* et d'*identifier* l'image: il en résulte une œuvre multimédiale (cf. *infra* fig. 2);
2. le plus souvent, la transposition intersémiotique se fait d'une œuvre d'art à une autre, verbale; entre elles il existe une relation transmédiale (cf. *infra* fig. 2). La fonction de l'œuvre verbale est alors plus variée:
– commenter une image, par exemple dans les traités de théorie, d'histoire ou de critique d'art, dans les manifestes ou programmes artistiques, les comptes rendus de Salons, et les travaux d'esthétique. L'auteur du commentaire se met au service de l'œuvre d'art, pour l'analyser, l'expliquer, le situer dans son contexte. Si le commentaire a, en général, pour fonction d'informer sur l'art, il vise parfois plus loin qu'à l'art visuel seul. Ainsi Kibédi Varga (1985) a montré qu'il est fréquent que les poètes modernes qui parlent peinture, parlent implicitement au moins autant de poésie que de peinture. Leur 'métadiscours indirect' trahit en fait un art poétique déguisé, car exprimé par l'intermédiaire d'un discours sur la peinture.
– transposer (poétiser) une image par l'écrit, actualiser un sens pictural dans des textes: ekphrasis, transposition d'art (cf. Kranz 1981, 1987). La poésie 'transpositionnelle' voudrait transférer l'image à l'écriture; elle se sert des mêmes sujets que l'art, pour l'imiter et, le plus souvent, pour rivaliser avec

1 Prise de Saarbruck, *image d'Epinal (1870), qui a inspiré à Rimbaud son sonnet:*
Au milieu, l'Empereur, dans une apothéose
Bleue et jaune, s'en va, raide, sur son dada
Flamboyant; très heureux, – car il voit tout en rose,
Féroce comme Zeus et doux comme un papa [...].

lui. Elle s'efforce en général d'exprimer verbalement les émotions mêmes provoquées par l'œuvre d'art. Mais parfois le sens de l'œuvre d'art originale est détourné par ironie ou parodie. Ainsi Rimbaud a écrit un sonnet provocant *L'Eclatante Victoire de Sarrebrück, – remportée aux cris de Vive l'Empereur*, sonnet qui est la description parodique d'une image populaire de propagande militaire, et qui constitue l'ultime avatar de l'ekphrasis classique (ill. 1, texte et image d'après Hamon 1991:120-121).

La visée ekphrastique originelle étant souvent rapidement oubliée, la poésie picturale, de nature métaphorique, n'est en général qu'un prétexte à une poésie autonome. Aussi Anne-Marie Christin (1992:131-132) affirme-t-elle: "la description deviendra poème, offrant verbalement au lecteur non plus la réalité de l'image mais l'ébranlement de son spectacle diffusé à travers une parole". La transposition, conçue ainsi, a pour résultat que l'œuvre d'art littéraire supplante l'œuvre d'art visuelle originelle. Non seulement l'œuvre d'art mais aussi le style d'un artiste ou d'un mouvement d'art peut faire l'objet de la transposition d'art: l'impressionnisme par exemple est transposé dans l' 'écriture-artiste' des Goncourt ou dans la poésie de Verlaine; Kokoschka a exprimé l'expressionnisme de ses tableaux dans ses propres drames, et l'écriture de Gertrude Stein se présente comme une transposition cubiste. Notamment les artistes jouissant d'un 'double don' comme Blake, Hugo, Strindberg, ou Van Gogh (cf. Hoek 1993a), s'efforcent volontiers de réaliser une transposition intersémiotique.

– raconter une image, en insérant dans un texte narratif la description d'une œuvre d'art. Dans le roman d'artiste, où le protagoniste est peintre, musicien, ou sculpteur (cf. Laurich 1983), l'auteur introduit volontiers des descriptions d'œuvres d'art. La description d'une œuvre d'art, souvent imaginaire, constitue, comme dans le cas de l'ekphrasis classique, une partie isolable d'un texte épique: ainsi les nombreuses descriptions de tableaux réels, imaginaires ou simplement projetés dans *L'Œuvre* de Zola. On reconnaîtra sans peine *Le Déjeuner sur l'herbe* (ill. 2) de Manet dans le fragment suivant où est décrit le tableau *Plein air* du peintre Claude Lantier:

> Le monsieur en veston de velours était ébauché entièrement; [...] les petites silhouettes du fond, les deux femmes luttant au soleil, semblaient s'être éloignées, dans le frisson lumineux de la clairière; tandis que la grande figure, la femme nue et couchée, à peine indiquée encore, flottait toujours...

On est confronté à une variante particulière lorsqu'à certains endroits d'un roman le monde de fiction est décrit comme s'il s'agissait d'un tableau. *L'Œuvre* peut ici encore servir d'exemple. Au cours d'une petite promenade

2 *Edouard Manet,* Le Déjeuner sur l'herbe, *1863*

avec Christine, Claude s'est arrêté pont des Saints-Pères pour se retourner vers la pointe de la Cité. Là, il regarde fixement le cœur de Paris avec des yeux de peintre et il s'exclame:

> - Regarde! regarde!
> D'abord, au premier plan, au dessous d'eux, c'était le port Saint-Nicolas, les cabines basses des bureaux de la navigation... [...] Puis, au milieu, la Seine vide montait, verdâtre, avec des petits flots dansants, fouettée de blanc, de bleu et de rose. [...] En dessous, la Seine continuait, au loin; [...] Tout le fond s'encadrait là, dans les perspectives des deux rives...

Il est curieux de remarquer que cette variante de la transposition d'art finit par figer la scène picturale décrite et se retrouve par là à l'opposé de l'ekphrasis originale, dynamique par définition. En effet, la transformation picturale racontée dans ce fragment consiste à changer une réalité dynamique (le cœur de Paris) en un artefact statique (un tableau), tandis que l'ekphrasis, elle, opère la transformation littéraire d'un artefact statique, une œuvre d'art, en une réalité verbale dynamique (cf. Lund 1992:1-2, et 63 sq).

La description d'une œuvre d'art à l'intérieur d'un récit a une fonction narrative. Selon l'effet visé, on peut distinguer, avec Sophie Bertho (1990), à qui j'emprunte aussi les exemples, quatre fonctions différentes:
- fonction psychologique, qui vise à caractériser les personnages à travers leur réaction à l'art: la promenade au Louvre de la noce dans *L'Assommoir*;
- fonction rhétorique, qui consiste à rendre l'effet de l'art sur un des personnages du récit: c'est la ressemblance d'Odette avec la *Zéphora* de Botticelli qui suscite l'amour de Swann;
- fonction structurale, qui projette la structure picturale sur l'œuvre littéraire: "le sujet pictural se présente alors comme la mise en abyme du sujet fictionnel", écrit Yvette Went-Daoust (1987:49), qui donne l'exemple suivant: dans *Le Chef-d'œuvre inconnu*, il est question d'un tableau de Porbus intitulé *La Marie Egyptienne*; or, l'image de Marie, qui se prostitue pour pouvoir payer une traversée en bateau, s'avère être une mise en abyme de Gillette, qui, elle aussi, se prostitue en s'offrant comme modèle au peintre Frenhofer. C'est une mise en abyme prédictive;
- et finalement, Sophie Bertho distingue une fonction ontologique: l'œuvre d'art symbolise le sens même de l'œuvre littéraire: la peinture d'Elstir assume cette fonction dans la *Recherche*.

Primauté du texte

La primauté du texte implique que la transposition se fait du texte à l'image; celle-ci présuppose le texte qui l'inspire: un texte, littéraire souvent, se trouve à l'origine de l'image. De nouveau, deux cas se présentent:
1. quelquefois la transposition intersémiotique est réalisée à l'intérieur d'une seule œuvre: le cas le plus connu est évidemment celui de l'illustration de livres; un autre exemple est celui d'un tableau comme *La Géante* de Magritte (ill. 3), qui illustre le sonnet homonyme de Baudelaire, sonnet peint dans la marge de la toile; enfin, on citera l'exemple du 'livre d'artiste'. Comme dans le paragraphe précédent, nous avons affaire ici à une œuvre multimédiale (cf. *infra* fig. 2), où l'élément verbal et l'élément visuel sont autosuffisants, c'est-à-dire que la cohérence individuelle de l'un et de l'autre est restée intacte.

3 René Magritte, La Géante, *1929-1930*

2. en général, la transposition de l'écrit à l'image aboutit à deux œuvres différentes, réalisées selon deux médiums différents: c'est le cas des œuvres d'art inspirées par des sujets littéraires et des films réalisés à partir de romans. Entre le texte et l'image il existe alors une relation d'intertextualité transmédiale (cf. *infra* fig. 2).

Ni la primauté de l'image ni celle du texte n'impliquent *per se* une relation plus étroite entre l'élément visuel et l'élément verbal: le discours ekphrastique n'est ni plus ni moins étroitement relié à l'œuvre d'art qu'il décrit, que ne l'est l'illustration au texte qui est sa raison d'être. La lecture du texte illustré est, en effet, aussi indispensable pour saisir la signification de l'image qui l'illustre, que l'est la contemplation de l'œuvre d'art pour se faire une idée précise de ce que le poème ekphrastique raconte ou décrit. Dans la transposition intersémiotique, le discours primaire – image ou texte – fonctionne automatiquement et souvent injustement comme norme d'évaluation absolue par rapport au discours secondaire. Le vieil adage *post hoc, ergo propter hoc* explique pourquoi le lecteur a naturellement tendance à juger l'illustration sur sa fidélité au texte et la poésie picturale sur sa fidélité à l'image. Plus le discours secondaire reste proche du discours primaire, plus il risque d'être considéré comme une simple traduction intersémiotique, plutôt que comme une transposition intersémiotique autonome (cf. Jakobson 1963:79-80, Clüver 1989, Gorlée 1994). Cela arrive plus souvent lorsque c'est l'image qui prime, comme dans le cas de l'ekphrasis; cela arrive moins souvent lorsque c'est l'écrit qui prime, ainsi dans les œuvres d'art inspirées de textes littéraires (cf. Van-Eecke 1989)

Simultanéité du texte et de l'image

Lorsque le texte et l'image ont perdu leur autosuffisance, ils ne peuvent exister indépendamment et se présentent simultanément dans un seul discours. Au sein de ce discours, la relation physique entre le texte et l'image peut être plus ou moins étroite: le texte et l'image peuvent se combiner pour former un discours verbal et visuel mixte, tout en gardant chacun leur propre identité (discours mixte), ou bien ils peuvent fusionner dans un enchevêtrement inextricable (discours syncrétique) (cf. *infra* fig. 2):
1. discours mixte: par exemple affiches, timbres, bandes dessinées, publicités, etc. Un cas un peu spécial est formé par l'inscription de textes dans l'image (cf. Butor 1969): par exemple la signature (cf. Gandelman 1985) ou des textes peints sur des écriteaux, enseignes ou drapeaux, et insérés de manière naturelle et homogène dans une image (cf. Wallis 1973). Il existe aussi des légendes, titres ou dédicaces, marqués sur la toile même, par exemple *L'Œil cacodylate* de Picabia (1921) (ill. 4).
2. discours syncrétique: celui-ci est composé de signes hétérogènes, relevant à la fois du texte et de l'image, quoiqu'à des degrés différents. Le calligramme ou la typographie sont des exemples de discours où, à un certain degré, l'écrit est composé d'images, de même que l'image est faite d'écriture. On peut imaginer les signes du discours syncrétique échelonnés selon leur degré de symbolicité (texte) décroissante et d'iconicité (image) croissante (fig. 1). Les textes-images situés à gauche sur une échelle se composent pour 99% de discours verbal et pour 1% de discours visuel; les images-textes, situés à droite, se composent pour 99% de discours visuel et pour 1% de discours verbal:

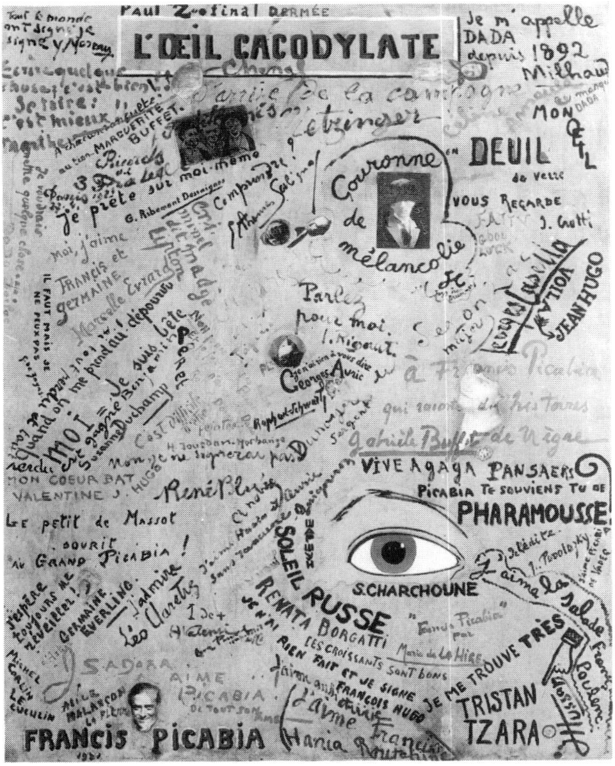

4 Francis Picabia, L'Œil cacodylate, *1921*

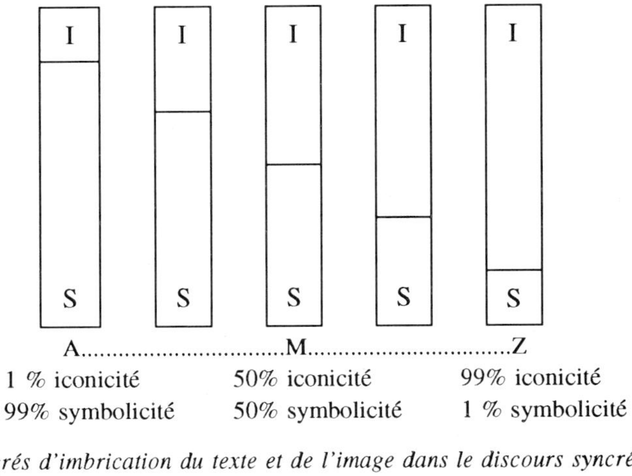

fig. 1: degrés d'imbrication du texte et de l'image dans le discours syncrétique

A l'extrémité *A* de l'échelle se trouvent des signes symboliques, fonctionnant presqu'entièrement comme éléments verbaux mais déguisés en signes iconiques; par exemple les lettres décorées des alphabets de fantaisie (cf. ill. 5 et Massin 1993), la composition typographique (mise en page, types de lettres, impression; cf. Hoek 1993b sur Mallarmé), lettrines, miniatures, et calligraphie. On citera comme exemple poétique la longueur des strophes dans les *Djinns* de Victor Hugo: croissante dans la première moitié et décroissante dans la deuxième moitié du poème, elle représente de manière iconique l'arrivée et la disparition des esprits maléfiques. On trouvera des exemples picturaux dans l'œuvre de Magritte (ill. 6: "ceci n'est pas une pipe", *La Trahison des images*), chez les artistes CoBrA, chez Bruce Naumann, Marlène Dumas, etc.

5 Lettre V, comme Varga, par Daumier, 1836

6 Magritte, La Trahison des images, *1929*

A l'extrémité *Z* de l'échelle se trouvent des signes iconiques, dans lesquels est incorporée de la matière symbolique à l'origine (lettres, textes) mais qui a presque complètement perdu sa fonction verbale. Les lettres et les textes y sont utilisés un peu à la manière des fruits qu'utilise Arcimboldo pour composer ses portraits: fonctionnant comme matière plastique, ils ont perdu leur fonction primitive. On pensera aux collages de textes dans des peintures cubistes de Picasso ou de Braque, aux montages, aux textes incorporés dans les œuvres de Klee ou à *Alphabet 1969* de Jasper Johns. Même une série de symboles, comme dans *Succession* (1935) de Kan-

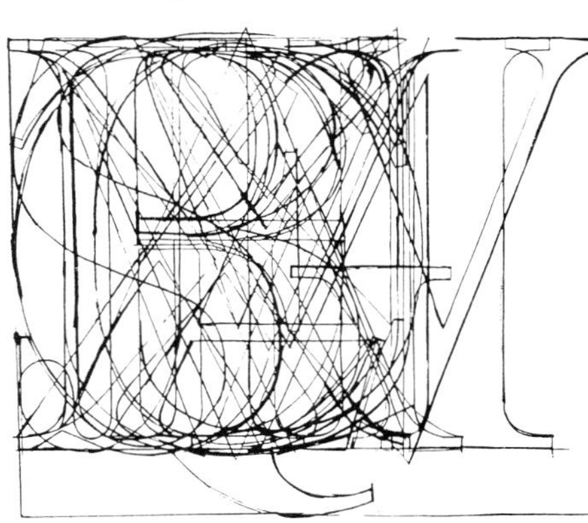

7 Jasper Johns, Alphabet 1969, *1969*

8 Wassily Kandinsky, Succession, *1935*

dinsky, rivalise avec l'écriture (cf. Butor 1969:141).

Le phénomène des textes captés dans une image a son équivalent verbal: l'image intégrée dans l'écrit même (autrement que comme illustration, bien entendu). Il s'agit de signes visuels faisant intégralement partie de l'œuvre d'art verbale et qui ne sauraient être omis sans amputer le texte: c'était une pratique commune dans la littérature d'avant-garde (Maurice Roche par exemple), mais elle existait aussi dans des textes plus anciens: la boucle qu'insère Laurence Sterne dans son *Tristram Shandy* (cf. De Voogd 1988), ou le recueil de *Contes bruns* (1832) de Balzac, Chasles et Rabou (ill. 9), qui, sur la page de titre, signent par l'image d'une tête à l'envers!

Au milieu de l'échelle (*M*) se trouvent des signes dont il est parfois difficile de dire si ce sont plutôt des textes ou des images: la poésie concrète ou visuelle, les 'carmina figurata' (cf. Ernst 1991), les calligrammes (Apollinaire, ill. 10), les rébus, les hiéroglyphes, idéogrammes, ou pictogrammes. *Bis* par Carel Blotkamp, reproduit à la couverture de ce recueil, offre un exemple pictural.

Quelle que soit la place de ces textes-images ou images-textes sur l'échelle, il s'agit toujours de textes plus ou moins 'artifiés', détournés, décorés; et cela souvent indépendamment de leur sens primitif. Aussi, est-il difficile d'admettre une coupure radicale entre par exemple poésie verbale et poésie concrète, la

9 Balzac, Chasles et Rabou, Contes bruns par une tête à l'envers, *Paris, Urbain Canel, 1832*

fonction des éléments imagés dans la poésie visuelle étant toujours plus ou moins orientée sur la langue (cf. Vos 1992). L'écriture y est envisagée comme image: le texte qui est normalement instrument d'encodage linguistique est devenu ici l'objet d'un autre type d'encodage, iconique.

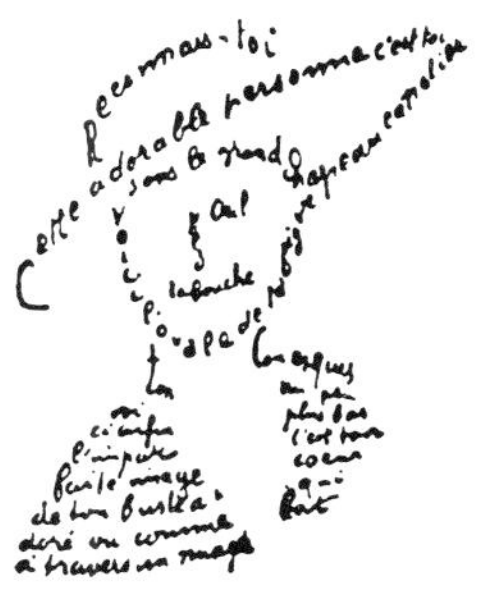

10 Calligramme par Apollinaire, 1915

Transposition (relation transmédiale), juxtaposition (discours multimédial), combinaison (discours mixte) et fusion (discours syncrétique) représentent ainsi des degrés augmentants d'imbrication du texte et de l'image (cf. Clüver 1993:8; Butor 1994:19). Ces quatre degrés se laissent distinguer à base de trois traits pertinents: séparabilité (le signe visuel et le signe verbal appartiennent à des systèmes signifiants différents et se laissent isoler l'un par rapport à l'autre), autosuffisance (la cohérence individuelle de l'un et de l'autre est restée intacte), et polytextualité (plusieurs œuvres différentes sont en jeu):

texte/image:	*relation transmédiale*	*discours multimédial*	*discours mixte*	*discours syncrétique*
séparabilité:	+	+	+	–
autosuffisance:	+	+	–	–
polytextualité:	+	–	–	–
imbrication:	*transposition*	*juxtaposition*	*combinaison*	*fusion*
schéma:	image→texte texte→image	ima- ge | tex- te	image texte	ima- ge
exemples:	ekphrasis, critique d'art, roman-photo	emblème, illustration, titre	affiche, bande dessinée, publicité	typographie, calligramme, poésie visuelle

fig. 2: types de relations intersémiotiques

Ainsi nous avons pu montrer combien la distinction entre processus de production et processus de réception est importante pour procéder à une classification des relations texte/image. Des critères comme 'primauté de l'image', 'primauté du texte', et 'simultanéité' sont pertinents pour procéder à une classification pragmatique des types de transposition intersémiotique et par là des relations entre le texte et l'image.

Vrije Universiteit, Amsterdam

Bibliographie:

Sophie Bertho
1990 "Asservir l'image, fonctions du tableau dans le récit", dans: *CRIN* 23, 25-36

Michel Butor
1969 *Les Mots dans la peinture*, Genève-Paris, Skira-Flammarion
1994 "Bricolage: An Interview with Michel Butor", par Martine Reid, dans: *Yale French Studies* 84 'Boundaries: Writing and Drawing', 17-26

Anne-Marie Christin
1992 "Philippe Soupault et la peinture ou: du portrait lyrique comme principe de la critique d'art", dans: J. Chénieux-Gendron éd., *Philippe Soupault, le poète*, Paris, Klincksieck, 131-147

Claus Clüver
1989 "On Intersemiotic Transposition", dans: *Poetics Today* X, 1, 55-90
1993 "Interarts Studies: An Introduction" (manuscrit), 26 p. (en suédois dans: U.-B. Lagerroth, e.a., *I Musernas tjänst*, Stockholm, Symposion, 1993)

Ulrich Ernst
1991 *Carmen figuratum: Geschichte des Figurengedichts von den antiken Ursprüngen bis zum Ausgang des Mittelalters*, Cologne-Weimar-Vienne, Böhlau (= Pictura et Poesis 1)

Claude Gandelman
1985 "The Semiotics of Signatures in Painting: A Peircian Analysis", dans: *American Journal of Semiotics* III, 3, 73-108

Dinda Gorlée
1994 *Semiotics and the Problem of Translation*, Amsterdam-Atlanta Ga, Rodopi

Philippe Hamon
1991 *La Description littéraire. Anthologie de textes théoriques et critiques*, Paris, Macula

Leo H. Hoek
1993a "Van Gogh and Zola. A Case of Formal Similarity", dans: *Neophilologus* 77, 343-354
1993b "'Le hasard vaincu mot par mot'. Une révolution dans *Le Livre* de Mallarmé", dans: H. Ritter & A. Schulte Nordholt éds., *La Révolution dans les lettres*, Amsterdam-Atlanta Ga, Rodopi, 87-99

Roman Jakobson
1963 *Essais de linguistique générale*, Paris, Le Seuil

A. Kibédi Varga
1985 "Un métadiscours indirect: le discours poétique sur la peinture", dans: *CRIN* 13, 19-34
1989a "Criteria for Describing Word-and-Image Relations", dans: *Poetics Today* X, 1, 31-53
1989b *Discours, récit, image*, Liège-Bruxelles, Pierre Mardaga

Gisbert Kranz
1981, 1987 *Das Bildgedicht. Theorie, Lexikon, Bibliographie*, vol. 1 et 2; *Nachträge*, vol. 3, Cologne, Böhlau Verlag

Murray Krieger
1992 *Ekphrasis. The Illusion of the Natural Sign*, Baltimore-Londres, The Johns Hopkins University Press

Claudia Laurich
1983 *Der französische Malerroman*, Institut für Romanistik der Universität Salzburg (= Salzburger Romanistische Schriften VIII)

Hans Lund
1992 *Text as Picture. Studies in the Literary Transformation of Pictures*, Lewiston (NY)-Queenston (Ont.), The Edwin Mellen Press

Massin
1993 *La Lettre et l'image. La figuration dans l'alphabet latin du VIIIe siècle à nos jours*, Paris, Gallimard

Michel Rio
1976 "Images and Words", dans: *New Literary History* VII, 3, 505-513

Bernhard F. Scholz
1992 "Emblematik: Entstehung und Erscheinungswesen", dans: U. Weisstein éd., *Literatur und Bildende Kunst*, Berlin, Erich Schmidt Verlag, 113-137

David Scott
1991 "La Structure picturale du sonnet parnassien et symboliste: Heredia et Baudelaire", dans: Ph. Delaveau éd., *Ecrire la peinture*, Paris, Editions Universitaires, 35-46

Corinne Van-Eecke
1989 "L'Epigraphe-illustration", dans: *Victor Hugo et les images*, Dijon, Ville de Dijon, Aux Amateurs de Livres, 249-257

Peter de Voogd
1988 "Tristram Shandy as an Aesthetic Object", dans: *Word & Image (Conference Proceedings)* IV, 1, 383-392

Eric Vos
1992 *Concrete Poetry as a Test Case for a Nominalistic Semiotics of Verbal Art*, diss. Universiteit van Amsterdam

Mieczyslaw Wallis
1973 "Inscriptions in Paintings", dans: *Semiotica* IX, 1-28

Yvette Went-Daoust
1987 "*Le Chef-d'œuvre inconnu* de Balzac ou l'écriture picturale", dans: *CRIN* 17, 48-64.

II

RÉFLEXIONS RHÉTORIQUES

LA MÉMOIRE BLANCHE

Anne-Marie Christin

Les traités de rhétorique de l'antiquité latine réservaient une place importante au visible: à travers la *mémoire*, qui consistait dans l'art de mettre en image les matériaux du discours, et l'*action*, art de l'expression, qui ne reposait pas seulement sur la voix de l'orateur mais également sur l'ensemble de l'appareil visuel de son comportement: animation du visage, gestes, mouvements de toge. Ces deux parties ont à peu près disparu des traités modernes:

> Il n'y a que l'*inventio* et l'*elocutio* à recevoir une attention considérable (surtout la seconde), la *memoria* et l'*actio* sont pour ainsi dire 'liquidées' en quelques pages, souvent superficielles et imprécises, tandis que la *dispositio* tient, quantitativement, le milieu entre les parties privilégiées et les parties négligées. (Kibédi Varga 1989:38)

A. Kibédi Varga justifie cette désaffection par le fait que la rhétorique, n'étant pas une théorie mais une technique, peut se trouver moins aisément verbalisable dans certaines de ses parties que dans d'autres: "Il semble plus facile de définir une figure de style qu'un geste" observe-t-il (*ibid.*:39). L'élaboration d'un texte étant d'autre part le principal objectif de cette méthode, les auteurs auraient eu assez naturellement tendance à exclure de leurs traités ce qui ne concernait pas la préparation du texte proprement dit mais ses étapes ultérieures. Il suppose enfin que l'importance grandissante prise par l'écrit dans la pratique oratoire rendait inutile le recours à l'art de la mémoire – puisque notes et brouillons restaient en permanence accessibles à l'orateur – en même temps qu'elle faisait perdre de sa valeur à l'*action*:

> Il est significatif qu'à l'époque classique, l'*actio* intéresse surtout les peintres – puisqu'un tableau ne peut exprimer des émotions que par les gestes et le visage des personnages représentés – et les acteurs – qui aimeraient disposer d'un système sémiotique clair et efficace pour faire reconnaître les émotions au public et ainsi les lui faire ressentir. (*ibid.:39*)

Un usage ainsi dérivé de l'*action* ne pouvait manquer, toutefois, d'éveiller lui-même l'attention à son tour: non seulement, en effet, il confirmait, en en déplaçant les supports, la complémentarité fondamentale du visible et de la parole, mais il incitait à chercher dans cette partie de la rhétorique les principes fonctionnels qui leur seraient communs à l'un et l'autre. C'est la voie qu'a choisie Kibédi Varga dans son analyse du texte et de l'image, qu'il a placée sous le signe de la "narratologie visuelle" (*ibid.*:97).

Ce que je voudrais montrer ici, pour ma part, est que si l'on envisage texte et image non plus sous l'angle de leur contenu ou de leur message mais, de façon générale et abstraite, comme deux modes parallèles d'expression d'une même *pensée visuelle*, ce n'est pas la catégorie de l'*action* qu'il convient d'interroger mais celle de la *mémoire*.

La mémoire dite artificielle fait l'objet d'un ostracisme bien plus radical encore que l'*action* de la part des auteurs de traités de rhétorique.[1] Je ne crois pas, cependant, que ce soit le caractère pittoresque de la méthode qu'elle préconisait qui en ait été la cause mais le refus systématique et profond que la société occidentale oppose à toute conception de la communication et du sujet qui ne soit pas exclusivement déterminée par le verbe. L'art de la mémoire devait en être d'ailleurs la première victime: car c'est bien faute de pouvoir être fondé *en raison* qu'il est né sous cette forme étrange que l'on n'a cessé de lui reprocher, et sur laquelle je vais revenir.

Mais le scandale ne tenait pas à la nature de la méthode, quelle qu'elle fût: il résidait dans la démarche dont celle-ci était le produit, et qui consistait à associer mémoire verbale et vision en soumettant la première à la seconde. L'*action* ne pouvait choquer au même degré: elle apportait seulement un décor, un complément expressif, à la parole: elle n'en remettait pas en cause le système. Comme la parole elle s'adressait à un allocutaire – et par l'oreille autant que par la vue –, et elle se manifestait également – son nom lui-même le prouve – dans un acte. La *mémoire* procédait à l'inverse: elle impliquait un retour sur soi du locuteur, et ce retour, dès lors que l'on admettait qu'il était d'ordre visuel, ne pouvait être que réceptif. Reconnaître l'efficacité de ce processus au même titre que celle de l'*action* était opposer au sujet du *logos* un concurrent, une sorte de double muet qui penserait et agirait par les yeux.

---

1. Dans un ouvrage de synthèse (1984), Olivier Reboul limite à quatre les parties de la rhétorique, parmi lesquelles il inclut l'action, et il ne réserve que quelques lignes à la mémoire (pp. 20-28).

La culture occidentale était tout à fait capable d'assimiler un tel sujet, ce qui lui permettait de l'éliminer. C'est ce qu'elle a fait: le *je* cartésien est le résultat d'un amalgame entre sujets verbal et visuel, et le *On* de Merleau-Ponty celui de leur fusion dans un corps. En tant que tel, l'absolu individuel, fût-il conçu comme une monade, ne saurait connaître de limites. Mais il ne peut absorber d'aucune manière ce par quoi *le visible fait sens.* Car l'ordre prioritaire à prendre en compte en ce cas n'est pas le pôle distinctif, âme ou 'chair', où se construit la pensée – non plus que l'un quelconque des objets qui le reflètent ou lui répondent dans le "réel" – mais *ce à partir de quoi* cette pensée se construit, c'est-à-dire un espace où les objets ont fonction d'indices matériels du système virtuel de leur support. La *pensée visuelle* s'est formée à travers l'exploration méthodique d'une surface abstraite, d'un *écran.* L'image, qui apparaît sur les parois des grottes préhistoriques, est la manifestation la plus ancienne, et sans doute la plus émouvante car l'homme y avoue aussi ses croyances et ses pulsions, de la vertu créatrice d'une telle pensée. Mais c'est également à elle que l'on doit l'invention de l'astronomie et de l'agriculture – lesquelles ont entraîné à leur tour un bouleversement radical du mode de vie et des structures des premières sociétés humaines. L'apparition de la divination est le relais qui a conduit de ces sociétés nouvelles à celles de l'écriture. "Miroirs du ciel", selon la formule employée en Mésopotamie, les lobes de foie de mouton dans les cultures méditerranéennes, la face ventrale des carapaces de tortues en Chine, ont permis de transposer en termes d'interrogations rationnelles l'intuition grâce à laquelle les hommes avaient su exploiter d'abord les forces complémentaires de la terre et des saisons afin de mieux maîtriser leur univers. Dès lors était né le *signe*, élément de la pensée des dieux rendu accessible au monde humain par le biais des lectures divinatoires, et que les hommes ont fait leur en l'appropriant à leur langue et en inventant l'idéogramme.[2]

Le "miracle grec", en l'occurrence, fut celui d'une sublimation et d'une rupture. La pensée visuelle s'est dégagée de celle de l'écriture pour naître à la géométrie; l'idéogramme – ou son avatar phénicien sémantico-phonétique – dépouillé en alphabet pur. La nécessité du support, sinon de l'écran, se trouvait dissociée désormais de celle du signe. Tel est le contexte paradoxal dans lequel est apparue la rhétorique, art *écrit* de la parole, c'est-

2. J'ai développé longuement cette démonstration dans Christin (1995a). Voir également, pour le problème de la définition du signe écrit, Christin (1995b).

à-dire art d'une parole dont on avait deviné combien son imbrication dans ce procès particulier d'efficacité intellectuelle et sensible que constituait l'écriture pouvait lui être profitable: au moment même où cette écriture venait d'être, pour la première fois de son histoire, dépossédée de ses ressources visuelles.

Aussi est-il impossible de croire que l'introduction du visible dans les traités de rhétorique – et, qui plus est, à l'intérieur de la section qui y était consacrée à la mémoire – ait été accidentelle. La référence à l'image était étroitement liée à la nature écrite de la technique oratoire. Elle avait pour fonction de la justifier: en portant témoignage de la continuité culturelle qui unissait jusqu'à – et à travers – l'écrit, verbe et visible; en tentant de proposer, au-delà d'un système alphabétique visuellement appauvri, c'est-à-dire rendu moins efficace, une forme d'écriture non pas nouvelle mais *renouvelée*, dont le modèle serait emprunté aux anciens idéogrammes mais qui serait susceptible également de s'adapter aux exigences contemporaines du monde grec.

Très vraisemblablement, en effet, et l'assimilation implicite faite par Platon entre système hiéroglyphique et alphabet, de même que la condamnation qu'il porte sur eux, confondus en une unique 'écriture', au nom de la mémoire, le prouve (*Phèdre* 274d-276a), c'est l'écriture pharaonique (laquelle n'était plus accessible aux Grecs que sous sa seule et énigmatique apparence de suite d'images) qui a servi de modèle à l'art de la mémoire. Leur sens de la mémoire était d'ailleurs la première particularité qu'Hérodote reconnaissait aux Egyptiens. Il la souligne dès le début du développement qu'il leur consacre dans ses *Histoires* (II, 77):

> Des Egyptiens eux-mêmes, ceux qui habitent la partie de l'Egypte où l'on sème les grains sont, entre tous les hommes, ceux qui s'attachent le plus à conserver le souvenir du passé. (Hérodote 1982:116-117)

Cette filiation peut-elle s'expliquer par une connaissance effective du système hiéroglyphique en des temps plus reculés de l'histoire et qui aurait été perdue ensuite? Comment savoir? Mais ce savoir ne nous serait peut-être pas non plus très utile. Il nous importe suffisamment ici, en effet, de pouvoir admettre que l'invention de l'art de la mémoire s'est faite dans la mouvance d'une *écriture visuelle* comme l'était celle des Egyptiens, comme il nous importe d'observer que l'inventeur supposé de cet art au VIe siècle, le poète

Simonide, est également celui auquel la tradition antique a imputé le premier parallèle qui ait été fait entre poésie et peinture:

> Simonide, écrit Plutarque, appela la peinture une poésie silencieuse et la poésie une peinture qui parle; car la peinture peint les actions pendant qu'elles s'accomplissent, les mots les décrivent une fois qu'elles sont achevées. (Plutarque, *La Gloire des Athéniens*, 3 [*Mor.* 346 F], cité dans: Yates 1975:40)

Ceci éclaire en effet cela: dans cette civilisation qui, en inventant l'alphabet, avait dissocié verbe et image, dire et voir, d'une manière radicale, l'union primitive des deux media n'avait pas été vraiment perdue. On la recherchait dans le passé; on tentait de la faire renaître sous une forme et dans une perspective différentes pour le futur.

Intuition fondamentale et précieuse. Mais avait-elle la possibilité de s'exprimer pleinement, sans se trahir? Pouvait-elle se dégager d'une emprise du *logos* qui était si puissante en Grèce que l'on y faisait parler aux dieux mêmes la langue des hommes? Autrement dit, était-ce bien l'image en tant que telle, dans sa dualité spécifique d'étendue spatiale et de figures s'y regroupant en réseaux – cela même qui la rendait créatrice – à quoi l'on faisait référence?

La méthode de mémorisation dont on suppose que Simonide de Céos fut l'inventeur prend appui sur une légende. La salle d'un banquet auquel le poète participait s'étant effondrée sur les convives alors que lui-même venait d'être attiré au dehors par les dieux, Simonide aurait été le seul à pouvoir identifier les corps dans la mesure où il se serait souvenu de la place qu'occupait à table chaque invité.

Rapportant cette légende dans son dialogue *De l'orateur*, Cicéron conclut:

> Aussi, pour exercer cette faculté du cerveau, doit-on, selon le conseil de Simonide, choisir en pensée des lieux distincts, se former des images des choses qu'on veut retenir, puis ranger ces images dans les divers lieux. Alors l'ordre des lieux conserve l'ordre des choses; les images rappellent les choses elles-mêmes. Les lieux sont les tablettes de cire sur lesquelles on écrit; les images sont les lettres qu'on y trace.

Et il souligne la nature visuelle du procédé:

> Simonide (ou l'inventeur, quel qu'il fut, de la mémoire artificielle) vit fort bien que, de toutes nos impressions, celles qui se fixent le plus profondément dans

> l'esprit sont celles qui nous ont été transmises et communiquées par les sens; or, de tous nos sens, le plus subtil est la vue. Il en conclut que le souvenir de ce que perçoit l'oreille ou conçoit la pensée se conserverait de la façon la plus sûre, si les yeux concouraient à le transmettre au cerveau. (Cicéron, *De l'orateur* II, 86-87, 352-354, 357, cité par Yates 1975:14 et 16.)[3]

L'histoire de Simonide et les commentaires qu'en donne Cicéron nous le confirment donc: c'est bien la contemplation d'un spectacle – ou tout au moins d'une image, comme le suggéreraient plutôt la fixité et l'étroitesse de la scène, le poète ayant gardé le souvenir de ce qui s'était trouvé à portée immédiate de son regard – qui a servi de modèle à la mnémotechnie oratoire. On ne peut cependant manquer d'être sensible au décalage qui existe entre l'évocation proprement dite de l'image, que livre le récit légendaire, et son exploitation rhétorique. L'espace d'une table de banquet est un espace sériel, mais son observation peut s'opérer dans toutes les directions, et il est sûr que c'est cette liberté d'errance du regard et la diversité des points de vue par lesquels il aborde un même espace qui entraînent sa mémorisation. Or cet espace multidirectionnel a disparu du texte de Cicéron: seules y sont présentes les figures. Ce qui est conçu comme 'lieu' dans ce texte est en effet l'emplacement spécifique que l'on doit réserver à chaque figure, et l'ordre qui lie les figures entre elles est celui de leur succession, c'est-à-dire un ordre discursif, même si celui-ci peut se mouler dans un espace concret. Quant à la métaphore de l'écriture à laquelle Cicéron a recours, si elle reflète bien l'équivalence entre l'image et l'écrit qui fonde l'art de la mémoire, elle n'est traitée, une fois encore, que du seul point de vue de la figure. Ce sur quoi Cicéron insiste en effet n'est pas la surface du support commun à l'une et à l'autre mais la possibilité qu'offre la cire de fixer une figure en son 'lieu' comme l'on peut y graver une lettre.

Cicéron devait dire dans les *Tusculanes* (I, 24, 59) qu'il méprisait une telle mémoire, et son inventeur. Mais ce n'est pas exactement de l'invention de Simonide qu'il parle dans *De l'orateur*. Le poète, amateur de peinture, n'envisageait pas le visible avec un esprit de théoricien. L'intuition que lui attribue la légende n'était que subjective. L'art de la mémoire auquel Cicéron fait référence possédait lui, au contraire, tous les caractères d'une

3. L'histoire de Simonide est également rapportée par Quintilien, *Institution oratoire* XI, 2, 11-13, tome VI: 209-210.

théorie. Il avait été imaginé à partir de l'histoire de Simonide, sans doute, mais aussi, et plus encore, de la conception que l'on se faisait en Grèce de la vision. Or celle-ci ne connaissait que des objets et ignorait l'espace.

Gérard Simon (1988) a montré comment la pensée antique du visible, contrairement à celle qui devait s'imposer avec Descartes, ne faisait pas de distinction entre sujet et objet, un continuum indéfinissable et réversible étant supposé unir en permanence la vue et le visible. C'est cette confusion qui explique que l'assimilation des images mentales et des mots dans la mémoire ait pu y sembler naturelle. Mais le caractère particulier que l'on attribuait au flux visuel, cette sorte de rayon inspectant le monde à la manière d'une main qui tâtonne, faisait aussi que l'on croyait ne percevoir que les formes susceptibles d'émettre un tel rayon ou de l'arrêter. L'espace était le milieu neutre et, littéralement, imperceptible, d'où se détachaient les figures, et les problèmes que l'on se posait en matière de perception ne concernaient pas les fonctions qu'il fallait reconnaître à leur support ni les relations que ces figures pouvaient entretenir entre elles de part et d'autre des intervalles qui les séparaient: seul était examiné leur degré de 'vérité' et d'illusion, lequel tenait au fait que le trajet du rayon visuel restait droit ou se trouvait brisé, comme on pouvait le constater par exemple dans les plans d'eau ou dans les miroirs.

Conception logocentriste? Sans doute elle ne s'appuie pas sur une pensée du sujet, et encore moins d'un sujet d'énonciation. Mais il est certain aussi que la notion de vecteur reliant le regard aux choses a son modèle dans l'échange langagier.[4] Une civilisation comme celle de la Chine, où la parole n'a jamais eu valeur de pouvoir ni de voie vers la révélation ou la sagesse, ne conçoit pas le visible à partir des objets mais des surfaces, et les illusions d'optique n'y font pas sens.[5]

L'Occident a découvert l'espace par l'image, mais pour ainsi dire à son insu. L'histoire de Zeuxis, qui avait peint sur un rideau de scène des raisins de façon si merveilleuse que ceux-ci avaient attiré les oiseaux est bien connue.

4. L'idée selon laquelle le regard peut être cause de mort, a la même origine. Cf. Christin (1983).

5. Voir sur cette conception les ouvrages de François Jullien, en particulier Jullien (1992).

Or cette histoire, qui avait pour cadre une compétition opposant Zeuxis à un autre peintre, Parrhasius, a une issue que l'on néglige toujours. Pline l'Ancien (*Histoire Naturelle*, XXXV, 10, 65) poursuit en effet:

> L'autre présenta un rideau peint avec une telle perfection que Zeuxis, rempli d'orgueil par le jugement des oiseaux, demanda que l'on se décidât enfin à écarter le rideau afin que l'on pût voir la peinture. Lorsqu'il eut compris son erreur, il céda la palme à son rival avec humilité et franchise, disant que s'il avait lui-même trompé les oiseaux, c'était l'artiste que Parrhasius avait trompé en lui.

C'est par l'écrit que l'espace est venu à l'art de la mémoire, mais de la même manière détournée et quasi fortuite: lorsque l'écrit ne fut plus considéré seulement comme un moyen de transcription et de diffusion mais comme une forme nouvelle de spectacle, lorsque l'alphabet eut perdu son caractère prodigieux d'écriture exposant pour la première fois aux yeux de tous, au cœur même de la cité, les lois d'une neuve démocratie (cf. Detienne éd. 1988), mais que, devenue héritage et habitude, elle se répandit à travers la ville en adoptant des formes multiples et quotidiennes:

> A qui l'aurait parcourue avec l'état d'esprit et l'attention d'un touriste libre de son temps, n'importe quelle ville de l'empire romain, entre le Ier et le IIIe siècle après J.-C., ne se serait pas seulement ni principalement caractérisée par ses statues, ses temples, ses lieux de sociabilité publique, ses couleurs et son trafic; mais plutôt par les inscriptions partout présentes, sur les places et dans les rues, sur les murs et dans les cours, peintes, dessinées ou gravées, apposées sur des plaques de bois ou tracées sur des cadres blancs. (Petrucci 1993:15)

Cette sensibilisation visuelle à l'écrit, devenu objet à observer autant qu'à lire, se manifeste très tôt chez les auteurs latins de traités de rhétorique. C'est elle qui leur permet de découvrir que les principes de l'art de la mémoire ont été directement inspirés par ceux de l'écriture. Mais ils ne disposent plus désormais de cette référence confuse aux hiéroglyphes qui en était la clé. L'auteur de la *Rhétorique à Herennius*, Cicéron, puis Quintilien à leur suite, ne peuvent imaginer que la série ordonnée de figures censée représenter un discours procède comme une langue écrite, c'est-à-dire par fragmentation et concentration graphémique du message verbal. Leur pratique de l'alphabet ne la leur fait concevoir que comme la transcription suivie et littérale du discours. Et ils ironisent:

> Il est ridicule, quand les mots sont en nombre infini, de fournir des images pour un millier d'entre eux; quel mince intérêt pourra présenter cette liste quand il

> faudra, alors que le vocabulaire est illimité, se rappeler tantôt un mot, tantôt un autre? (*Rhétorique à Herennius* III, 38:123)

Quintilien pousse l'analyse et la critique encore plus loin. Il comprend, avant Saint Augustin, que *mots* et *figures* n'entrent pas dans la même catégorie de signes. Il voit bien qu'un "aide-mémoire" qui ne serait que le duplicat visuel du discours, entraînant un effort double de la part de l'orateur, s'opposerait à l'effet recherché. Il conclut:

> Peut-être ce moyen a-t-il aidé ceux qui, après une vente aux enchères, énumèrent les objets vendus et les noms des acheteurs dans l'ordre attesté par les registres des caissiers. (Quintilien, *Institution oratoire*, XI, 2, 23-25, *ibid.*:213)

Mais quel est donc l'*ordre de la mémoire*, et quel modèle faut-il lui trouver pour la rendre pleinement efficace? Le principe selon lequel elle devrait seulement refléter l'ordre des idées et des mots défini par la *dispositio* – "La *mémoire* consiste à bien retenir les idées, les mots, et leur disposition" dit l'auteur de la *Rhétorique à Herennius* dans l'introduction de son traité (*op. cit.* I, 3:3) – ne suffisait plus. Lorsqu'il en arrive à cette section, le même auteur change d'ailleurs de ton:

> Passons maintenant à la mémoire, dit-il, trésor qui rassemble toutes les idées fournies par l'invention et qui conserve toutes les parties de la rhétorique. (*ibid.* III, 28:113)

Pour le Cicéron des *Tusculanes* une telle mémoire ne peut être assimilée si peu que ce soit à celle des traités de rhétorique; elle témoigne de la nature divine de l'âme humaine:

> Oui, qu'est-ce que la mémoire des mots et des choses, qu'est-ce encore que l'invention? Des facultés telles assurément que même dans la Divinité on ne peut concevoir rien de plus grand. (*Tusculanes* I, 26, 65, tome I:40)

Combien semble dérisoire, par comparaison, l'idée que

> l'âme se modèle comme la cire et que la mémoire est la trace des objets empreinte dans l'esprit. Qu'est-ce que peuvent être des empreintes de mots, des empreintes d'objets même, et puis quelle étendue démesurée ne faudrait-il pas à la tablette de cire pour qu'elle puisse reproduire tant d'images? (*ibid.* I, 25, 61, *ibid.*:38-39)

Les rhéteurs pensent de même. Mais leurs conclusions sont différentes. Prenant pour hypothèse que la mémoire artificielle ne fait que prolonger la mémoire naturelle – et que d'ailleurs son existence n'a pas d'autre justification – c'est dans l'étroite étendue même de la tablette qu'ils

1 Michel-Ange, La Sibylle de Delphes *(1508-1511), voûte de la Chapelle Sixtine, Rome, Vatican. Livre et rouleau sont anépigraphes, comme partout où il se trouve un document écrit sur cette fresque, mais cela est plus visible et plus surprenant ici, où il y a un 'lecteur'.*

cherchent à définir le passage de l'une à l'autre. L'image, une nouvelle fois, sert de relais. On découvre en effet – enfin – que cet espace clos sur des figures n'impose pas au regard un ordre immuable de lecture mais lui offre au contraire une liberté interdite au discours linéaire:

> Si nous avions plusieurs personnes de notre connaissance debout devant nous, rangées en ordre, il importerait peu que nous commencions à les nommer à partir de la première, de la dernière ou de celle du milieu. De même si les emplacements sont ordonnés, nous pourrons, guidés par les images, dire, en commençant dans n'importe quel sens, où nous le voudrons, ce que nous avons mis dans les emplacements. (*Rhétorique à Herennius* III, 30, *ibid.*:116)[6]

L'auteur de la *Rhétorique à Herennius* poursuit:

> L'imagination peut concevoir n'importe quelle étendue et y façonner, y construire à son gré un emplacement. (*Rhétorique à Herennius* III, 32, *ibid.*:118; cf. également Quintilien, XI, 2, 17-22, *ibid.*:211-213)

Mais celle qui convient le mieux à l'exercice de la mémoire est la tablette, non plus en raison de sa matière et des traces que l'on peut y creuser mais parce que, tablette ou papyrus aussi bien, constituent les *lieux de l'écriture*:

> Les emplacements sont tout-à-fait comparables à une tablette de cire ou à un papyrus, les images aux lettres, la disposition et la localisation des images à l'écriture; et prononcer le discours c'est comme lire. (*Rhétorique à Herennius* III, 30, *ibid.*:115)

Le problème se trouvait dès lors déplacé de l'écriture vers la lecture. Une lecture non linéaire – celle que l'on pratiquait naturellement dans l'image – pouvait-elle s'adapter à l'alphabet? Le point de vue des rhéteurs étant purement empirique, la contradiction ne leur est pas apparue – ou ils ne lui ont pas prêté attention. Accumuler des figures en nombre aussi grand qu'il pouvait y avoir de mots dans un discours leur semblait objectivement absurde. Ne pas exploiter les capacités spatiales de leur support l'était tout autant. A son insu, une fois encore, l'Occident logocentriste redécouvrait les fondements spatiaux de la communication visuelle, corrigeant naturellement

---

6. On remarquera que la notion de 'lieu', ici traduite par "emplacement", a dans le texte deux sens différents, celui, originel, de point où se situe une figure, et celui d'un espace également ponctuel mais qui permet de réunir plusieurs figures: "Nous appelons emplacements des réalisations de la nature ou de l'homme, occupant un espace limité, faisant un tout, se distinguant des autres, telles que la mémoire naturelle peut aisément les saisir et les embrasser: par exemple une maison, en entrecolonnement, une pièce, une voûte et d'autres choses semblables". (*Rhétorique à Herennius* III, 29, *ibid.*:115)

Il faut aussi réserver un espace libre pour noter les idées qui, lorsque l'on écrit, se présentent habituellement en désordre, c'est-à-dire qui se rapportent à des points différents de ceux qu'on a sous la main dans le moment même. Parfois, en effet, surgissent à l'improviste des idées excellentes, qu'il ne faut pas insérer et qu'il n'est pas sans risque de laisser de côté, car parfois on les oublie et parfois lorsqu'on s'applique à les garder en mémoire, elles détournent d'en trouver d'autres et il est donc très opportun de les garder en dépôt. (*ibid.*, X, 3, 32-33, *ibid.*:123-124)

L'apparition de l'imprimerie devait offrir à ce blanc de l'espace écrit éveilleur de mémoire et de paroles une autre renaissance. De vacance aléatoire et subjective il se faisait cette fois *objet textuel*, plage de plomb intimement imbriquée à l'architecture des lettres et assurant, à leur revers muet, l'équilibre et la cohérence du sens. Etait-ce une coïncidence? On redécouvrait dans le même temps les larges cartouches de marbre des inscriptions antiques comme autant d'espaces de mémoire. Armando Petrucci (1993:59-66) a analysé les incidences de cette redécouverte sur la peinture et l'architecture italiennes. Elles ont conduit à l'invention par Michel-Ange d'inscriptions anépigraphes. Faut-il interpréter cette invention comme une négation de l'écriture? Il me semble que, si elle témoigne en effet du refus d'un certain style épigraphique, elle prouve également que la forme seule de son support, pure d'aucune trace, était devenue désormais l'indice suffisant de l'écriture. Les pensées les plus modernes et les plus anciennes de l'écrit se rejoignaient au plus haut, dans une même et paradoxale innocence du regard. Près de trois mille ans avant notre ère, en effet, au nord de la Mésopotamie, à Mari, le rite sumérien de fondation d'un temple, qui consistait à insérer une tablette comportant une formule sacrée à l'intérieur de l'un de

4 Ce détail montre que Michel-Ange réfère dans La Sibylle *à la tradition sculpturale.*

ses murs, avait été remplacé par l'enfouissement dans ce mur de deux petites pierres taillées en forme de tablettes, l'une d'albâtre l'autre de lapis-lazuli, vierges de toute inscription. Le vide même, originel, de l'écran, concentré dans l'étroite mesure humaine qui avait fait de lui un porteur de noms et de textes, devait garantir, sans doute, la lecture bienveillante des dieux, et leur absolue mémoire.[7]

Université Paris 7-Denis Diderot,
Centre d'étude de l'écriture (URA 1735, CNRS)

Bibliographie:

Anne-Marie Christin

1983 "Le Sujet de l'écriture ou le partenaire silencieux", dans: *Littoral* 7/8, 209-234

1995a *L'Image écrite ou la déraison graphique*, Paris, Flammarion (= coll. 'Idées et recherches')

1995b "Ecriture et iconicité", dans: *Cuadernos de Filologia Francesa*, Universidad de Extremadura, 37-43

Cicéron

1970 *Tusculanes*, éd. G. Fohlen, trad. J. Humbert, Paris, Belles Lettres

Ad Herennium

1989 *Rhétorique à Herennius*, éd. et trad. G. Achard, Paris, Belles Lettres

Marcel Detienne éd.

1988 *Les Savoirs de l'écriture. En Grèce ancienne*, Lille, P.U. de Lille

Hérodote

1982 *Histoires*, éd. et trad. Ph.-E. Legrand, Paris, Belles-Lettres

François Jullien

1992 *La Propension des choses*, Paris, Seuil

A. Kibédi Varga

1989 *Discours, récit, image*, Liège-Bruxelles, Pierre Mardaga

Armando Petrucci

1993 *Jeux de lettres. Formes et usages de l'inscription en Italie 11e-20e siècles* (Turin, 1980), trad. française, Paris, EHESS

Quintilien

1975-1980 *Institution oratoire*, éd. et trad. J. Cousin, Paris, Belles Lettres, 7 vol.

7. Ce rite de fondation m'a été signalé par Jean-Marie Durand, que je remercie. Voir *Syrie, mémoire et civilisation* 1993:130-131.

Olivier Reboul
1984 *La Rhétorique*, Paris, PUF (= coll. 'Que sais-je?')
Gérard Simon
1988 *Le Regard, l'être et l'apparence dans l'optique de l'antiquité*, Paris, Seuil
Syrie
1993 *Syrie, mémoire et civilisation*, catalogue, Paris, IMA-Flammarion
F. Yates
1975 *L'Art de la mémoire* (Londres, 1966), trad. D. Arasse, Paris, Gallimard.

1 Pierre-Antoine Baudoin, Phryné devant l'Aréopage,
Paris, Cabinet des Dessins, Musée du Louvre

DES DEUX STATUTS RHÉTORIQUES DE L'IMAGE ET PEUT-ÊTRE D'UN TROISIÈME

Bernard Vouilloux

Ce qui nous entoure et ce qui, d'une façon ou d'une autre, nous intéresse, l'ensemble, donc, des choses et des représentations qui nous cernent et nous *concernent*, nous pouvons nous y rapporter au moyen d'un acte qui ou bien les désigne gestuellement ou bien les signifie verbalement. A chaque fois, il y va du rapport symbolique (corporel, langagier) par lequel le sujet accède au sens. A chaque fois, il y va, dans un certain sens, de ce que l'on appelle *image* – de l'image, à chaque fois, en un sens différent (cf. Kibédi Varga 1989:89-93). A chaque fois, c'est une *scène* différente. La rhétorique en aura nommé les instances et décrit les mécanismes.

Athènes

La première scène est à Athènes, la scène est le corps de Phryné:

> Quant à Phryné, ce n'est pas l'intervention, pourtant admirable, d'Hypéride, qui la sauva du risque d'une condamnation, croit-on, mais la vue de son corps [*conspectu corporis*], dont elle découvrit la nudité par ailleurs splendide en écartant sa tunique [*quod illa speciosissimum alioqui diducta nudaverat tunica*]. (Quintilien, II, 15, 9)

Phryné, courtisane grecque du IVe siècle avant Jésus-Christ, célèbre pour sa beauté (la rumeur en faisait le modèle de deux des plus célèbres œuvres d'art de l'Antiquité: l'*Aphrodite de Cnide* de Praxitèle et l'*Aphrodite Anadyomène* d'Apelle), accusée d'un crime (l'impiété) qui était passible de la peine de mort, Phryné n'aurait dû son salut qu'à la circonstance rapportée par Quintilien. L'anecdote, à vrai dire, connut des versions différentes: pour les uns, c'est par ses supplications que l'accusée aurait apitoyé ses juges[1]; pour les autres, c'est à son avocat que revint l'entier mérite du dénouement

1. C'est la version du poète comique Posidippe, la plus ancienne. Elle est rappelée par Athénée (XIII, 591 e-f).

(Athénée, XIII, 590 d-e)[2]: Hypéride, à court d'arguments, en découvrant subitement la poitrine de sa cliente manifestait avec éclat l'incompossibilité de la faute et de la beauté. C'est ce scénario pathétique que retinrent tous les peintres qui, de Baudoin (Salon de 1763; ill. 1) à Gérôme (Salon de 1861; ill. 2), et même au-delà (cf. Heusinger von Waldegg 1972), représentèrent une scène que, paradoxalement, son évidente 'plasticité' assignait, on ne le voit que trop, à l'illustration la plus littérale, voire la plus littéraire, tout se passant comme si l'ostension du 'tableau vivant' (la figure nue, 'cadrée' par le geste et par la *tunica diducta*) anticipait et neutralisait l'assomption formelle du tableau de peinture. Dans la rhétorique tardive, à l'époque impériale, cette extravagante péripétie avait acquis la consistance exemplaire d'un cas, le rappel en prenant dès lors valeur de *topos*, soit pour illustrer la puissance persuasive de la rhétorique, soit pour gloser le "crédit" dont bénéficie la beauté, comme dira Montaigne (1937:1028): après Quintilien, on en retrouve la trace chez Sextus Empiricus (qui fond ensemble le motif posidippéen des supplications et celui du *pectus nudatum*: Phryné elle-même dévoile sa poitrine), Maxime Planude (qui reprend la version de Quintilien), ainsi que chez divers petits rhéteurs grecs.[3]

Cette histoire à tous égards 'éloquente' n'était chez Quintilien que la dernière d'une série d'exemples destinés à rendre sensible l'extraordinaire force pathique dont la visualité (la perception visuelle et la chose vue) est investie chaque fois que le verdict est contraint par "le rappel des mérites de quelqu'un" (*recordatio meritorum cuiusque*), par "un visage qui inspire la pitié" (*facies aliqua miserabilis*) ou, enfin, par "la beauté physique" (*formae pulchritudo*) (II, 15, 6). A la différence du 'cas' Phryné, les deux autres appartiennent à la tradition latine: c'est Antoine déchirant le vêtement de son client et montrant les cicatrices des blessures que celui-ci avait reçues à la poitrine pour sa patrie; c'est Servius Galba excitant la pitié des juges en produisant ses enfants en bas âge et en tenant dans ses bras le fils de

---

2. Voir aussi Ps.-Plutarque, *Vies des dix orateurs* (Hypéride), 849 E.

3. Sextus Empiricus, *Adversus mathematicos*, II, 4; Maxime Planude, Προλεγόμενα τῆς ῥητορικῆς, dans: *Rhetores Graeci*, t. XIV, 64 (16-17); *Ex Athanasii Prolegomenis in Hermogenis* Περὶ στάσεων, *ibid.*, 173 (9-11) (qui insiste sur la supériorité des moyens déployés par Phryné par rapport à ceux d'Hypéride); Προλεγόμενα *in Hermogenis* Περὶ στάσεων, *ibid.*, 190 (19-23); Syrian, Σχόλια εἰς στάσεις, dans: *Rhet. Gr.*, t. IV, 415; Philodème, *Volumina rhetorica*, t. I, 20 (4*sqq.*) et t. II, 182, fr. 4. On comparera tous ces textes avec le commentaire qu'Alciphron donne du geste (IV, 4, 4 – Bacchide à Phryné).

2 Jean-Léon Gérôme, Phryné devant l'Aréopage, *Hambourg, Kunsthalle*

Sulpicius Gallus. Ces trois façons de suspendre le défilé verbal des preuves, narrations et arguments, d'ouvrir subitement l'*oratio* sur la vision, sidérante, d'un corps faisant tableau ressortissent à ce que Quintilien nomme l'*aspectus sine voce*, le spectacle muet. L'examen en est conduit dans un chapitre stratégiquement essentiel, puisqu'il porte sur la question de l'essence et de la finalité de la rhétorique (*quid sit rhetorice et quis eius finis*). Après avoir récapitulé les principales définitions qui en furent proposées avant lui, Quintilien conclura que la rhétorique, en tant que son exercice est indissociable d'une finalité éthique, ne saurait être identifiée au "pouvoir de persuader" (*vis persuadendi*). Réduire la rhétorique à la persuasion, ce serait en effet admettre comme légitimes des moyens qui entrent ouvertement en contradiction avec sa finalité; et légitimer ces moyens, ce serait substituer à l'idée du bien, sur laquelle doit se guider l'orateur (déterminé comme *vir bonus dicendi peritus*, selon la formule fameuse de Caton), la seule considération de l'efficacité pragmatique. Car la persuasion peut être obtenue (c'est-à-dire *arrachée*) non seulement par la parole, mais aussi par l'argent, le crédit, l'autorité, le rang de l'orateur (par des propriétés, donc, qui tiennent accidentellement à celui-ci), ou même, sans le secours de la voix, par le seul aspect de ce qu'il expose (*postremo aspectus etiam ipse sine voce*) (II, 15, 6): par l'intimation qu'opère la vision d'un "spectacle" (c'est une traduction possible d'*aspectus*).

A Rome comme déjà à Athènes, il était d'usage que les accusés comparussent devant le tribunal "les vêtements en désordre" – tel est le sens de l'adjectif *sordidatus*[4]: le désordre et la saleté étaient les marques traditionnelles d'un travail de deuil (tout à l'objet perdu, on se déprend de son propre corps) et donc un témoignage d'humilité propre à susciter la compassion des juges. La force d'impact de cette image ruinée, image du corps sordide, trouvait en outre de puissants adjuvants dans les cris, les larmes, l'exhibition de la parentèle et des témoins de moralité (Navarre 1900:317). Tous ces moyens de pression avaient leur place dans le "grand théâtre" de la péroraison (Barthes 1970:215)[5]. Or, dans la section du chapitre que Quintilien consacre au déploiement du pathétique en "actes déterminés" (*faciendo quaedam* par opposition à *dicendo*), s'il abandonne la radicalité du point de vue théorique sur les fondements et les fins pour les compromis d'un point de vue empirique sur les situations et les moyens, il multiplie à tel point les réserves et les conseils de modération que la part dévolue à la spectacularité muette s'en trouve assez considérablement réduite (VI, 1, 30-55). La rhétorique étant la science de bien dire ce qui est bien (II, 15, 34), l'*aspectus sine voce*, privé qu'il était d'une quelconque légitimité théorique, ne pouvait avoir, de fait, qu'un statut dérogatoire. Pour Quintilien, en définitive, l'*aspectus* ne saurait accéder au forum rhétorique qu'il ne soit étroitement corrélé à ce qui constitue le médium spécifique du *sermo*, pour former la 'bonne' image de l'orateur en action: seul est légitime le couplage du *gestus* et de la *vox* dans cet art précaire de l'*actio* ou *pronuntiatio*, qui doit se tenir à égale distance et du mimétisme histrionique et de la trivialité (XI, 3). C'est donc là, sur la question du spectacle muet, tout un débat qui aurait pu s'ouvrir: avec Cicéron, notamment, qui déjà alléguait les exemples d'Antoine et de Servius Galba – Cicéron qui, s'il condamnait chez Servius, le recours à des effets dignes de la tragédie (lesquels, en émouvant aux larmes l'auditoire, en viennent à fausser la vérité et font échapper le coupable à un châtiment mérité) (*De l'orateur*, I, 53, 227), ne réprouvait pas globalement l'emploi de semblables moyens, mais les annexait de plein droit

4. *Sordidatus senex*, ainsi est qualifié le client défendu par Antoine, Manius Aquilius (Cicéron, *De l'orateur*, II, 47, 195).

5. Significativement, comme presque tous ceux qui ont participé au renouveau moderne des études rhétoriques, Barthes laissa toujours de côté l'*actio* et la *memoria*.

à *l'actio* (*ibid.*, II, 28, 124; cf. II, 45, 188), qu'ils intégraient au titre de *sermo corporis* (*ibid.*, III, 59, 222) ou de *corporis eloquentia* (*L'orateur*, 17, 55).

La "langue du geste", Rousseau la pensait définitivement perdue pour les Modernes: aux gesticulations que les Européens prodiguent en parlant il opposait l'art oublié des pantomimes, au geste redondant qui double la parole le geste auto-suffisant qui y supplée:

> Ce que les anciens disoient le plus vivement, ils ne l'exprimoient pas par des mots mais par des signes; ils ne le disoient pas, ils le montroient.
>
> Ouvrez l'histoire ancienne; vous la trouverez pleine de ces manières d'argumenter aux yeux, et jamais elles ne manquent de produire un effet plus assuré que tous les discours qu'on auroit pu montrer à la place. (Rousseau 1990:61)

A l'appui de sa thèse, Rousseau produisait une série d'exemples tirés des Ecritures et de la culture gréco-latine pour conclure sur le rappel de l'anecdote rapportée par Athénée.[6] Que cette genèse des langues (qui est, aussi bien, une phylogenèse de l'être parlant) porte la marque du privilège métaphysique dont est investi chez lui le geste (comme le fait apparaître la reprise de la fable antique sur l'origine du dessin) (cf. Vouilloux 1994:175-184) suffit à rendre compte de la violence à laquelle il aura soumis l'histoire en cherchant à y dénoncer une réduction logocentriste, et plus particulièrement graphocentriste. Qu'elles suppléent ou qu'elles doublent la parole, c'est justement l'importance et la diversité des fonctions que le geste n'aura pas cessé d'assumer dans les systèmes communicationnels, comportementaux ou artistiques qui expliquent que, très tôt, les cadres stricts que leur assignait l'approche rhétorique furent débordés ou détournés.

S'il est vrai que Quintilien, dans les prescriptions détaillées qu'il adresse à l'orateur sur la manière de composer ses attitudes, de former ses gestes, voire de disposer les plis de sa toge, put trouver des modèles dans les représentations figurées (cf. Austin 1944), on sait en effet que les notations accumulées par les rhéteurs de l'Antiquité en matière d'action oratoire contribuèrent, tout au long du Moyen Age, à l'affinement des catégories expressives dans les arts visuels (cf. Schmitt 1990) et que, dès la Renaissance, les théories de l'art s'approprièrent, sur ce point comme sur d'autres, l'héritage rhétorique (cf. Kibédi Varga 1984:108 et 112-113), non seulement

6. On trouve un développement et des exemples très proches au chapitre IV de l'*Emile* (Rousseau 1969:647-648).

pour conforter les structures dramaturgiques de l'*istoria*, mais aussi pour démontrer l'universalité du 'langage' pictural: entre beaucoup d'autres, Roger de Piles (1708:449) sut se souvenir que Quintilien faisait des gestes des mains un *communis sermo omnium hominum* (XI, 3, 87). Mais, si la peinture reconnaissait dans la langue des gestes dont traitaient les rhéteurs la raison tout à la fois de son universalité et de sa spécificité, on peut se demander combien de tableaux auront fait du geste autre chose que la modulation d'un discours (certes implicite, compte tenu du médium, car, en dépit des protestations de l'*Ut pictura poesis*, la peinture est bel et bien muette: *pictura tacens*), combien de tableaux, donc, auront véritablement constitué le geste comme le vecteur d'une monstration ouvrant à une contemplation 'muette'. Rien de plus bavard, de plus bruyant que la peinture d'histoire (cf. ill. 3). L'*aspectus sine voce*, sans doute est-ce dans le paysage, la nature morte, voire le portrait qu'il faudrait le chercher, mais aussi, à un autre niveau, dans la structure monstrative que met en place la *deixis* du cadre – et, plus généralement, dans tout ce qui s'articule sur une monstra-

3 Nicolas Poussin, La Manne dans le désert, *Paris, Musée du Louvre*

tion: exhibition de la pièce à conviction dans la plaidoirie judiciaire, ostension des saintes espèces ("ceci est mon corps...") et des objets du culte dans le rituel religieux, dévoilement du corps dans la parade sexuelle... A ce titre, l'*aspectus sine voce* relève d'une anthropologie de la culture.

Rome

La seconde scène est à Rome, la scène est le poème de Virgile:

> Les bons poètes ont usé d'une grande diligence et d'un merveilleux artifice pour accommoder aux vers les paroles et disposer les pieds suivant la convenance du parler. Comme Virgile a observé partout son poème, parce qu'à toutes ses trois sortes de parler, il accommode le propre son du vers avec tel artifice que proprement il semble qu'il mette devant les yeux avec le son des paroles les choses desquelles il traite, de sorte que, où il parle d'amour, l'on voit qu'il a artificieusement choisi aucunes paroles douces, plaisantes et grandement grâcieuses à ouïr [...]. (Poussin 1989:137)

L'auteur de ces lignes est un peintre, le premier peintre français de Rome, mais ce n'est pas seulement en tant que tel qu'il s'autorise à écrire sur Virgile. Car, pour "faire profession de choses muettes" et ne pas cacher son peu de maîtrise dans l'art de bien "polir" les lettres (Poussin 1989:42 et 101), le peintre n'en aura pas moins, ici, cédé le pas à l'honnête homme, dont l'érudition en appelle à des notions qui, dépassant l'horizon de la simple pratique et empruntant au champ de la culture lettrée, doivent éclairer, et même inséminer, l'office de peinture: les "trois sortes de parler" renvoient aux différents modes de la musique grecque antique qu'il vient d'exposer et dont il entreprend maintenant l'application au poète classique par excellence, au poète de l'*humanitas* et de la *res literaria*; aussi, lorsqu'il allègue cette façon qu'a le poème de nous mettre la chose "devant les yeux", l'instance au nom de laquelle se décide la référence optique n'est pas tant le fabricateur de simulacres visuels que le poète (ou l'orateur) postulé par la rhétorique. La démonstration de Poussin excipe en effet d'une puissance visuelle que la rhétorique avait depuis longtemps reconnue au discours: ce que l'on ne peut (ou ne veut) montrer, on peut le dire – et on doit le dire de manière que la chose évoquée (é-voquée, suscitée par la voix) soit comme rendue présente: s'avançant (*prae-sens*), telle, au devant des yeux, se produisant à la vue, mais à la vue de l'imagination. Cette puissance du discours se fonde sur une propriété de la conscience, la *phantasia*, sous laquelle la "psychologie" antique, et notamment stoïcienne, visait des "contenus de conscience" dotés de certitude (Goldschmidt 1953:112)[7]. Chez les rhéteurs de l'époque impériale, la notion de *phantasia* prit d'autres valeurs. Dans son traité *Du sublime*, que toute l'Europe lettrée de l'âge classique a lu et relu, Longin consacrait tout un chapitre aux "apparitions" (1991:78) ou "images" (pour reprendre la traduction de Boileau), lesquelles se produisent

> lorsque par un enthousiasme et un mouvement extraordinaire de l'âme, il semble que nous voyons les choses dont nous parlons, et quand nous les mettons devant les yeux de ceux qui écoutent" (Boileau 1966:76).

Définie rapidement par Quintilien comme un ornement qui consiste à concevoir des images (*in concipiendis visionibus*) (VIII, 3, 88), la *phantasia* était présentée ailleurs comme le principal moyen mis en œuvre par l'orateur pour faire violence à l'esprit des juges et peser sur leur décision, c'est-à-dire comme l'inducteur privilégié des émotions vives (*pathos* ou *adfectus*, par opposition à l'*éthos* ou *mores*, qui visent les émotions calmes et mesurées) (VI, 2, 2 et 8-9), dont l'orateur lui-même aura dû pâtir pour les communiquer à son auditoire et agir sur lui. Je citerai ce texte (VI, 2, 29-30) dans la première traduction française qui fut donnée du traité de Quintilien (1752:345-346):

> Les Grecs se servent ici d'un terme [= φαντασία] que nous ne pouvons guère rendre que par celui d'*Imagination*. Or par le moyen de cette faculté qui est en nous, les images des choses éloignées frapent notre âme, comme si ces choses mêmes étoient présentes, & que nous les eussions devant les yeux.

Or, à pousser plus avant l'examen de ce processus de phénoménalisation 'fantastique', on s'aperçoit que l'efficace pragmatique de la *phantasia* est étroitement lié à la mise en œuvre d'une qualité particulière du discours: l'*énargéia*, "qui nous semble non pas tant raconter que montrer", en sorte que "nos sentiments ne suivront pas moins que si nous assistions aux événements eux-mêmes" (VI, 2, 32). Il s'agit là d'une catégorie qui, dans l'*Institution oratoire* et ailleurs, forme réseau avec celles d'*evidentia* et de *perspicuitas* et qui peut être rattachée à ce que la tradition rhétorique latine identifiait comme *demonstratio* (par opposition à la *monstratio* gestuelle) ou *imaginatio*, voire *illustris explanatio*[8] et la tradition grecque à la diatypose

7. Pour une présentation complète des textes sur la *phantasia* dans le contexte des théories antiques de l'image, voir Rouveret (1989:383-401), ainsi que Longin (1991:n.40, 136-141).

8. Cf. Cicéron, *De l'orateur*, III, 53, 202, et les références données par Cousin dans son

et à l'hypotypose: toujours le visuel s'y trouve co-impliqué avec le langage pour constituer les choses évoquées comme "évidentes" (cf. Vouilloux 1992). L'*énargéia* initie dans le discours un système de la patence.

Très nombreux sont les textes de petits rhéteurs de l'Antiquité tardive, grecs ou latins, qui, dans le contexte de la seconde sophistique et de la description épidictique d'œuvres d'art, réelles ou imaginaires, traitèrent de l'*énargéia*[9]. Ainsi Hermogène faisait-il de l'*énargéia* et de la *saphénéia* (soit la "clarté distinctive") les deux qualités fondamentales de l'*ekphrasis*: "il faut en effet que l'interprétation affecte en quelque sorte la vue par le canal de l'ouïe".[10] Ce que l'on doit retenir de toute cette littérature, c'est que l'*énargéia*, si elle fut de plus en plus étroitement associée à l'*ekphrasis*, n'était pas pour autant strictement cantonnée à ce que la sémiotique textuelle analyse aujourd'hui comme 'descriptif' (cf. Kibédi Varga 1983:59): entendue comme discours qui met vivement la chose sous les yeux, l'*ekphrasis* déborde la partition ('moderne' en son principe) du descriptif et du narratif, l'*énargéia* caractérisant des énoncés se rapportant aussi bien à des actions qu'à des états. Et surtout, si l'*énargéia* repose, la plupart du temps, sur l'appel explicite à l'imagination de l'auditoire (ou du lecteur) – fermement convié à se représenter les choses ou les événements évoqués –, il apparaît que, pour les plus fins de ses commentateurs, tel Longin ou encore Démétrius, elle ne réside pas uniquement dans l'exposition détaillée des circonstances ou des particularités de détail, mais dans des procédés stylistiques aussi précisément déterminés que, par exemple, la répétition ou la cacophonie.[11] Plus généralement, la plupart des rhéteurs, à l'instar d'Hermogène, demanderont que le style (*lexis*) soit en conformité "avec la chose dont il s'agit".[12]

C'est précisément l'élaboration stylistique (phonétique, rythmique, lexicale, syntaxique) de l'énoncé et sa "convenance" (ou son "accommo-

---

édition de l'*Institution oratoire* (t. IV:194-195).

9. On trouvera les textes dans les volumes de la collection complète des *Rhetores Graeci* (où j'ai recensé une quinzaine de passages pertinents) ainsi que dans les *Rhetores latini minores*.

10. Προγυμνάσματα (10), dans: *Rhet. Gr.*, t. VI, 23 (49).

11. Démétrius, Περὶ ἑρμηνείας (211-216 et 219-220), dans: *Rhet. Gr.*, t. III, 308-309 et 310.

12. Hermogène, dans: *Rhet. Gr.*, t. VI, 23 (50-51).

> n'apparaît dans ce cas que comme un 'souvenir-écran' pour accouchement (*Entbindung*). (Freud 1976:57)

Comme dans l'histoire de Phryné il y a un geste de délaçage, mais ce qu'il dénoue c'est l'accès à une vision barrée par la "théorie sexuelle" infantile. Et comme dans le poème virgilien, il y a de la figure, en l'occurrence une métaphore, mais ce qu'elle met en rapport (Freud parle d'un "pont verbal") c'est un latent refoulé et l'expression verbale manifeste qui, à la faveur d'une déformation paronomastique, en tient lieu. Enfin, si tant est que ça montre, c'est selon une modalité indicielle (ou symptomatique), et ce que ça montre, c'est quelque chose qui n'est ni présent ni représentable (au sens où l'on pourrait (se) la représenter): c'est la chose (*Sache*), ou plutôt la représentation de chose (*Sachvorstellung*) (Freud 1978:117-119) en tant qu'elle s'affecte à ce que nous pensons, disons, faisons. Mais, de cela, la rhétorique peut-elle délivrer un savoir autre qu'"aléatoire" (Kibédi Varga 1990)?

Université Michel de Montaigne – Bordeaux 3

Bibliographie:

R. G. Austin
1944 "Quintilian on Painting and Statuary", dans: *Classical Quarterly* XXXVIII, 17-26

R. Barthes
1970 "L'Ancienne Rhétorique. Aide-mémoire", dans: *Communications* 16, 172-229

E. Benveniste
1976 "Remarques sur la fonction du langage dans la découverte freudienne" (1956), dans: *Problèmes de linguistique générale*, t. I, Paris, Gallimard (coll. 'Tel'), 75-87

N. Boileau
1966 "Traité du Sublime"(1674), dans: *Œuvres complètes* (avec "Dissertation sur la Joconde" et "Arrest Burlesque"), éd. Ch.-H. Boudhors, Paris, Les Belles Lettres, 2e tirage, 37-124

C. Brunet
1992 "Présentation", dans: C. Baudelaire, *Critique d'art*, suivi de *Critique musicale*, Paris, Gallimard (coll. 'Folio'), I-XXXVIII

D. Combe
1993 "Rhétorique romantique", dans: J. Chénieux-Gendron éd., *Lire le regard: André Breton et la peinture*, Paris, Lachenal & Ritter (coll. 'Pleine Marge' 2), 119-139

S. Freud
1976 *Psychopathologie de la vie quotidienne* (= *Zur Psychopathologie des Alltagsleben*, 1901), trad. S. Jankélévitch, Paris, Petite Bibliothèque Payot
1978 "L'Inconscient" (*Das Unbewusste*, 1915), dans: *Métapsychologie*, trad. J. Laplanche, J.-B. Pontalis e.a., Paris, Gallimard (coll. 'Idées'), 65-123

V. Goldschmidt
1953 *Le Système stoïcien et l'idée de temps*, Paris, Vrin

J. Heusinger von Waldegg
1972 "Jean-Léon Gérômes 'Phryne vor den Richtern'", dans: *Jahrbuch der Hamburger Kunstlesungen* 17, 122-142

A. Kibédi Varga
1983 "Sémiotique des arts et lecture du tableau", dans: *Colloque Barthes. Peinture du signe* (coll. 'Travaux et mémoires de la Maison Descartes' VI), = *Rapports-Het Franse Boek* 2, 50-62
1984 "La Rhétorique et la peinture à l'époque classique", dans: *Rivista di Letterature moderne e comparate* XXXVII, 105-121
1989 *Discours, récit, image*, Liège-Bruxelles, P. Mardaga
1990 "Une rhétorique aléatoire: agir par l'image", dans: M. Meyer et A. Lempereur éds., *Figures et conflits rhétoriques*, Bruxelles, Editions de l'Université de Bruxelles, 193-200

J. Lacan
1966 "L'Instance de la lettre dans l'inconscient ou la raison depuis Freud" (1957), dans: *Ecrits*, Paris, Ed. du Seuil, 493-528

G.E. Lessing
1990 *Laocoon* (1766), trad. Courtin (1866), revue et corrigée, avant-propos de H. Damisch, introduction de J. Bialostocka, Paris, Hermann

[Pseudo-] Longin
1991 *Du sublime*, trad. J. Pigeaud, Paris-Marseille, Rivages

J.-F. Lyotard
1971 *Discours, figure*, Paris, Klincksieck

M. de Montaigne
1937 *Essais* (III, XII), éd. A. Thibaudet, Paris, Gallimard (coll. 'Bibliothèque de la Pléiade')

O. Navarre
1900 *Essai sur la rhétorique grecque avant Aristote*, Paris, Hachette

Philodème
1892 *Volumina rhetorica*, éd. S. Sudhaus, Leipzig, Teubner

R. de Piles
1708 *Cours de peinture par principes*, Paris, J. Estienne

N. Poussin
1989 *Lettres et propos sur l'art*, textes réunis et présentés par A. Blunt, avant-propos de J. Thuillier, suivi de "Réflexions sur Poussin" par Arikha, Paris, Hermann, 137 (à Chantelou, Rome, 24 novembre 1647), 42 (à Sublet de Noyers, Rome, 20 février 1639), 101 (à Chantelou, Rome, 17 mars 1644)

Quintilien
1752 *De l'institution de l'orateur*, traduit par M. l'Abbé Gedoyn, Paris, Guillyn, t. II
1975-1980 *De institutione oratoria*, éd. et trad. J. Cousin, Paris, Les Belles Lettres, 7 vol.

Rhetores Graeci
1856 *Rhetores Graeci*, t. III, éd. L. Spengel; t. IV, éd. Walz, Leipzig, Teubner;
1913 *o.c.*, t. VI, éd. H. Rabe, Leipzig, Teubner
1931 *o.c.*, t. XIV, éd. H. Rabe, Leipzig, Teubner

Rhetores latini minores
1863 *Rhetores latini minores*, éd. C. Halm, Leipzig, Teubner

J.-J. Rousseau
1969 *Emile* (1762), dans: *Œuvres complètes* t. IV, éds. B. Gagnebin et M. Raymond, Paris, Gallimard (coll. 'Bibliothèque de la Pléiade')
1990 *Essai sur l'origine des langues* (1764), éd. J. Starobinski, Paris, Gallimard (coll. 'Folio')

A. Rouveret
1989 *Histoire et imaginaire de la peinture ancienne (Ve siècle av. J.-C.- Ier siècle ap. J.-C.)*, Rome, Ecole Française de Rome (B.E.F.A.R. 274)

J.-C. Schmitt
1990 *La Raison des gestes dans l'Occident médiéval*, Paris, Gallimard

B. Vouilloux
1992 "L'Evidence descriptive", dans: *La Licorne* 23, 3-15 (et dans: *Po&sie* 61, 100-109)
1994 "Drawing between the Eye and the Hand: (On Rousseau)", dans: *Yale French Studies* 84, 175-197.

1 Frontispice de l'ouvrage de Delbene, Paris, 1609
(©Photo Bibliothèque de l'Université d'Amsterdam)

ILLUSTRATIONS DE L'*ÉTHIQUE À NICOMAQUE*

Kees Meerhoff

> Aussi Anaxagore, Thalès et leurs pareils passent-ils pour des 'philosophes', mais non pour des 'sages' [...]; ils possèdent, avoue-t-on, des connaissances transcendantes, merveilleuses, difficiles et surhumaines, – mais inutiles, puisque ce ne sont pas les biens humains qu'ils étudient.
>
> La sagesse, elle, a pour objet les biens humains, c'est-à-dire ceux qui fournissent matière à délibération.
>
> Aristote, *Ethique à Nicomaque* VI, 7-8:1141b

> Socrate fut le premier lequel, voyant les philosophes auparavant luy s'estre amusez du tout à la congnoissance des meteores et tousjours plantez sur une montagne, avoient les yeux attachez aux nues [...], luy, cognoissant que cela estoit inutille [...], il attira la philosophie, qui estoit en l'air [...], la communicqua aux hommes et la logea dedans les citez, tournant la contemplation en l'action.
>
> Ronsard, *Des vertus intellectuelles et moralles*

La présente étude a pour objet un poème illustré de gravures, écrit en latin, la langue internationale du monde cultivé jusqu'en plein XVIIIe siècle. Le poème s'intitule *Civitas Veri sive Morum*, c'est-à-dire la Cité du Vrai ou des Mœurs.[1] Créé par un courtisan franco-italien vers la fin du XVIe siècle, c'est une longue paraphrase de l'*Ethique à Nicomaque*, chef-d'oœuvre qu'Aristote, au IVe siècle avant notre ère, avait adressé à son fils.

Dans le monde occidental, l'*Ethique* d'Aristote eut un rayonnement bien mérité. Traduite en latin, abondamment commentée, elle fut intégrée à la théologie morale du Moyen Age, où des esprits supérieurs effectu-

---

1. *Civitas Veri sive Morum Bartholomei Delbene Patricii Florentini Ad Christianissimum Henricum III. Francorum et Poloniae Regem Aristotelis de Moribus doctrinam, carmine et picturis complexa, et illustrata Commentariis Theodori Marcilii. Professoris Eloquentiae Regii.* Paris, 1609. Cf. ill. 1. Exemplaire à la Bibl. Univ. d'Amsterdam, cote [Rés.] 367 A 12. Exemplaire de dédicace à Henri IV à Paris, B.N., cote Rés. R. 249.

èrent une fructueuse synthèse entre raison antique et révélation chrétienne. Par cette synthèse s'opéra une extension – bien naturelle – de cette éthique païenne, axée à l'origine sur la vie en commun dans une cité grecque; les valeurs du monde chrétien – citons l'humilité, la chasteté, etc. – trouvèrent place parmi celles du monde antique. Un nouveau système naquit, patiemment développé et hiérarchisé par une réflexion scolastique séculaire.

Cette belle et utile synthèse, forgée par un Saint Thomas d'Aquin dans la *Somme Théologique*, a alimenté les innombrables *Miroirs du Prince* qui détaillaient les vertus requises du souverain. Bien entendu, peu d'écrivains avaient envie de se tailler un chemin à travers l'oœuvre touffue du Docteur Angélique, et eurent recours à des simplifications relatives telles que le *Speculum Morale* attribué (à tort) à Vincent de Beauvais (XIIIe s.). A l'aube du XVIe siècle, les Grands Rhétoriqueurs de Jean Meschinot (*Les Lunettes des Princes*, vers 1465) à Jean Lemaire de Belges (*La Couronne Margaritique*, vers 1505) y avaient cherché l'échafaudage de leurs oœuvres didactiques, à la fois méticuleuses et foisonnantes.

Or, s'il est vrai que la *Cité du Vrai* doit être replacée dans cette tradition médiévale du miroir du prince, elle s'en distingue tout autant, portant d'une façon ostensible l'empreinte du milieu très particulier qui l'a générée. Pour s'en convaincre, il est nécessaire de la comparer sommairement à l'œuvre avec laquelle elle a beaucoup en commun par ailleurs: la *Couronne Margaritique* de Jean Lemaire.

Les deux œuvres sont adressées à des duchesses de Savoie. La *Couronne* est dédiée à Marguerite d'Autriche qui venait de perdre son époux, Philibert II de Savoie, surnommé le Beau. Fille de l'empereur Maximilien, Marguerite fit élever un magnifique mausolée pour son bel époux dans l'église de Brou, aux portes de Bourg-en-Bresse. Cultivée, elle se distingua ultérieurement comme Gouvernante des Pays-Bas.

La *Cité*, elle, fut composée pour Marguerite de France, fille de François I. Son frère, le roi Henri II, la donna en mariage à Emmanuel-Philibert, duc de Savoie à qui il rendit par la même occasion ses terres de Savoie et de Piémont que la France avait occupées pendant plusieurs décennies. La réconciliation entre les partis eut lieu dans une ambiance toute 'médiévale': conclusion solennelle d'un traité, doubles noces princières – dont celles entre la sœur du roi et l'ennemi de naguère, le valeureux duc dit *Tête de fer* –, tournoi chevaleresque qui tourne au drame...[2] Elle fut célébrée à l'envi par les poètes de la cour de France, surtout par ceux qui jouissaient de la haute protection de Madame Marguerite, ainsi Joachim du Bellay et Pierre de Ronsard.[3]

Madame Marguerite restera fidèle au rôle de protectrice des arts et des lettres qu'elle avait hérité de son illustre père: une fois fixée à Turin, elle transforma la cour et l'université en foyers culturels de premier ordre. C'est au château de Rivoli, à proximité de Turin, qu'un grand ami de Ronsard, Bartolomeo Delbene, recevra l'ordre de composer la *Civitas Veri*, fruit des conversations érudites qu'il avait eues avec la duchesse (cf. Sealy 1981:148-149; Balsamo 1992:68).

La *Couronne* de Lemaire et la *Cité* de Delbene, dédiées toutes deux à des Marguerites épouses d'un duc de Savoie, traitant toutes deux des qualités requises d'une personne de haut rang, se rapprochent encore par leur mode de production. Ce sont en effet des œuvres de commande, ayant chacune une histoire manuscrite et imprimée assez complexe. Nous en possédons encore les exemplaires de dédicace, si caractéristiques du monde aulique.

---

2. Rappelons que le duc de Savoie avait infligé à la France la mémorable défaite de Saint-Quentin (août 1557) en tant que chef de l'armée de Philippe II, roi d'Espagne, avec qui Henri II conclut en avril 1559 le fameux traité de Cateau-Cambrésis, renonçant ainsi à ses prétentions italiennes. Pendant les réjouissances qui suivirent la conclusion de ce traité très important pour l'histoire de France, Henri II perdit la vie lors d'une joute à cheval où l'un de ses adversaires avait été son nouveau beau-frère *Tête de fer*, cousin germain du duc de Nemours, immortalisé par *La Princesse de Clèves*. Dans l'avis officiel du tournoi, le dernier y est annoncé comme "Jacques de Savoie", conformément à l'original publié par Chamard dans l'éd. des *Œuvres poétiques* de Du Bellay (VI-1:72-74). Delbene adressera un poème à Jacques de Savoie, duc de Nemours: Couderc 1891:14 "A Jacopo di Savoya, duca di Nemors, de l'origine della gotta. Ode IIII." (cf. Amoretti 1984-1988, tome 1).

3. Cf. Chamard 1961-1963^2, t. II, chap. XIX, "La Pléiade et la cour d'Henri II", en part. pp. 307-317. Du Bellay, *Œuvres poétiques*, éd. Chamard, t. V, pp. 199-232 (*Epithalame*, avec son "ordonnance") et t. VI-1, pp. 37-102 ainsi que quelques pièces dans les *Œuvres latines* éditées par G. Demerson. Pour Ronsard, cf. Champion 1925, chap. IV: "Au Louvre de Henri II", en particulier pp. 108sv., 127sv.; et les textes recueillis au tome IX des *Œuvres complètes* du poète, éd. P. Laumonier. Citons *La Paix. Au Roy*, *Chant de Liesse, au Roy* et surtout la plaquette publiée en 1559 chez Robert Estienne à Paris, *Discours à Treshault et Trespuissant Prince, Monseigneur le Duc de Savoye. Chant Pastoral à Madame Marguerite, Duchesse de Savoye. Plus, XXIIII Inscriptions en faveur de quelques grands Seigneurs* ..., éd. cit., pp. 155-202.

L'exemplaire de dédicace de la *Couronne* est un manuscrit conservé à Vienne; la première impression de l'ouvrage n'a paru qu'en 1549 à Lyon, dans l'édition collective des œuvres de Lemaire due à Antoine du Moulin et imprimée par le célèbre Jean de Tournes (Cartier 1937: I, 280 (no. 145); Jodogne 1972:215).

La *Cité* a une histoire quelque peu embrouillée. En 1565, Delbene reçut l'ordre de composer un poème où serait exposé le système éthique d'Aristote. Trois ans plus tard, il présenta l'ouvrage à sa patronne. Mais il s'agit là d'une version italienne, insérée dans un poème plus important intitulé l'*Anno*. Le traité éthique en vers y apparaît sous le nom d'un des mois de l'année, *Novembre*. Retourné au service du roi de France, Henri III, Delbene y ajoutera un commentaire, également en italien. Ce n'est que bien plus tard que Delbene traduisit son traité poétique en latin, et qu'il remplaça ses explications par un nouveau commentaire composé par un érudit néerlandais, Théodore Marcile, professeur de rhétorique à Paris. La version latine et son savant commentaire furent offerts au roi Henri III en 1585. Enfin, le petit-fils du poète, Alphonse Delbene – celui-là même à qui Ronsard avait dédié, dès 1565, son *Art Poétique François* –, fit imprimer le texte et le commentaire à Paris en 1609, illustrés de planches gravées dues à Thomas de Leu. Il dédia l'ensemble à Henri IV. Dans un article récent, Jean Balsamo résume excellemment cette histoire complexe:

> Le poème des vertus aristotéliciennes, qui avait chanté la princesse et défini l'ambition philosophique de la royauté de Henri III, devenait le miroir des actions du nouveau roi, "*speculum potiusquam modulum*". C'était l'acte d'allégeance d'une famille [Delbene] à la Couronne dont elle espérait de nouvelles faveurs.[4]

---

4. Cf. Sealy 1981:148-149 et Balsamo 1992:68-69, 74-75. Il n'est pas clair à vrai dire à quel moment le commentaire latin fut ajouté. Dans l'impression de 1609 on trouve, après la dédicace d'Alphonse à Henri IV, une préface en vers adressée par le poète à Henri III, non datée, suivie d'une épître dédicatoire en prose, également adressée à Henri III, datée du 19 déc. 1585 et signée Théodore Marcile (Delbene 1609:6). Ce dernier (1548-1617) se trouva à Paris à partir de 1578 où il enseigna les lettres classiques et la rhétorique dans divers collèges importants. Vers 1602 il succéda à Jean Passerat dans la chaire d'éloquence royale au Collège de France. Ses multiples travaux mériteraient une étude poussée. Il fut élevé dans la grande tradition inaugurée par R. Agricola et Erasme qui apparemment n'avait toujours rien perdu de son prestige. C'est en effet Johannes Noviomagus, un représentant important de l'humanisme du Nord, qui assura, à la célèbre école de Deventer, sa

La Bibliothèque Nationale possède l'exemplaire de dédicace à Henri IV. Cette impression tardive porte donc toujours les marques du milieu qui a assuré la naissance de cette œuvre étrange, fascinante de par son évolution interne et celle de ses diverses 'illustrations' textuelles et picturales. Ce sont surtout ces dernières qui montrent à quel point les cours, à toute cette époque, avaient partie liée avec le monde savant et artistique.

L'œuvre dans son entier est ainsi le témoin d'un état déterminé de la haute culture, essentiellement internationale et plurilinguistique, où artistes et érudits collaborent pour rendre accessible aux grands un authentique savoir classique.

Or, ce sont précisément la qualité et la forme de ce savoir, dispensé à travers le texte et l'image, qui semblent marquer la différence essentielle par rapport à la *Couronne Margaritique*. Le message aristotélicien y a subi une transformation – une restauration – qui me paraît décisive; celle-ci est portée, en outre, par une rhétorique formelle très différente de celle de son ancêtre.

Pierre Jodogne (1972:215-254) a donné une bonne analyse de la *Couronne Margaritique*. Il l'a présentée comme une machine allégorique assez lourde, où Dame Vertu fait appeler Mérite, qu'elle veut instruire du plan de la couronne. Elle choisit dix nymphes et les orne chacune d'une pierre précieuse. Ces nymphes symbolisent autant de vertus dont les noms, comme ceux des pierres précieuses, commencent par l'une des dix lettres du nom de la princesse glorifiée, et ainsi de suite. A juste titre, Jodogne a souligné le caractère traditionnel du procédé qu'on retrouve tel quel chez Jean Molinet, par exemple dans le *Trosne d'Honneur* (1467) et le *Chappellet des Dames* (1478) (Jodogne 1972:220-221, que je suis de près).

Quant à la science que l'auteur déploie, elle est selon Jodogne "vaste et variée, fruit d'un abondant travail de compilation". La définition et la répartition des vertus relèvent de façon évidente de "l'enseignement scolastique". Lemaire a puisé "dans quelque encyclopédie ou traité de philosophie morale", comme le *Speculum Morale* du pseudo-Vincent de Beauvais (Jodogne 1972:227, 254).[5]

---

première formation classique. Marcile rejoignit Paris via Louvain et Toulouse, fidèle en cela au trajet 'classique' des étudiants venant du Nord. Alphonse Delbene et Th. Marcile circulaient dans le même milieu savant et artistique (Galland, Turnèbe, Ronsard, Passerat ...).

5. Un échantillon: "Or est Moderation une noble vertu de la famille de dame

Tout autre est la conception de la *Cité du Vrai*. L'allégorie est encore présente, mais elle n'a plus rien de mécanique. Elle prend la forme d'une visite initiatique d'une cité symbolique dont les chemins, les palais et l'acropole représentent les vertus morales et intellectuelles, les marais les vices. C'est Aristote en personne qui conduit la duchesse de Savoie dans un tour onirique qui va de la périphérie au centre, de la plaine à l'éminence où se trouvent les palais des vertus intellectuelles. La visite reproduit ainsi le trajet même de l'*Ethique à Nicomaque*, dont les grandes étapes sont constituées par la description des vertus morales (livres II-III), des vertus intellectuelles (livre VI) et de la contemplation (livre X).

Tel qu'il est, l'itinéraire de la *Cité* n'est pas sans rappeler celui du *Songe de Poliphile*, ce texte archétypique de la Renaissance italienne et française. Cette impression de parenté est encore renforcée par les illustrations où dominent les formes architecturales, ainsi que par certaines tendances nettement néo-platoniciennes qu'on décèle à travers tout l'ouvrage. Cette 'réconciliation de Platon et d'Aristote' est dans la lignée directe de l'Académie Florentine dont on connaît le rayonnement au XVIe siècle, en Italie et en France en particulier. C'est aussi cette synthèse qui a été brillamment mise en relief dans les pages que Frances Yates (1947:111-116; cf. Balsamo 1992:68-69 et Chastel 1959:88-90) a consacrées au poème de Delbene, gentilhomme francisé de race florentine.

Temperance, *vertu cardinale*, et l'une des *parties potenciales* d'icelle, sœur de plusieurs belles dames, cestasavoir de Verecunde, d'Honnesteté, de Sobriété et de Chasteté ...". La définition aristotélicienne de la vertu comme "juste milieu par rapport à deux vices, l'un par excès, l'autre par défaut" (*Eth. à Nic.* II, 1107a2) transparaît dans telle autre définition, p. ex. celle de "Rectitude de conseil": "[...] Ceste vertu est totalement ennemie de precipitation, de folle hastiveté et de inconsideration, *qui sont ses contrariétés vicieuses en extremité*" (Cit. dans Jodogne 1972:226, 227, d'après l'éd. Stecher, t. IV, pp. 63-4, 79). Le type de définition proposée par Lemaire est éminemment scolastique. Aristote y est intégré; mais il est largement 'dépassé', débordé par des subdivisions qui ne doivent rien à la culture antique, et tout à la morale méticuleusement hiérarchisée de la théologie médiévale. Jean Gerson en offre un échantillon commode, p. ex. dans son bref traité *De quatuor virtutibus cardinalibus* composé vers 1400-1415; Aristote (et même tel terme grec) y est omniprésent, mais dûment 'complété', partant foncièrement dénaturé d'un point de vue 'moderne'. A titre d'exemple, voir les paragraphes sur la sobriété ou la chasteté (et leurs contraires): évitons de faire infraction au jeûne, ou de coucher avec une bonne sœur... Le traité est reproduit au volume IX des *Œuvres complètes*. Sur la réception de l'*Eth. à Nic.* au Moyen Age et à la Renaissance, cf. Wieland 1982, et surtout Schmitt 1979.

2 *Représentation du décor: le château (D) de Rivoli (G) avec son verger (E) où la reine Marguerite (F) rencontre l'auteur (©Photo Bibliothèque de l'Université d'Amsterdam)*

Soulignons, quant à nous, le projet très particulier de l'auteur qui, tout en restant largement fidèle au texte authentique d'Aristote – interprété il est vrai à travers Pic de la Mirandole et Ficin – entend en extraire l'essentiel et formuler un message relativement clair dans un langage poétique délicat et raffiné. Ce projet, bien entendu, est essentiellement rhétorique. L'auteur veut non seulement enseigner, mais surtout plaire et toucher. S'adressant à une princesse fort cultivée ("*erudita, e ben dotta nella lingua latina, greca, ed anche italiana*", dans les termes d'un ambassadeur vénitien), il se sert de tous les moyens de persuasion propres à séduire une personne de qualité, artiste et savante: poésie, commentaire érudit, images. Il avait la certitude de parler à une personne qui goûtait fort les productions savantes des poètes de la Pléiade avec qui Delbene entretenait des rapports étroits: on sait qu'il fut l'ami de Baïf, de Ronsard, de Desportes (cf. Balsamo 1992:70).

Cette entreprise rhétorique est soulignée avec complaisance par le commentateur, lui-même professeur d'éloquence fort averti. Dans son introduction au poème, en effet, Marcile met en scène la conversation entre la duchesse et l'auteur au moment où elle lui fait la commande du livre au jardin du château de Rivoli.[6] Elle lui aurait dit: "Instinctivement, je suis entraînée et charmée par la poésie: "*ego, naturae ipsius instinctu, poesi [ducor et delector]*". L'œuvre achevée, le poète lui-même aurait voulu en rehausser encore l'attrait en joignant au poème des images, sachant bien que poésie et peinture sont sœurs jumelles, et que la conjonction des deux arts permet de s'insinuer avec la plus grande efficacité dans l'âme du lecteur/spectateur.[7]

---

6. Voir la première planche, Delbene 1609:8 (= ill. 2).

7. Delbene 1609:9-10. "Triennio autem post habitum illum sermonem, auctor hunc anni sui librum, sive hanc partem mensi Novembri accommodatam perfecit. In qua cum ubertim animos legentium succo ipso & medulla disputationum Aristotelis de vero, bono, pulchróque de virtutibus animi & mentis ex decem libris eius ad Nicomachum pascere vellet, poeticae facultatis in hoc argumento supellectilem exposuit, quae cum ad tanti epuli splendorem vix satis lauta videretur, etiam à pictura sorore eius gemina germana mutuatus est. Sapienter enim vidit, nihil tam efficax fieri posse ad species rerum claras & illustres animis inserendas, quàm *picturae cum poësi coniugationem*, ut si quid poeta non satis calamo deformavit, hoc penicillo suo pictor imitetur. Quod cum ita esse ostendere vellet Simonides poeta, ingeniosè dixit: *Poema loquentem picturam esse: picturam, tacitum poema.*" Peu auparavant, dans sa préface adressée au roi Henri III, Marcile avait défini le projet global de Delbene: celui-ci, tel un vin de qualité, saura vaincre le temps, "quia

Il s'agit donc bien d'une 'mise en évidence', au sens fort, de l'éthique aristotélicienne. L'auteur l'a orchestrée en s'adressant de façon très concertée non seulement à l'esprit, mais aussi au cœur et aux sens. Il semble bien, en effet, que ce soit l'auteur en personne qui a commandé les dessins qui accompagnent le texte. Il y a des vestiges d'originaux italiens dans plusieurs gravures, ainsi la vue panoramique de la Cité étalée sur deux pages (Delbene 1609:28-29; reproduite dans Yates 1947:112 en regard) et dont les légendes sont en italien, ou encore les portes symboliques des cinq sens (Delbene 1609:16-19) ayant chacune une inscription italienne (*Porta de la vista, del gusto...*). Il arrive même au commentateur de critiquer l'exécution de tel dessin, qui serait trop peu fidèle à l'intention de l'auteur.[8]

Dans sa forme définitive – celle dédiée à Henri IV – cette mise en valeur concertée du message, assurée par une forme poétique et picturale à laquelle le commentaire savant d'un lecteur royal prête toute son autorité, élevant l'ouvrage à une dignité 'classique', est encore rehaussée par les artifices de la typographie. Le poème, commodément divisé en journées, est imprimé en italiques, le commentaire en caractères romains, mais les termes clés et les abondantes citations d'auteurs anciens à nouveau en italiques plus fins ou en caractères grecs. Les illustrations aèrent encore une présentation aussi élégante que prestigieuse, où poésie, dessin et science s'allient pour enseigner une personne royale (qui change d'ailleurs avec le temps), et à travers elle tout être cultivé désireux de s'instruire d'une manière à la fois sérieuse et agréable.

En effet, le savoir dispensé par Delbene peut être qualifié d'authentique; l'auteur suit Aristote d'assez près, tout en enrobant son message austère de riantes images poétiques. Le commentaire est adéquat et copieux; il a été formulé selon la meilleure tradition humaniste. Pas question, bien entendu, de quelque référence que ce soit à l'univers médiéval ou scolastique, même si Marcile se permet d'enrichir ses notes savantes de quelques rares renvois à Saint Jérôme, Saint Augustin (*La*

---

praeclarè auctor, *miscuit utile dulci*, gravissimasque Aristotelis de virtutibus, deque ultimo illo vitae praemio disputationes poetici mellis dulcedine temperavit" (*ibid.* 1609:5): délicat équilibre entre savoir et saveur. Cf. aussi *infra*, note 12.

8. Delbene 1609:239, à propos de la représentation du Temple de la Prudence: "pictor parum aptè [...] pinxit, non ut auctor voluit".

Palais de l'Affabilité en mettant au milieu une sculpture de cette vertu portant le symbole de l'éloquence, le caducée, et dont le manteau est parsemé de petites abeilles (qui produisent le miel de la douceur) et d'impressions de baisers (ou de petites lèvres?). Le socle de la sculpture écrase deux malheureuses personnes représentant les deux vices qui s'opposent, par l'excès et par le défaut, à l'être affable, à savoir le flatteur et l'acariâtre. Nous repérons donc ici le système et jusqu'aux termes d'Aristote, qui définit chaque vertu comme le juste milieu entre deux extrêmes. Aux quatre coins on trouve une statue entourée des personnes dont elle symbolise les fonctions: magistrats, marchands, militaires et, à gauche au premier plan, les hommes de cour dont une statue de Protée représente la vie (*aulica vita*) multiforme et mouvementée...

La vie aulique est également le point de référence dans la dix-septième journée de la *Cité* où Delbene a dépeint la vertu de l'enjouement, *urbanitas*. Aristote (1127b33) avait affirmé qu'"il y a aussi place dans l'existence pour le repos, et l'une des formes du repos, c'est de se distraire en s'amusant. De l'aveu unanime, il y a là aussi une manière de bien se tenir en société en gardant la note juste". Ces propos d'une fraîcheur surprenante sont entièrement replacés par Delbene dans le cadre d'une cour brillante où les jeux d'esprit, les saillies et les réjouissances de tout ordre tiennent à distance les misères de la vie ordinaire. Un riant jardin est le milieu naturel de cette Urbanité, élevée au centre de son cadre de verdure qui la protège du monde extérieur. Sont assis autour d'elle Esope, au corps difforme mais à l'esprit brillant, et Aristippe, le philosophe de l'hédonisme. Ceux-ci, le dernier surtout, sont pour Delbene les modèles de l'homme de cour. Il en définit la mentalité détachée dans une dizaine de vers à l'accent tout horacien, alors que son commentateur, un brin plus sérieux, renvoie le lecteur au *Banquet des sept sages* de Plutarque.[10]

C'est aussi le plaisir conjugué des mets et des mots (s'il est permis de faire allusion à la très belle étude de Michel Jeanneret sur les banquets à

---

10. Delbene 1609:155-6 "... Sapiens civilibus undis / se mersare potest, neque mergi: carpere fructus / Aulae, nec minus interea, mentis bene sanae / Vivere, et ultrò alios rectae inter praemia vitae / Ducere, secretos ab inertis tramite vulgi." *Ibid.* 1609:158 [Marcile] "Urbanitatis exempla quaedam adponit, ut Aesopum corporis quidem distortissimi, sed ingenii perurbani atque omni festivitate affluentis hominem. Qualis à Plutarcho inducitur in convivio sapientium [*Moralia* 146-164]. Deinde Aristippum adiungit, in ipso Urbanitatis quasi gremio educatum olim." Horace évoque souvent Aristippe; cf. p. ex. *Epist.* I, 17.

4 Le jardin de l'Urbanité (B) (©Photo Bibliothèque de l'Université d'Amsterdam)

la Renaissance) qui est mis au premier plan sur la planche qui représente le Jardin de l'Urbanité dont la verdure, nous assure Marcile, rappelle celle du célèbre jardin des Médicis à Florence.

De la sorte, cette 'lecture' du texte d'Aristote offre le spectacle d'une pratique rhétorique multiforme, où la qualité du savoir, le raffinement de la forme et l'appel discret à l'univers du destinataire opèrent une véritable synergie discursive et sensorielle. Dûment mobilisés, texte et image entendent guider la personne royale en célébrant l'univers qui est le sien, et où la nature même est 'tempérée', fonction de la haute culture.

Point de divergence, ici, entre enseignement moral et éloquence; et en cela encore, le projet de Delbene reste fidèle à l'esprit authentique d'Aristote. Car en effet, la délibération sur les cas concrets et particuliers est au cœur de l'*Ethique à Nicomaque*: la sagesse sociale est une conquête difficile, où une longue pratique aura appris à l'individu d'acquérir par l'expérience un 'œil' lui permettant de prendre à chaque fois la décision juste dans les circonstances données (1143b). "Nul ne délibère sur les choses immuables et éternelles [...]. Mais nous délibérons sur ce qui est en notre pouvoir de faire, c'est-à-dire sur les choses qui peuvent être objets d'action" (1112a).

C'est pourquoi Aristote a toujours étroitement associé la politique, "science-maîtresse suprême", l'éthique, basée sur la connaissance de l'âme et le bon usage des passions humaines, et la rhétorique (*Eth. à Nic.*, I, 2, III, 2-5, VI). Au commencement de la *Rhétorique* (1356a25) il précise que "la rhétorique est comme une ramification de la dialectique et de la science morale (ἡ περὶ τὰ ἤθη πραγματεία), qu'il est juste de dénommer politique". Ethique et rhétorique sont tout d'abord des 'sciences de la vie' qui supposent un engagement concret dans la société humaine.

On sait que Delbene et Ronsard ont échangé plusieurs poèmes (voir l'éd. Laumonier, t. XVIII-1) et qu'ils ont activement participé à la célèbre Académie du Palais du dernier Valois, le roi Henri III (cf. Frémy 1887; Yates 1947; Sealy 1981). Les premiers discours de l'académie, prononcés au Louvre, portent sur les vertus intellectuelles et morales en général, et se basent plus ou moins directement sur l'*Ethique à Nicomaque* (Sealy 1981:38svv.). De façon très caractéristique, Ronsard plaide en faveur des vertus pratiques, en considérant que celles-ci "nous font plus charitables, pitoyables, justiciers, attrampez [tempérés], fors aux périls, plus compaignables et plus obéissans à nos supérieurs". A l'instar du Cicéron des *Académiques*, il y fait l'éloge de Socrate, qui "communicqua [la philosophie] aux hommes et la logea dedans les citez, tournant la comtemplation en l'action". C'est en effet l'*humanisme civique* que Ronsard et Delbene redécouvrent dans Aristote, lu cette fois-ci à travers Cicéron.[11] Pendant toute la période renaissante, il y a eu cette tension entre vie contemplative et vie active. Cicéron, grand admirateur de Platon, l'a déjà bien connue lui-même, et on la repère à nouveau dans les premières interprétations humanistes du philosophe athénien, comme l'a excellemment montré James Hankins dans son beau livre sur Platon à la Renaissance italienne. N'oublions pas non plus que dans l'*Ethique à Nicomaque* même, Aristote semble parfois tiraillé, en bon élève de Platon, entre la recherche de l'universel et la connaissance du singulier, et qu'à l'éloge de la contemplation avec lequel se termine l'ouvrage fait suite l'introduction à la *Politique*.

Le conflit entre soif de l'absolu et nécessité de l'action politique a également tourmenté Henri III qui en pleine période de troubles politiques convoquait sans cesse les poètes et les savants qui formaient son Académie, cela au grand scandale des diplomates sur place, ainsi les ambassadeurs d'Angleterre et de Venise. Le royaume s'effondre et le roi se perd en spéculations vagues avec quelques érudits français et italiens!

Mais le fait est là. L'avant-dernière série des discours académiques, prononcés devant le roi au château d'Ollainville en 1579, traite à nouveau des vertus morales et intellectuelles. Delbene fut un des orateurs. Après la mort de la duchesse de Savoie (1574) que pendant longtemps il avait servie à Turin comme conseiller et maître d'hôtel, Delbene était rentré au service du roi de France. Il demanda à son nouveau maître la permission

---

11. Ronsard, *Des vertus intellectuelles et moralles. Discours prononcé à l'Académie du Palais en présence de Henri III*, éd. Laumonier, t. XVIII-2, pp. 451-460. L'éloge de Socrate (*ibid.*:457) s'inspire de très près de Cicéron, *Acad.* I, 4, 15 (cf. aussi *Tusc. Disp.* V, 10): "Socrates mihi videtur [...] primus a rebus occultis et ab ipsa natura involutis, in quibus omnes ante eum philosophi occupati fuerunt, avocasse philosophiam et ad vitam communem adduxisse", et la suite, qui se termine avec un caractéristique "ad bene vivendum". C'est cette image du philosophe qui fut cultivée par les "humanistes civiques" d'Italie, et que R. Agricola reprendra dans son *Eloge de la philosophie et des autres arts*, prononcé à Ferrare en présence du duc Ercole I en 1476. Parlant de la philosophie éthique, Agricola affirme en effet: "[...] Inde praecipuam quoque ductam Socratis laudem, quod primus evocatam coelo philosophiam, *in urbibus*, atque in hominum coetu collocarit" (Agricola 1967: II, 155).

de s'exprimer *non in prosa francese, ma in rima toscana*, ce que le roi lui accorda de bonne grâce. Delbene composa trois odes où il traite des parties de l'âme humaine. Le poète se basa encore une fois, tout comme l'avait fait Ronsard avant lui, sur les théories de l'*Ethique à Nicomaque* (I, 13 et VI, 1-2) qu'il connaissait si bien (cf. Sealy 1981:147-152). Aristote n'avait-il pas affirmé que l'homme politique devait "lui aussi étudier l'âme" (1102a)?[12]

Quant à la dernière série des discours, elle avait pour objet exclusif l'éloquence. Celle-ci, on le sait, passionnait le roi pour qui Jacques Amyot et un anonyme ont rédigé exprès des traités de rhétorique, édités au siècle dernier.

Le dernier historien de l'Académie du Palais s'étonne de la disparité des sujets des deux séries: pourquoi, après la philosophie morale, tous ces discours consacrés à l'éloquence, "sujet qui n'a vraiment aucun rapport avec le précédent?" (Sealy 1981:153). C'est plutôt de la grande surprise du chroniqueur, de formation jésuite en plus, qu'il faudrait s'étonner. De toute évidence, c'est bien l'union de la philosophie et de l'éloquence, dont Cicéron s'était fait le champion après Aristote, qui fut l'essence même de l'engagement humaniste. C'est elle qui fut défendue avec ardeur au Collège des Lecteurs Royaux, chaque fois qu'un nouveau professeur d'éloquence faisait sa leçon inaugurale (cf. Radouant 1924). De La Ramée à Théodore Marcile, elle avait fait figure d'article de foi. Cette *coniunctio* avait aussi été à la base de l'humanisme "civique" né en Italie au XIVe et au XVe siècle (cf. Baron 1966 et Hankins 1990); et nous avons constaté que la version monarchique en fut développée, précisément, par les érudits au service de la royauté française, ainsi par Barthomée Delbene et Pierre de Ronsard, courtisans, savants, poètes.

Universiteit van Amsterdam

---

12. Voir l'aperçu des odes dans Couderc 1891:20. Ici encore, le projet est éminemment rhétorique. Il s'agit en effet de pouvoir "più facilmente, mediante la dolcezza della poesia, *persuadere* la propria volontà di Sua Maestà, regina delle sue actioni, a contemplare tutte le parti dell' anima nostra et conseguentemente pervenire alla perfetta et tanto laudata cognitione di se stesso."

Bibliographie:

R. Agricola
1967 *De inventione dialectica – Lucubrationes. Facsimile of the Edition Cologne 1539*, Nieuwkoop, B. de Graaf

Aristote
1970 *L'Ethique à Nicomaque*. Introduction, traduction et commentaire par R.A. Gauthier et J.Y. Jolif. Tome I, deuxième partie: traduction, Louvain, Publications Universitaires et Paris, Béatrice-Nauwelaerts

Aristote
1960 *Rhétorique*. Tome premier (Livre I). Texte établi et traduit par M. Dufour, Paris, Belles Lettres

B. Delbene
1609 *Civitas veri sive morum ... illustrata commentariis Th. Marcilii ...*, Paris, A. & J. Drouart

J. Du Bellay
1908-1985 *Œuvres poétiques*, t. I-VI, éd. H. Chamard; t. VII-VIII, *Œuvres latines*, éd. et trad. G. Demerson, Paris, Société des textes français modernes

J. Lemaire de Belges
1882-1891 *Œuvres*, publiées par J. Stecher, Académie Royale de Belgique, Louvain, J. Lefever, 4 volumes

P. de Ronsard
1924-1975[2] *Œuvres complètes*, éd. P. Laumonier, deuxième édition, révisée par I. Silver et R. Lebègue, Paris, Société des textes français modernes, 20 tomes en 24 vol.

* * *

G. Amoretti
1984-1988 *Il Ducato di Savoia dal 1559 al 1730*, Turin, D. Piazza, 4 vol.

J. Balsamo
1992 "Les Delbene à la cour de France", dans: *La Circulation des hommes et des œuvres entre la France et l'Italie à l'époque de la Renaissance*, Paris, Centre interuniversitaire de recherche sur la Renaissance italienne (Sorbonne nouvelle), 61-76

H. Baron
1966 *The Crisis of the Early Italian Renaissance. Civic Humanism and Republican Liberty in an Age of Classicism and Tyranny*, Princeton, Princeton U.P.

A. Cartier
1937 *Bibliographie des éditions des De Tournes, imprimeurs lyonnais*, Paris, Bibliothèques nationales de France, 2 volumes

H. Chamard
1961-1963² *Histoire de la Pléiade*, Paris, Didier, 4 volumes

P. Champion
1925 *Ronsard et son temps*, Paris, E. Champion

A. Chastel
1959 *Art et humanisme à Florence au temps de Laurent le Magnifique. Etudes sur la Renaissance et l'Humanisme platonicien*, Paris, P.U.F.

C. Couderc
1891 "Les Poésies d'un Florentin à la cour de France au XVI siècle (Bartolomeo Delbene)", dans: *Giornale storico della letteratura italiana* 17, 1-45

E. Frémy
1887 *L'Académie des derniers Valois, d'après des documents inédits*, Paris, Leroux

J. Hankins
1990 *Plato in the Italian Renaissance*, Leyde etc., E.J. Brill (= Columbia Studies in the Classical Tradition XVII, 1-2), 2 volumes

M. Jeanneret
1987 *Des mets et des mots. Banquets et propos de table à la Renaissance*, Paris, J. Corti

P. Jodogne
1972 *Jean Lemaire de Belges, écrivain franco-bourguignon*, Académie Royale de Belgique, Mémoires (Lettres), 2e série, tome XIII, fasc. 1, Bruxelles, Palais des Académies

F. Joukovsky
1994 "Une commande de Marguerite de Savoie: la *Civitas Veri* de Bartolomeo Delbene", à paraître dans: *Mélanges de poétique et d'histoire littéraire du XVIe siècle offerts à Louis Terreaux*, éd. J. Balsamo, Paris, H. Champion

R. Radouant
1924 "L'Union de l'éloquence et de la philosophie au temps de Ramus", dans: *Revue d'histoire littéraire de la France* 31, 161-192

Ch.B. Schmitt
1979 "Aristotle's Ethics in the Sixteenth Century: Some Preliminary Considerations", dans: *Ethik im Humanismus*, éds. W. Rüegg & D. Wuttke, Boppard, H. Boldt (= Beiträge zur Humanismusforschung vol. V), 87-112

R.J. Sealy, S.J.
1981 *The Palace Academy of Henry III*, Genève, Droz

G. Wieland
1982 "The Reception and Interpretation of Aristotle's *Ethics*", dans: *The Cambridge History of Late Medieval Philosophy [..] 1100-1600*, éds. N. Kretzmann e.a., Cambridge, C.U.P., 657-672

F.A. Yates
1947 *The French Academies of the Sixteenth Century*, Londres, Warburg Institute.

RHÉTORIQUE DES CATALOGUES, LISTES ET ÉNUMÉRATIONS DANS JAMES JOYCE ET LAURENCE STERNE

Peter de Voogd

Le verbe grec καταλέγειν peut être traduit littéralement par 'lire vers le bas' et signifie 'choisir', 'classer' et 'enregistrer'. Il renvoie par là non seulement au classement systématique de choses, mais aussi, par exemple, à la levée d'un contingent de soldats. C'est dans ce sens qu'Hérodote emploie le substantif κατάλογος: une levée de troupes.

Plus communément, on comprend par catalogue le classement systématique de mots et non de personnes. Chez Homère, en effet, un des sens de καταλέγειν est 'raconter'. Et, à l'intérieur même des narrations, l'utilisation de catalogues, dans l'acceptation plus étroite du mot, celle de 'listes', a de tout temps joué un rôle important, non seulement dans les descriptions, mais aussi d'un point de vue purement rhétorique: ainsi dans Homère les énumérations, les listes épiques d'arbres, de villes, de guerriers, de morts..., listes évoquant le monde réel décrit dans le poème épique par le seul fait de le nommer.

L'utilisation de catalogues a en premier lieu un but pragmatique et mnémonique. Les catalogues ordonnent des matériaux qui seraient sans eux trop hétérogènes, et rendent le monde ainsi ordonné plus facile à manier et à retenir. De plus, de par le fait de nommer les choses, l'homme acquiert un pouvoir sur elles: il les réduit en unités intelligibles, les emmagasine, les mémorise, les rend susceptibles d'être reproduites à tout instant. C'est ainsi que les poètes de la Renaissance ont établi des listes standard pour décrire les charmes physiques de la femme aimée, s'appropriant ainsi son corps (ou tournaient ces listes en dérision, comme le faisait Shakespeare dans son sonnet 130 "My mistress' eyes are nothing like the sun").

Il n'y a qu'un petit pas à franchir pour passer du catalogue amoureux de cour à son pendant religieux, la litanie, et plus spécialement la litanie de la Sainte-Vierge (sujet que l'on peut facilement étudier dans *Dedalus, portrait de l'artiste par lui-même*, de James Joyce, dans lequel les aventures amoureuses du jeune Stephen sont directement suivies, dans un épisode, par ses dévotions, et cela bien évidemment en des termes pour la plupart semblables). Nous pouvons aussi passer de la liste de cour à la liste comique, connue en rhétorique sous le nom de *synathroïsme* (appelée "the Heaping figure" par George Puttenham, dans son *Arte of English Poetry* de 1589, livre qui est lui-même aussi tout naturellement un catalogue de termes rhétoriques) et dont on peut trouver des variantes dans la poésie comique, dans les épigrammes, les hymnes guerriers, les chansons à boire, le vers 'hudibrastique'[1], et les grands poèmes héroï-comiques du dix-huitième siècle.

Joyce adorait les listes de mots et il collectionnait les catalogues. Il lisait les dictionnaires, les encyclopédies, les listes de mots et il compilait à l'infini des carnets-catalogues qu'il pillait ensuite pour ses romans. Ceux-ci se transformaient au fur et à mesure en une compilation de plus en plus dense de mots et de phrases, et cela même après que le stade de la dernière épreuve eût été franchi. On peut citer dans ce contexte une anecdote célèbre, à propos de Wyndham Lewis, le grand 'Vorticiste' et sévère élagueur de tout ce qu'il jugeait redondant dans ses textes, et de Joyce, commentant l'architecture gothique flamboyante de la cathédrale de Rouen, anecdote racontée dans l'autobiographie de Lewis, *Rude Assignment* (1984:60). Les deux fondateurs du Modernisme britannique visitèrent ensemble la cathédrale et, après avoir longuement observé sa façade, Lewis s'exclama qu'elle était trop lourdement encombrée et qu'il en désapprouvait "l'intempérance spatiale, la multiplication nerveuse du détail". Joyce écouta patiemment et dit tranquillement, après que Lewis se fût calmé, qu'elle était à son goût et il ajouta que Lewis faisait en définitive lui-même avec les mots ce que les bâtisseurs avaient fait avec la pierre.

Chaque fois qu'une multiplication de détails et une multitude de faits sont amassés, un certain classement devient nécessaire et des catalogues peuvent en être le résultat. Ainsi la magnifique compilation de lieux communs et de métaphores mortes réunies par Jonathan Swift dans sa *Compleat Collection of Genteel and Ingenious Conversation* (livre allègrement pillé par Joyce dans le 16e épisode d'*Ulysse*), catalogue complet (et par sa prolixité même, épuisant) de phrases désuètes. De la même façon, *Peri Bathous*, d'Alexander Pope, est un catalogue de mauvaise poétique. Il en est de même pour

1. D'après *Hudibras*, poème héroï-comique de Samuel Butler, poème qui tire sa force de l'art avec lequel est employé l'octosyllabe, qui, depuis lors, a pris le nom de 'hudibrastic'.

l'épisode d'"Æolus" dans *Ulysse*, qui se situe dans les bureaux du journal et qui est, entre autres, un catalogue assez complet de tropes rhétoriques et de trucs, catalogue qui est, à son tour, impeccablement résumé à la fin de l'édition standard des *Notes to Ulysses* par Gifford. Dans "Oxen of the Sun", le chapitre qui se déroule à la maternité, nous assistons non seulement à la naissance d'un bébé mais aussi à la reconstitution de l'histoire de la langue anglaise à travers une longue série de pastiches chronologiques, série commençant en latin et en vieil anglais et se terminant en argot américain. Cette reconstitution est un catalogue de styles littéraires, tout comme l'on peut dire qu'*Ulysse*, dans sa totalité, est en grande partie un catalogue de techniques narratives. Le titre du recueil de nouvelles de Joyce, *Dubliners*, indique que c'est, entre autre chose, un catalogue des habitants de Dublin. Et d'ailleurs, qu'est-ce-que le caractère d'un personnage de fiction, si ce n'est un catalogue de faits chargés de sens? Les milliers de petites choses sans importance en elles-mêmes que nous apprenons sur Leopold Bloom, créent son caractère. Daniel Defoe a procédé exactement de même (comme le remarquait Joyce dans la conférence qu'il a tenue à Trieste sur Defoe), créant la vraisemblance dans la fiction par des descriptions merveilleusement détaillées, qui n'ont d'autre but que celui-là.

Mais cette utilisation du mot 'catalogue' est très générale et peu précise. Pour acquérir le titre de catalogue, une compilation doit répondre à une certaine forme de classement hiérarchique ou logique des matériaux rassemblés. Ce qui est nécessaire, c'est ce que nous donne, par exemple, le dix-septième épisode d'*Ulysse*, "Ithaka": des listes qui ordonnent et organisent les faits accumulés qui, pris séparément, n'ont aucune signification mais qui, ordonnés, créent un monde fictif en combinaison avec d'autres faits.

Un des grands prédécesseurs de Joyce fut Laurence Sterne, comme lui grand amateur de Rabelais (qui, me semble-t-il, introduisit cette manie du catalogue dans la fiction moderne). Tout comme *Ulysse*, *Tristram Shandy* est un catalogue assez exhaustif de modèles narratifs, un catalogue contenant – qui plus est – une quantité stupéfiante de listes complexes, et cela dès le début. Nous pouvons nous en rendre compte dans le passage qui suit, extrait du premier tome de *Tristram Shandy*, (qui en compte neuf), dans lequel Tristram fait l'énumération des tâches à accomplir par un biographe pour mener son œuvre à bien:

> L'historien a cinquante écarts à faire sur sa route [...] D'ailleurs combien n'a-t-il
> pas

De relations à concilier
D'anecdotes à recueillir,
D'inscriptions à déchiffrer,
De particularités à remarquer,
De traditions à éplucher,
De personnages à caractériser,
D'éloges à débiter,
De pasquinades à publier?

Le courrier est exempt de tout cela: mais un malheureux historien est encore obligé, à chaque pas qu'il fait, d'examiner des archives, des registres, des actes

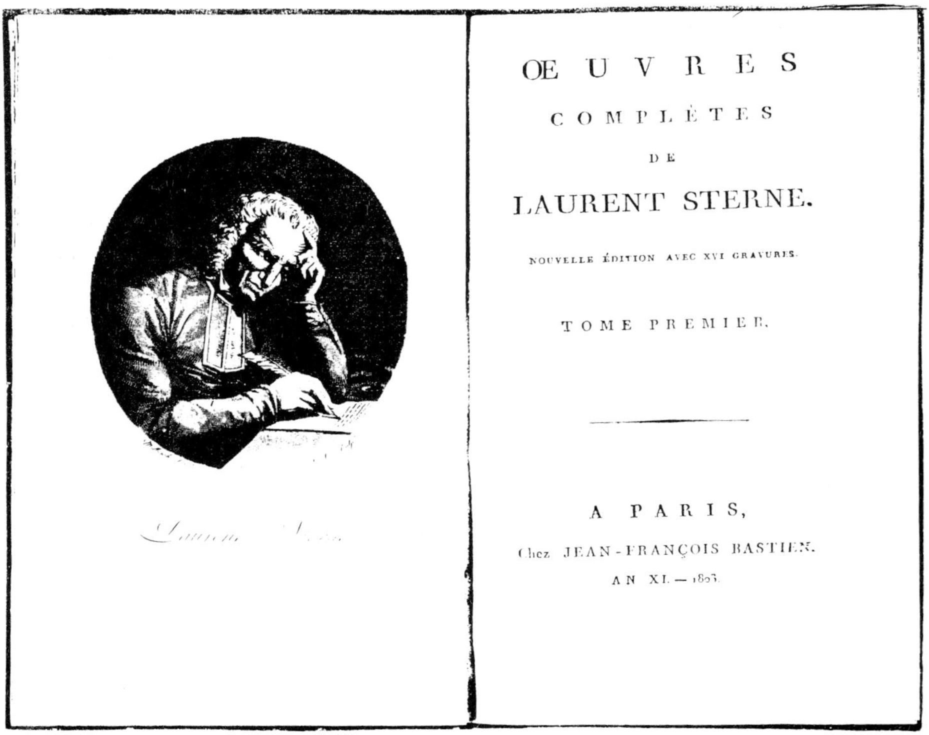
ŒUVRES

COMPLÈTES

DE

LAURENT STERNE.

NOUVELLE ÉDITION AVEC XVI GRAVURES.

TOME PREMIER.

A PARIS,

Chez JEAN-FRANÇOIS BASTIEN.

AN XI. — 1803.

> publics, des chartes, des généalogies sans fin [...] (Sterne 1803: tome I, chap. 14)[2]

Pensons aussi au remarquable "Alphabet of Love", si bien traduit par "Diatribe contre l'Amour". Dans le tome VIII, chapitre 13, Tristram s'exclame:

> L'amour, est l'affaire de la vie la plus
>   A gitante,
>   la plus B izarre,
>   la plus C onfuse,
>   la plus D iabolique;
>
> Et de toutes les passions humaines, la passion la plus
>   E xtravagante,
>   la plus F antasque,
>   la plus G rossière,
>   la plus H onteuse,
>   la plus I nconséquente (le K manque),
>   et la plus L unatique; —
>
> Et en même temps la chose la plus
>   M isérable,
>   la plus N iaise,
>   la plus O iseuse,
>   la plus P uérile,
>   la plus Q uinteuse,
>   la plus S urannée,
>   et la plus R idicule;
>
> Quoique dans la règle l'R eût dû marcher avant l'S.— (Sterne 1803: tome IV, pp. 102-103)

La traduction française ne rend pas un jeu de mots présent à l'original, jeu de mots qui échappe d'ailleurs aussi à la plupart des lecteurs modernes du texte anglais. En anglais du dix-huitième siècle, parlé par Sterne, on prononçait la lettre 'K' (qui "manque") comme le mot "key" – et en effet, l'amour n'a pas de clé!

2. La traduction française que j'utilise est la meilleure. Elle succède à la médiocre première traduction de Joseph Pierre Frénais: une entreprise collective, faite par "une société de gens de lettres", en 6 volumes, publiée d'après la page de titre en l'"An XI" après la Révolution (1803).

L'utilisation la plus hardie du catalogue par Sterne a complètement été omise par les traducteurs français. Elle se situe au chapitre 18 du tome VII de *Tristram Shandy*, et Sterne n'y décrit pas Paris, non, il mentionne tout simplement le nombre de rues par quartier. Le passage est en partie copié mot-à-mot sur *La Description de la Ville de Paris* (1752) de Germain Brice, ouvrage en quatre tomes où non seulement le nombre des rues est mentionné, mais aussi celui des réverbères. Voici le texte de Sterne, en anglais:

> In the quarter called the *City* – there are fifty three streets.
> In St. *James* of the Shambles, fifty five streets.
> In St. *Oportune*, thirty four streets.
> In the quarter of the *Louvre*, twenty five streets.
> In the Palace *Royal*, or St. *Honorius*, forty nine streets.
> In *Mont. Martyr*, forty one streets.
> In St. *Eustache*, twenty nine streets.
> In the *Halles*, twenty seven streets.
> In St. *Dennis*, fifty five streets.
> In St. *Martin*, fifty four streets.
> In St. *Paul*, or the *Mortellerie*, twenty seven streets.
> The *Greve*, thirty eight streets.
> In St. *Avoy* or the *Verrerie*, nineteen streets.
> In the *Marais*, or the *Temple*, fifty two streets.
> In St. *Antony*'s, sixty eight streets.
> In the *Place Maubert*, eighty one streets.
> In St. *Bennet*, sixty streets.
> In St. *Andrews de Arcs*, fifty one streets.
> In the quarter of the *Luxembourg*, sixty two streets.
>
> And in that of St. Germain, fifty five streets, into any of which you may walk; and that when you have seen them with all that belongs to them, fairly by daylight – their gates, their bridges, their squares, their statues —— and have crusaded it moreover through all their parish churches, by no means omitting St. *Roche* and *Sulpice* —— and to crown all, have taken a walk to the four palaces, which you may see with or without the statues and pictures, just as you chuse
>
> — Then you will have seen —
>
> — but, 'tis what no one needeth to tell you—

Texte, que la traduction française simplifie ainsi:

> Paris est percé de mille à douze cents rues. — Quand vous les aurez toutes suivies, quand vous aurez vu ses portes, ses ponts, ses places, ses statues; quand vous aurez visité ses quatre palais et toutes ses églises, parmi lesquelles vous vous garderez d'oublier Saint-Roch et Saint-Sulpice, —
>
> Alors vous aurez vu...

> Mais que sert de vous le dire? (Sterne 1803: tome IV, p. 12)

Il serait tentant de continuer à citer le chef-d'œuvre comique de Sterne, mais il est temps d'en revenir à James Joyce. Il est indiscutable que Sterne a été l'un de ses modèles et que Joyce a pris exemple, pour écrire ses propres romans comiques-épiques, sur l'utilisation absolument libre et comique de listes factuelles, comme celles citées plus haut ou comme la liste merveilleusement drôle de noms de vêtements romains (tome VI, chapitre 19), liste qui ne comprend justement pas le nom du vêtement que cherche désespérément le père érudit de Tristram. Swift lui a vraisemblablement servi aussi de modèle. *Gulliver's Travels* regorge de listes rhétoriques. Il y a peu de différence entre la liste d'ecclésiastiques dans le 12e épisode d'*Ulysse*, dont le comique provient de l'abondance d'abréviations cléricales:

> The very rev. William Delany, S.J., L.L.D.; the rt. rev. Gerald Molloy, D.D.; the rev. P.J. Kavanagh, C.S.Sp.; the rev. T. Waters, C.C.; the rev. John M. Ivers, P.P.; the rev. P.J. Cleary, O.S.F. [...]

et cela sur douze lignes de texte serré, et la savante note chez Sterne, dans le "Conte de Slawkenbergius", tome IV de *Tristram Shandy*, où les arguments des juristes sont abrégés en bas de page comme suit:

> vid: Vol. Lib.4. Titul. 1. N. 7. qua etiam in re conspir. Om. de Promontorio Nas. Tichmak. ff. d. tit. 3. fol. 189 [...]

note qui, d'ailleurs, pour les connaisseurs, renvoie de façon amusante à Rabelais. De même il y a peu de différence entre la liste intraduisible, qui commence p. 123, ligne 10 de *Finnegans Wake*:

> once current puns, quasshed quotatoes, messes of mottage [...] clippings from right, lift and cintrum

et se poursuit sur toute une page, et la liste également associative de Swift:

> a lawyer, a pickpocket, a colonel, a fool, a lord, a whoremonger, a physician, an evidence, a suborner, an attorney, a traitor, or the like. (*Gulliver's Travels*, tome IV, chapitre 12)

Les listes peuvent être agencées de n'importe quelle façon. Le premier exemple mis à part, les listes que nous avons vues jusqu'à présent suivent un principe simple: soit l'ordre alphabétique, soit l'ordre topographique. Le premier exemple est une forme mixte: le principe de l'allitération (dans le texte anglais) est au moins aussi important que celui de l'association d'idées. Une liste dont l'agencement est laissé complètement au hasard est une chose rare, ainsi qu'un simple coup-d'œil à votre propre liste de commissions vous le montrera. Une 'grammaire' de listes présuppose une structure profonde signifiante que l'on peut identifier et étiqueter, structure qui, à son tour, pourra engendrer une autre liste, comme l'énumération de principes de classement qui suit: on peut agencer des listes de façon pragmatique (suivant l'ordre d'utilisation, comme les instruments sur la tablette d'un dentiste, où les outils dans une boîte à outils), ce qui correspond à peu près à l'ordre logique (comme les lettres dans les cases d'un imprimeur). Mais nous pouvons tout aussi bien ordonner nos matériaux de façon associative, ou en suivant le mouvement de notre regard; en science, les choses ont tendance à être classées suivant les règles du système métrique, ou suivant un ordre ascendant ou descendant, ou suivant un ordre alphabétique (normal ou inverse). En histoire, on peut suivre un ordre chronologique, en géographie un ordre topographique, dans les arts un ordre esthétique. Ainsi de suite.

Il est en un sens stupéfiant de voir le peu d'attention que l'on a portée à ce sujet. Je mentionnerai simplement deux sujets qui, autant que je sache, n'ont jamais été l'objet de dissertations, mais qui pourraient facilement l'être: l'apparence typographique des pages de titre fournit un matériau fascinant (les relations entre la taille du titre, du nom de l'auteur, de l'éditeur, pour mentionner quelques points évidents qui pourraient servir pour écrire une histoire du roman). Pareillement, la liste des *dramatis personae* a été imprimée dans l'ordre d'entrée en scène, ou suivant le sexe des personnages, le prestige ("le haut de l'affiche"), l'ordre alphabétique ou suivant les règles du décorum, c'est-à-dire suivant le rang des personnages (le roi Claudius venant dans les premières éditions avant le prince Hamlet, mais après lui par la suite; les deux personnages passent en général avant Ophélie).

Souvent, dans les belles-lettres, la place des mots dans une liste ne dépend ni de leur signification réelle ni de leur prestige mais de principes purement esthétiques, tels que le mètre, la rime, le rythme, l'assonance, l'allitération. Et tous ces principes de classement (et d'autres) peuvent être, et sont, utilisés en même temps. L'avertissement de Derek Attridge (1989:11-29) pour que l'on accepte la coexistence de la multiplicité des perspectives et que l'on tienne compte de "la richesse polysémique impossible à circonscrire du *Wake*", vaut aussi pour les listes plus simples de Joyce.

"Ithaka", l'avant-dernier épisode d'*Ulysse* et chapitre favori de Joyce, serait un terrain d'entraînement idéal pour tout grammairien débutant de listes et de catalogues. L'épisode est fait de questions et de réponses, comme dans un catéchisme ou un vieux livre d'histoire ("Quel itinéraire de retour suivent parallèlement Bloom et Stephen?" [...] "Quelle succession d'images

Joyce à Zurich en 1938

disjonctives Stephen perçut-il pendant ce temps?")[3]. Des catalogues constituent la plus grande partie de cet épisode, à partir de la deuxième réponse, qui est associative et seulement en apparence incohérente:

> De quoi devisait le duumvirat pendant qu'il déambulait?

3. Les citations d'*Ulysse* suivent la numérotation de l'édition Gabler: numéro de l'épisode suivi du numéro de la ligne; j'utilise la première traduction française, parue en 1929 et rééditée l'année de ma naissance par Gallimard.

> De musique, littérature, Irlande, Dublin, Paris, amitié, femmes, prostitution, régime alimentaire, influence du gaz d'éclairage ou des lampes à arc et à filaments sur la végétation des arbres parahéliotropiques voisins, exhibition des poubelles municipales, Eglise catholique romaine, célibat des prêtres, nation irlandaise, éducation jésuite, professions, études médicales, le jour écoulé, l'influence néfaste du jour qui précède le sabbat, la syncope de Stephen.

Dans "Ithaka", les catalogues eux-mêmes peuvent être classés en catégories. Il y a les catalogues visuels:

> Appuyé contre la grille il entrevit à travers les carreaux transparants de la cuisine un homme réglant la flamme d'un bec de gaz de 14 bougies, un homme allumant une bougie, un homme enlevant tour à tour chacune de ses chaussures, un homme quittant la cuisine muni d'une bougie de la valeur éclairante de 1 bougie. (17.109-112)

Et commémoratifs:

> A quelles visions du même ordre Stephen se prit-il à penser?
>
> A d'autres qui, ailleurs, en d'autres temps, mettant un genou à terre, avaient allumé le feu pour lui, au frère Michel dans l'infirmerie du collège [...], à son père, Simon Dedalus, dans une chambre non meublée [...], à sa marraine Miss Kate Morkan dans la maison de sa sœur mourante [...] (135-147)

Des catalogues géo-topographiques et encyclopédiques (164-228), lorsqu'à la question "L'eau vint-elle?", il est remarquablement répondu, avec force détails absurdes, sur plus d'une page, depuis l'origine de l'eau dans le "réservoir de Roundwood" jusqu'à une merveilleuse liste de ses propriétés, et des catalogues systématiquement descriptifs (298-318), où la question "Qu'offraient à la vue les planches inférieure, médiane et supérieure du buffet de cuisine ouvert par Bloom?" reçoit une réponse complète; de même, le contenu des étagères de sa bibliothèque et celui des tiroirs de son bureau seront eux aussi répertoriés plus loin dans le chapitre.

Il y a des listes en forme d'anagrammes:

> Quels anagrammes avait-il fait sur son nom dans son jeune âge?
>
> Leopold Bloom
> Ellpodbomool
> Molldopeloob
> Bollopedoom
> Old Ollebo, M.P. (405-409)

Et des listes assonancées, comme dans 604-605, où il est question de La Viande en Conserve de Prunier:

> Préparé par George Prunier [...] La marque de fabrique: un prunier dans une marmite. Se méfier des contrefaçons. Mitemar. Puriner. Marmiteux. Purotin.

Comparer 2322-2326:

> Sinbad le Marin et Tinbad le Tarin et Jinbad le Jarin et Whinbad le Wharin et Ninbad le Narin et Finbad le Farin et Binhad le Barin et Pinbad le Parin et Minbad le Malin et Hinbad le Harin et Rinbad le Rabbin et Dinbad le Karin et Vinbad le Quarin et Linbad le Yarin et Xinbad le Phtarin.

Des listes ludiques:

> dominos, alma, puce, jonchets, bilboquet, Napoléon, écarté, bésigne, trente et quarante, chien de pique, dames, échecs ou trictrac. (661-673)

Et des listes sur l'architecture (1499-1550, dans la liste immensément détaillée du style et du contenu de la maison rêvée de Bloom), et des listes chronologiques et rituelles (2044-2058), lorsque Bloom sort de son rêve diurne pour aller se coucher:

> Quelles causes successives de fatigues accumulées, appréhendées avant de se lever, Bloom, avant de se lever, récapitula-t-il silencieusement?
>
> La préparation du déjeuner (sacrifice du rognon); congestion intestinale et défécation préméditée (Saint des Saints); le bain (rite de Jean); l'enterrement (rite de Samuel); l'annonce d'Alexandre Cleys (Urim et Thummim); le lunch sommaire (rite de Melchisédec); la visite au musée et à la Bibliothèque nationale (Saints Lieux) [...]

Et des listes d'infractions à la loi:

> le larcin, le vol de grand chemin, la cruauté envers les enfants et les animaux, les malversations, le péculat, l'abus de confiance, la diffamation, la simulation, les détournements de mineurs, le libelle, le chantage, la contumace, l'incendie par malveillance, la trahison, la félonie, la mutinerie à bord, le parjure, le braconnage, l'usure. (2182-2190)

Et ainsi de suite.

"Ithaka" est, entre autres nombreuses choses, un résumé d'*Ulysse*, et beaucoup de ses listes servent de points de repère dans le riche contenu du roman. La plupart des listes mentionnées plus haut ne prennent de signification pour le lecteur que s'il lit le roman plusieurs fois; contrairement à ce que l'on pourrait penser, les listes gagnent en profondeur à chaque fois qu'on les relit, elles deviennent captivantes; en évoquant des lectures précédentes, elles cessent d'être ennuyeuses. En résumé, les listes de Joyce

– comme tout bon catalogue – sont porteuses de sens pour ceux qui savent ce qu'elles représentent.

Il est temps de nommer une autre source possible de l'abondant usage que Joyce a fait des listes: le poète américain Walt Whitman, dont *Leaves of Grass* fut offert à Joyce par son frère Stanislaus (cf. Ellmann éd. 1966, vol. 2:203), et dont un des passages les plus célèbres est cité par Stephen dans *Ulysse* (1.517: "Contradiction. Est-ce-que je me contredis moi-même? Soit, je me contredis"). *Ulysse* 9.626 nomme Walt Whitman explicitement et poursuit de façon assez comique avec une liste absolument non-whitmanienne et éminemment anglaise:

> Tourtes de harengs, verts gobelets de Xérès, sauces au miel, confitures de roses, massepains, pigeons aux groseilles, friandises au gingembre

Tout comme Whitman a créé l'Amérique en la nommant, en répertoriant ses caractéristiques dans ses longs vers fluides, Joyce a recréé sa ville natale, Dublin, dans ses propres listes en prose.

Ceci me ramène à ce que j'ai dit au début, tout comme Joyce l'aurait fait. L'utilisation des listes n'est pas seulement pragmatique, ou seulement comique. En définitive, les listes sont les troupes verbales levées par des créateurs pour ordonner le monde complexe de leur art. Leur rhétorique est au cœur même de tout art.

Universiteit Utrecht (traduction: Scarlett Glory)

Bibliographie:

Derek Attridge
1989 "Finnegans Awake: The Dream of Interpretation", dans: *James Joyce Quarterly* 27.1, 11-29
Richard Ellmann éd.
1966 *Letters of James Joyce*, Londres, Faber & Faber, 1966
James Joyce
1942 *Ulysse*, traduction intégrale par Auguste Morel, assisté de Stuart Gilbert, entièrement revue par Valery Larbaud et l'auteur, Paris, Gallimard
Wyndham Lewis
1984 *Rude Assignment*, Black Sparrow Press
Laurence Sterne
1803 *Tristram Shandy*, dans: *Œuvres Complètes* de Laurent Sterne, nouvelle édition avec XVI gravures, Paris, chez Jean-François Bastien.

III

ÉCHANGES

COUP DOUBLE. ALBERTO SAVINIO: UNE ÉCRITURE DE LA PEINTURE

Charles Grivel

La Double donne

Quelqu'un n'a pas trop de deux instruments pour écrire. De deux mains. De deux langages. Quelqu'un n'a pas trop de plusieurs façons de s'exprimer, la première contre la seconde, la troisième contre la quatrième, et ainsi de suite, toutes les deux, les trois, les quatre, au nom de et en dépit de lui-même.

Savinio – le frère du peintre De Chirico, ce rapport infléchit, bien sûr, tout le programme – reprochait à la photographie de n'agir que d'un œil: c'est qu'il aimait la tête à plusieurs paires d'yeux de sa palette. Argus veillant sur une vache à corps visiblement multiple. Plus d'un œil suffit à peine. C'est que la vision *dépose* l'objet à regarder, le renvoie sans satiété à l'infini de son champ. C'est que ce que j'écris dans la vision continue.

Savinio: quelqu'un est allé peindre, écrire et composer. Quelqu'un s'est jeté dans le spectacle (opéra, ballet, décors, films). A élaboré des drames. A coulé des mots dans le dialogue. Pour la Scala, pour la radio. Quelqu'un n'en a jamais fini apparemment, tout au long de sa carrière, à Paris, à Milan ou à Rome, de changer de support. Qui ne s'est pas spécialisé, qui a mené de front plusieurs médiums à la fois. Comme si écrire était, pour lui, plutôt, dans l'aller-venir, le détour, l'intervalle creusé par la contradiction qui détermine écrire, ou peindre, ou composer, tout à la fois, le choc en retour qu'ils lui font éprouver. *L'intervalle est le médium.* Le médium tient dans l'espace donné à l'écriture, de la page à la toile, de la toile à la partition, à la scène, sur les ondes. Non-un, en tout état de cause.

Il serait possible d'écrire des deux côtés à la fois du support: du côté du visible et du côté de l'audible, et de les faire jouer l'un contre l'autre. De vaincre à la fois la pertinence et la non-convenance qui provient du support. De passer outre à l'obligation distributive du sens: de prendre à droite, de haut en bas, de la page un à la page finale; de faire en sorte que la surface n'arrête pas le trait, ni la scène, ni le ton; de briser le plan (le motif et le plan), la base (l'origine et le temps) – et cela par transport sans cause, d'un support à un autre support, évidemment quelconque et non quelconque.

Il est urgent, dit Savinio dans ses œuvres, d'écrire depuis regarder, et de regarder depuis écrire. En raison de la négation, en raison de la conjonction, en raison de ce que je ne puis exprimer que *par déplacement*, voyage de la main dans les substances, avancer puis retour. Je tire à moi pour écrire "sur le suaire immaculé du papier". Puis, je remplace le papier par la toile, le canevas, la planche et la portée. Ceci fait, je recommence.

Idée n° 1: il n'est pas bon d'en arriver au bout de l'expression de la pensée.

Idée n° 2: il n'est pas bon d'écouter le murmure du support, si ce n'est au foyer même qui nourrit les voix: le père, la mère, lui, un, deux, trois, sans cessation du mouvement qui les lie.

Il y aurait un certain état d'interart – de chaos – d'implacable conjoncture. L'union, l'unification, le principe intégrateur, homogène, ne serait pas donné, jamais. Nous nous trouverions, plairions dans l'enfer du double et du deux: je regarde et je ne vois pas, je ressens et je ne ressens pas. Nous contredirions par la simple expression, par le simple fait, à vrai dire, d'être là, les espèces et les normes. Nous serions dans le passage. Nous nous sentirions perméables et confus, sujets à la fois dilatés et réfractés, présents mais non point posés, troubles, inqualifiables et nuls (la somme de plus est nulle).

Savinio: quelqu'un qui écrit est quelqu'un qui peint:

> Aujourd'hui, on dit: 'La Peinture, ce n'est pas la littérature.' Mais Monsieur Dido laisse dire et continue, tranquille et confiant, à peindre les tableaux que lui suggère son imagination. (*Monsieur Dido*, p. 12)

Un peintre écrit dans la peinture, il a ses raisons pour cela: le sujet glisse, l'objet résiste, le couteau entame la structure...

Peinture écrite: c'est comme si la toile représentait quelqu'un qui serait narré, mais dont le récit manquerait pourtant; elle proposerait un condensé de récit, retenu 'en abîme', un montage discursif (mais dont le principe organisateur se dérobe), une nature morte (mais sans propos réellement descriptif): un objet – serait posé par un écrit disparu. Une loquacité parlerait à partir de sa fin.

Ecriture peinte: c'est comme si la page représentait quelque chose qui serait montré, mais dont l'image manquerait pourtant (on chercherait en vain ce qui échappe à la vue). Conté, cela a été peint, ou l'inverse, 'en rappel', toujours un peu plus loin que cela ne le représente.

Nous parlerons de la tendance à la double articulation 'au récit' et 'à l'image' de l'œuvre de Savinio comme d'un essai de se défaire de ce qu'il y a de péremptoire dans l'acte artistique dès lors qu'il occupe une position médiatique unique et dès lors qu'il ne fait plus retour sur son origine. Savinio: des peintures démentent des textes, des titres littéraires démentent des peintures, de l'exposition vient à l'encontre d'une publication (qui tardera, du reste). Un art de dé-peindre et un art de dés-écrire. Nous pouvons jamais vrai dire en peinture, en écriture, que l'un dans l'autre.

La rançon de ceci a été, on le sait, pour de longues décades, la relative obscurité de l'auteur, la réputation d'intellectualité de mauvais aloi qui l'entoure: la valeur d'une œuvre se mesure à la vraisemblance qu'elle-même, à son propos, est capable de générer: cela aussi est à un haut prix.

Ne nous en laissons donc pas trop accroire: de toute façon, une peinture pas loin du spectacle, en direction d'un décor, appuyée sur un dire dramaturgique plus ou moins accentué implicite, et par un texte agit. De toute façon, le titre du tableau le marque et le démarque. Avec ses bords (qui font cible), avec son fond (qui fait vide):

> L'ordre carré est le système excellent de la grâce intelligente [...] Le carré a le calme rafraîchissant d'une tombe et les yeux d'une boîte à surprises (*Hermaphrodito*, pp. 263-264)

– il en ressort toujours bien plus que vous n'aviez cru y avoir mis. Vous avez beau, comme dans *La Forêt dans l'appartement*, qui date de 1930, composer soigneusement une table de cuisine, il n'en ressort pas moins deux arbres, rouges et bleus au fond de la pièce, pourtant commune.

En quelque sorte, l'image d'accompagnement d'un texte absent ou tronqué oriente celui-ci indépendamment de ce qui est donné à voir, et réciproquement: le texte d'une image obligatoirement incomplète pousse celle-ci à démentir ce que pourtant il donne à entendre. C'est toujours l'image d'un texte et le texte d'une image qui sont donnés de paire, abusivement, interrogativement, à contempler. Dès lors, ils ne figureront pas.

Je peins, donc j'écris

C'est peint, c'est dit, on ne sait pas ce que ça veut signifier, ça s'indique comme une énigme, ça ne résout aucune énigme, ça n'avance pas du sens ou de l'explication, mais ça la, ou le, désigne. La peinture élabore un spectacle. Quelqu'un surgit au centre de la scène. Nous sommes sur la scène. Nous regardons quelque chose ou quelqu'un se tenir là, sur le plateau. Impression du décor que la toile est: en bas, les planches, derrière, le rideau de fond. Le dessin est approximatif, expressif pourtant: les figures sont figées, 'assises', 'massées', 'lourdes'. *Pas de mobilité.* On voit cela de loin, 'par la fenêtre'. Le cadre est donné, dont il résulte que nous regardons. C'est moins représenté qu'indiqué: des accessoires gisent, des objets en carton. On dirait que tout est de papier pour être regardé. Factice. Léger. Déreprésenté. Peint dans l'air. Vrai d'aucune façon, ne relevant d'aucun monde. *La pièce et le texte manquent*, mais la disposition des objets sur la toile le signale assez: nous nous trouvons en plein dans une tragédie muette: ce qui est regardé fait signe vers ce qui n'est pas montré (il est forcément inassignable). La toile est un appel, formule un appel; on entend s'articuler le silence – comme entre deux moments d'un récit en train de se conter, 'tenu', mais non marqué.

C'est cadré-ciblé, on regarde ce qu'on voit par la perspective oculaire empruntée, mais le tableau centre et cerne moins qu'il ne décadre ce qu'il a pourtant pour mission de montrer; il abîme, dérègle, il décompose, il renvoie. Ainsi qu'il arrive dans *Mondo nuovo*, *La Partenza degli Argonauti*, *Matinée alphabétique* ou *Découverte d'un monde nouveau* (ill. 1), toiles datant toutes de la même année, 1929 (reproduction dans *Alberto Savinio...*, pp. 38-39.)

Le tableau cadre mal sa vision, il la frappe de biais, il la pousse par les angles, il la contrarie après l'avoir suscitée et il la décompose. Même la fenêtre attaque le paysage qu'elle découpe sous la transparence. Car la vision n'est pas donnée, mais se fait jour, difficilement, parmi un bric-à-brac d'objets impossibles à lier et qu'aucune frontière réellement ne retient.

Cela provient; peindre provient; peindre-écrire provient:

> L'esprit de l'homme, sous la pression de l'inquiétude [que la dualité provoque: me voici bête-homme, indécise, au sortir de son rêve], se met en mouvement rotatoire et travaille rapidement. Ainsi fait mon esprit, à ce moment-là, mais c'est *comme un esprit littéraire* (je souligne), il travaille à forger des images – selon

l'usage de la bête intellectuelle. (*Hermaphrodito*, p. 186)

La peinture écrit la provenance de la peinture. Le mouvement du regard qui mène à ces objets qu'on voit. C'est le voir qui est peint: que le regard 'engendre', et comment il déforme ce qu'il montre; que le regard 'conçoit': comme dans *Annunciazione* (1932; reproduction dans *Alberto Savinio...*, p. 31), de l'ange à Marie sur sa chaise, du Ciel à la fenêtre, par le cadre, par le désemparement de l'angle, yeux dans les yeux dans les yeux. Il faut se laisser porter par ce chassé-croisé, de vouloir-dire à vouloir-voir: grande indifférence des pupilles contre grande observation: la naissance vient par l'œil, la naissance devient l'œil, un mot qui n'est pas dit atteint le ventre maternel.

Psyché–la vue, allégorie[1]

Soit le vieux conte de la trop belle jeune fille aimée par le dieu de l'amour qui en fait sa femme toutes les nuits, à la condition expresse qu'elle ne cherchera pas à poser sur lui son regard. Condition douloureuse qui ne fait, bien sûr, qu'attiser la curiosité de l'épousée. Infraction de l'interdit. Elle le voit, il est beau, une goutte de cire choit sur le bel endormi, réveil, fuite, punition, malheur.

De cette parabole, Savinio, à son habitude, tire une variante: son récit met en scène Psyché nue, folle et rachitique, conservée dans un musée Grevin d'un nouveau genre, parmi ses déjections, occupée à faire des boulettes de matières fécales. Psyché possède une tête d'oiseau – normal, chez Savinio –, un œil rond et jaune, le bec et le gésier d'un pélican. De plus, son corps est tout entier 'lisible', incisé et orné de sentences sibyllines autant que définitives qui stipulent adéquatement sa nature d''âme': "Giuseppe et Anita Garibaldi, mai 1848", "Mort à la Franc-maçonnerie", "Celui qui lit ça est un con", mais aussi (vers la cuisse gauche):

> Alors, de dessous la forêt levée sur la pointe de ses racines et pareille au quadragénaire méthodique et soucieux de sa santé, qui chaque matin fait l'exercice bien connu de gymnastique en chambre, qui consiste à soulever le corps couché en appuyant sur le plancher les seuls doigts des mains et des pieds, tout le côté primordial et le plus grumeleux, le plus humide, le plus sombre de notre pensée

1. Originairement dans *La Nostra Anima*, 1994. Version française dans *Vie des fantômes*, pp. 165-227.

1 Alberto Savinio, Découverte d'un monde nouveau, *1929*

> accumulée depuis des siècles, s'échappa, anxieux de voir enfin la lumière, et dit la chose la plus profonde qui l'on puisse dire. Il dit "gros intestin" [...]

ou (sur la jambe droite):

> Je l'ai regardée à travers le trou de la serrure. Elle était en train de sortir de son corps un serpent noir, et dans l'effort de la déserpation elle riait comme une zerpe, etc. [...]

et surtout – sur le côté intérieur de la cuisse et en remontant:

> Si tu me suis fidèlement jusqu'au bout, tu connaîtras ce que personne encore n'a connu, c'est-à-dire que [...] (pp. 182, 183, 185, 186)

Cette âme-peau, entièrement lisible, mène à la suspension, à l'inachèvement de la plus considérable de ses sentences, là où il fallait bien que son secret s'inscrive: au sexe.

Identification du phénomène par les visiteurs à partir du vieux mythe lu chez Apulée. Il s'avère que l'âme-psyché – dont les pensées sont lues à même un corps en quelque sorte devenu entièrement phonographique grâce à ses inquisiteurs – se les parle à elle-même quand elle n'est pas distraite d'elle-même (quand elle est centrée uniquement sur elle-même). Il s'avère aussi qu'elle constitue un dépôt de mots rares et oubliés (et non pas de mots de fantaisie comme il paraîtrait). L'âme est – voyez vous-même – *une surface inouïe, inscrite, infinie, à explorer.* A condition qu'elle ose s'aimer soi, s'établir en son propre "firmament personnel".

Psyché-pélicane, la dégorgeuse, entame le récit de son histoire. C'est une version nouvelle du mythe. Le père et la mère occupent, bien sûr, des positions saviniennes. Elle-même et ses trois sœurs cherchent, en vain, un époux jusqu'à ce que le dieu anonyme et invisible se manifeste. Mariage. Accompliment "chirurgical" de l'amour. Montée de la curiosité: Psyché tourne le commutateur: son époux est, cette fois-ci une limace. Description. La description signifie le sexe de l'homme, mais non pas dans sa gloire. Evanouissement de l'auditrice. Le récit de Psyché est interrompu au moment crucial – "ce qu'est l'amour...." – et demeurera donc inconnu. Le récit de Psyché rencontre un scepticisme généralisé, d'ailleurs il est immédiatement, à tort, interprété, d'ailleurs, personne ne l'écoute et elle ne se comprend visiblement pas elle-même. Cependant, peu importe, dit l'auteur: *le mouvement de la parole de Psyché est sans fin, interminable et sans lacune possible*:

donner d'autres détails; mais il convient de ne pas insister. (*Hermaphrodito*, p. 167)

Je vois ce que j'écris, je ne creuse pas, j'étale, les mots sont des images; les images de mots sont découvertes, "exprimées" ("sur le suaire"); recouvertes aussi ("dans le suaire"); les images de mots représentent le corps et la mutation "à la mort" de ce corps. *Je vois mortifère.* Voir-peindre-dedans mortifère. *Je peins les mots dedans la mort.*

Universität Mannheim

Bibliographie:

Alberto Savinio
1965 *Vie des fantômes*, Paris, Flammarion
1979 *Achille énamouré, (Gradus ad Parnassum)*, Paris, Gallimard
1983 *Monsieur Dido*, Paris, Flammarion
1987 *Hermaphrodito*, Paris, Fayard
Alberto Savinio...
1988 *Alberto Savinio. Dipinti e disegni 1929-1951*, Milan, Electa.

"UN ART DE CLOCHARDS SUPÉRIEURS". GENET, L'ART ET LA CONQUÊTE DE LA VALEUR

Liesbeth Korthals Altes

Les essais de Genet sur l'art – en particulier *Le Secret de Rembrandt* (=*R*) et *L'Atelier de Giacometti* (= *G*) – relativement peu connus, sont des textes étonnants[1]. En effet, si l'on estime avec Sartre que "c'est le faux, le toc, l'artificiel qui, dans la représentation théâtrale, attirent Genet", peut paraître surprenante son admiration pour l'intégrité radicale de Rembrandt (qui a su crever "l'écran pour voir approcher le monde") et de Giacometti (qui écartait "ce qui gênait son regard pour découvrir ce qui restera de l'homme quand les faux-semblants auront été enlevés")[2].

Sauf la *Lettre à Leonor Fini*, antérieure, les essais sur l'art ont été écrits entre 1955 et 1958, moment charnière dans la vie de Genet. Après cinq années difficiles et stériles (de 1949 à 1954), il se remet à écrire. Il abandonne la veine romanesque à tendance autobiographique, où domine la thématique homosexuelle, et se consacre au théâtre. En 1952 avait paru la gigantesque préface de Sartre aux *Œuvres complètes* de Genet chez Gallimard, *Saint Genet, comédien et martyr*. Au bout d'une analyse de près de 600 pages, brillante et parfois insupportable, Sartre conclut: pour Genet, jusqu'alors, "la haine, la souffrance, l'abjection quotidiennes étaient les sources de son inspiration"; il lui fallait lutter contre les "Justes", "composer ses livres comme des machines de guerre". Désormais, "réveillé, rationalisé, sans angoisse pour le lendemain, sans horreur, *pourquoi* [et *pour qui*] écrirait-il?" (Sartre 1952:527-528). Après ce bilan – à la fois pertinent et un peu rapide – Sartre attend de Genet une œuvre qui serait un "passage à la limite", "un traité du Beau qui soit un traité du Bien":

---

1. A ces textes il faut joindre la *Lettre à Leonor Fini*, "Le Funambule" (= *F*) et "Ce qui est resté d'un Rembrandt déchiré en petits morceaux et foutu aux chiottes" (= *RD*).

2. Genet n'est pas le seul écrivain, on le sait, à s'intéresser à Giacometti, qui a eu un impact intense sur ses contemporains. Ont également écrit sur lui, pour n'en nommer que quelques-uns, Sartre (1949, 1964), Leiris (1966), Dupin (e.a. 1962) et Bonnefoy (e.a. 1991).

> Puisque c'est le Verbe qui l'a sauvé par sa magnificence, puisque l'enfant méchant en suivant jusqu'au bout son esthétisme s'est changé en homme, il faut que les valeurs esthétiques contiennent en quelque mesure et révèlent les valeurs de l'éthique. (Sartre 1952:531)

Telle est bien, me semble-t-il, l'évolution que laissent entrevoir ces essais sur l'art. Dans l'art du funambule, de Rembrandt ou de Giacometti, Genet s'intéresse essentiellement, pour reprendre les termes de Kibédi Varga (1989:74-81), à ce qui relève du "vivre" et de l'"être". A travers sa réflexion passionnée sur ces artistes qui le touchent, Genet poursuit une recherche personnelle, spirituelle autant qu'artistique, dépouillée de la préciosité emphatique et de la provocation un peu hargneuse qui caractérisent l'œuvre antérieure. Dans les pages qui suivent, je voudrais relever quelques traits saillants de la conception de l'art formulée dans ces essais, qui est aussi, comme le dit fort justement Thierry Dufrêne (1991), une *éthique de l'art*.[3]

Genet, critique d'art – les techniques artistiques

Genet ne considère nullement comme allant de soi le discours qu'il tient sur l'art. Il ressent fortement combien ce genre de commentaire passe à côté de son objet, et s'excuse à plusieurs reprises de "si mal dire" ce qui pourtant s'éprouve si intensément:

> Il va de soi que tout ce que je viens de dire [à propos de Rembrandt] n'a un peu d'importance que si l'on accepte que tout était à peu près faux. L'œuvre d'art, si elle est achevée, ne permet pas à partir d'elle les aperçus, les jeux intellectuels. (*R*:25)

Autre 'évidence', glissée dans une parenthèse:

> Il va de soi que je tente surtout de préciser une *émotion*, de la décrire, non d'expliquer les techniques de l'artiste. (*G*:66, je souligne)

Il rejoint par là la critique dite existentialiste, qui plutôt que de tenir des propos savants sur l'art, cherche à interroger l'"affect" produit (cf. Sicard 1981:144). Plus que Sartre, toutefois, Genet s'est intéressé de près à certains aspects de la technique artistique, et l'on pourrait relever entre ses écrits sur

---

3. On trouvera notamment dans son très beau petit livre une approche plus complète (et plus spécifiquement orientée sur la technique artistique) de la peinture et des dessins de Giacometti; cf. aussi Dufrêne 1993.

l'art et ses réflexions sur le théâtre de nombreux parallèles (sur lesquels je n'insisterai guère dans cet article).

1 Giacometti et Genet dans l'atelier

Les commentaires techniques se trouvent principalement dans l'essai sur Giacometti. Entre 1954 et 1957, Genet a fréquemment posé pour son ami, qui a fait de lui plusieurs portraits au crayon et à l'huile. Les notes que Genet a prises sur le vif évoquent de manière suggestive le travail de Giacometti, ainsi que l'atmosphère de son atelier.

Voir et percevoir: mouvement et distance

Dans une démarche que l'on pourrait qualifier de phénoménologique, Genet cherche à saisir l'impression que produit sur lui l'art de Giacometti. Comme Sartre, il est fasciné par la sensation de mouvement et de vie que lui donnent les statues de Giacometti. Elles "n'en finissent pas d'approcher et de reculer" (*G*:43). Autour d'elles, l'"espace vibre" (*G*:64), ce qui pourrait tenir, suggère-t-il, aux traces du travail des doigts dans la glaise: aucun "angle [...] ou courbe, ou bosse, ou crête [...n'est] en repos. Chacun d'eux continue à émettre la sensibilité qui les créa" (*G*:64).

L'effet de mouvement provient également du fait que les statues, les dessins ou les toiles ne sont pas des objets statiques, donnés, mais qu'ils se modifient à la perception. Sartre (1949:299) avait déjà signalé ce curieux phénomène que les statues de Giacometti imposent au spectateur une "distance absolue":

> Il s'est avisé le premier à sculpter l'homme tel qu'on le voit, c'est-à-dire à distance. [...] Il crée sa figure 'à dix pas', 'à vingt pas', et quoi que vous fassiez, elle y reste.

Genet reprend l'idée que les œuvres de Giacometti intiment au spectateur une distance et un angle de vision déterminés: "Les bustes de Diego *peuvent* être vus de partout [...]. Ils *doivent* être vus de face" (*G*:66). Ailleurs il décrit avec un évident souci d'effet dramatique comment une œuvre de Giacometti invite le spectateur à bouger par rapport à elle. Dans ce recul et rapprochement incessants se modifie l'objet que l'on voit: vu de près, un portrait lui apparaît d'abord comme

> un enchevêtrement de lignes courbes, virgules, cercles fermés traversés d'une sécante, plutôt roses, gris ou noirs – un étrange vert s'y mêle aussi – enchevêtrement très délicat [...] où sans doute [l'artiste] se perdait. (*G*:57)

Regardée ainsi, cette toile ne donne à voir que la peinture, rien là-dedans ne renvoie à l'homme dont c'est pourtant un portrait. Or, ce tableau aux lignes qui ne signifient ou ne représentent rien, il a l'idée de le sortir dans la cour:

> Le résultat est effrayant. A mesure que je m'éloigne [...] le visage [...] m'apparaît, s'impose, [...] fond sur moi et se reprécipite dans la toile d'où il partait, devient d'une présence, d'une réalité et d'un relief terribles. [...] Vu à vingt mètres,

> chaque portrait est une petite masse de vie, dure comme un galet, bourrée comme un œuf. (*G*:57)

On a l'impression que le surgissement inattendu du visage – de l'humain – à partir du chaos de lignes garantit l'intensité et le mystère de la vision, qui devient *vision* au sens spirituel.

La distance joue en outre un rôle dans le travail et la représentation artistiques mêmes: l'artiste, au départ, doit essayer de "découvrir la signification" d'un visage (l'impératif humaniste est à noter). Pour cela, il doit "isoler" son objet – de manière concrète d'abord: savoir le voir à distance de son contexte, dans sa singularité. Un travail comparable est exigé du spectateur, qui doit abstraire lui aussi du monde ambiant et voir – dans sa "distance absolue" – aussi bien la toile ou la statue que ce qu'elles représentent. Ce qui revient à les voir hors du temps et de l'espace concret qui les entoure:

> Cette capacité d'*isoler* un objet et de faire affluer en lui ses propres, ses seules significations n'est possible que par l'abolition historique de celui qui regarde. (*G*:58)

Tout art, pour l'artiste comme pour le spectateur, doit donc échapper à ce que Genet nomme avec mépris l'"anecdotique".

Cette distance par rapport au spectateur et au contexte nous restitue "la solitude de la personne ou de l'objet représentés" (*G*:48). Genet aborde ici un thème existentialiste par excellence, et ses propos reprennent presque littéralement ceux de Sartre, qui parlait de la "solitude circulaire" que nous restituent les statues de Giacometti. Mais les voies se séparent lorsque Sartre tire Giacometti vers sa philosophie du "pour-autrui" et vers la philosophie de l'action[4]. Genet, pour sa part, ne cherche aucunement à dépasser cette solitude originelle, qu'il exalte comme "notre gloire la plus sûre" (*G*:48).

Enfin, la distance ressentie par le spectateur en face de certaines statues de Giacometti est la marque de leur nature sacrée. Elles produisent sur Genet ce "curieux sentiment" d'"être familière[s] et très proche[s]. Inaccessible[s]" (*G*:49 et 43). Il compare l'effet de "terreur" et de "fascination" qu'elles

4. "Giacometti a su donner à sa matière la seule unité vraiment humaine: l'unité de l'acte" (Sartre 1949:301). Et en nous livrant une figure telle qu'elle est perçue, ces statues dévoilent, d'après Sartre, outre la solitude, cette "vérité" que l'homme "est l'être dont l'essence est d'exister pour autrui", dans le regard d'autrui (*ibid.*:302).

exercent sur lui à l'émotion qu'il a ressentie devant la statue d'Osiris au Louvre (*G*:42). Le sacré qui émane des statues de Giacometti tient à ce mélange d'intense présence ("densité") et d'absence ("distance insurmonta-

2 *Alberto Giacometti,* Portrait de Jean Genet, *1955, Centre Pompidou, Paris*

ble"), à leur manière de révéler et de cacher l'être. Là encore Genet s'écarte nettement de Sartre, sans doute moins porté vers le sacré. Celui-ci ne constate-t-il pas, de manière d'ailleurs tout à fait prématurée, que Genet a enfin "liquidé le sacré" (Sartre 1952:529), comme tout artiste moderne, existentialiste, qui se respecte: "On mourra sans avoir trouvé le salut – parce qu'au fond, l'art, pour la première fois, tente de sortir de la religion" (Sicard 1981:141).

Ainsi, la vision toujours à la fois se donne et se dérobe. A l'opposé de ces rencontres visuelles où, quelle que soit leur intensité, règne la distance, Genet décrit le bonheur *immédiat* que produit le contact avec ces statues:

> Je touche l'épaule et je ferme les yeux: je ne puis dire le bonheur de mes doigts. D'abord, pour la première fois ils touchent du bronze. Ensuite quelqu'un de fort les guide et les rassure (*G*:44).

Ailleurs:

> Joie très connue et sans cesse nouvelle de mes doigts quand je les promène – mes yeux fermés – sur une statue. [...] Ce sont bien les mains, non les yeux de Giacometti qui fabriquent ses objets, ses figures. Il ne les rêve pas, il les éprouve. [...] Giacometti, le sculpteur pour aveugles. (*G*:67)

Pour parler en termes analogues à ceux de Sartre: l'objet imaginaire – celui que représente la statue – reste toujours à distance, et s'adresse à notre intelligence. L'objet réel – celui qu'est matériellement la statue – se prête, lui, à une saisie directe et à une réconciliation avec la matière par le moyen du toucher.[5] Ce qui sans doute n'est pas rien, si le langage des hommes comme celui des choses vous est une "langue étrangère", comme le dit Sartre (1952:239) à propos de Genet.

Mimésis

Quels rapports l'art entretient-il avec la réalité? En cherchant à saisir le rapport de Rembrandt ou Giacometti au réel et à la convention, c'est aussi bien le sien propre que Genet essaie de préciser. Son intérêt semble aller vers des peintres ou sculpteurs qui combinent figuration et abstraction, problématisant ainsi le rapport au réel. Dans le décalage entre objet

---

5. Genet oppose à la sculpture de Giacometti un bronze de Donatello (une copie, il est vrai), qui, lui, "ne répond plus, muet, mort". On perçoit là encore l'écho de Sartre, qui affirmait que "depuis trois mille ans, on ne sculpte que des cadavres" (Sartre 1949:292).

représenté (esthétique) et référent (réel) s'inscrit la vision du monde de l'artiste, dont ce n'est pas la tâche de copier le réel, mais de dépasser l'apparence pour saisir le 'secret' des choses et des êtres. Le souci d'imitation du réel est évident, chez Giacometti, et le distingue des artistes non figuratifs de la même période. Mais cette poursuite de la ressemblance débouche également sur 'autre chose':

> Je pose. Il dessine avec exactitude – sans l'avoir arrangé avec art – le poêle avec son tuyau, qui sont derrière moi. Il sait qu'il doit être exact, fidèle à la réalité des objets.
> LUI [Giacometti]: On doit faire exactement ce qui est devant soi [...] Et en plus, il faut faire un tableau. (*G*:62)

Giacometti échappe évidemment à la perception codifiée et donc à la représentation conventionnelle du réel. "Pour lui les yeux ne sont pas bleus, les joues roses, le sourcil noir et courbe" (*G*:58). Ce qu'il veut représenter, c'est la ressemblance 'absolue'. Celle-ci, poursuivie avec passion par l'artiste, n'est pas une donnée stable qui pourrait être exprimée dans des proportions ou des couleurs conformes à la réalité visible. Giacometti a passé des mois à 'saisir' la présence de Genet. Pour le spectateur, elle se produit à un moment et un lieu précis, de manière soudaine, comme une *vision*. Dans sa fugacité et sa précision, elle semble révéler – un instant – l'essence de l'être représenté.[6] Genet en effet se 'sent être' dans un portrait de lui que Giacometti lui laisse choisir:

> Je me décide pour une petite tête de moi [...]. Seule dans la toile elle ne mesure pas plus de sept centimètres de haut sur trois et demi ou quatre de large, pourtant elle a la force, le poids et les dimensions de ma véritable tête. Quand je sors le tableau de l'atelier pour le regarder, je suis gêné car je me sais autant dans le tableau qu'en face d'elle, la regardant. (*G*:70)

Cette capacité de Giacometti d'aller jusqu'à l'essentiel semble fortement toucher Genet. Mais peut-être se sent-il encore plus proche de Rembrandt, en qui il reconnaît (ou projette) un rapport complexe au réel, et surtout au "faste" et à la "théâtralité", deux notions capitales pour lui (et moins évidentes chez Giacometti):

---

6. Ce qui pour l'artiste, reste une gageure: "Jamais je n'arriverai à mettre dans un portrait toute la force qu'il y a dans une tête. Le seul fait de vivre ça exige déjà une telle volonté et une telle énergie..." (*G*:66).

> Le *faste*, il y tient encore – [...] et à une certaine *théâtralité*. Pour s'en défendre, il leur fera subir un curieux traitement: à la fois il va exalter les somptuosités conventionnelles et à la fois les dénaturer de telle façon qu'il sera impossible de les identifier. (*R*:34)

Genet s'arrête à plusieurs reprises sur la tension intrigante entre représentation du réel et mise en relief du pictural (comme dans la manche de *La Fiancée juive*), qui constitue pour lui la modernité de Rembrandt ("le premier peintre abstrait"):

> A la fois il veut, puisque c'est le but de la peinture, représenter le monde, et à la fois *le rendre méconnaissable*. [...] Cette double exigence l'amène à donner à la peinture comme matière une importance égale à ce qu'elle doit figurer. [...] Cet effort l'amène à se défaire de tout ce qui, en lui, pourrait le ramener à une vision différenciée, discontinue, hiérarchisée du monde: une main vaut un visage, un visage un coin de table, un coin de table un bâton, un bâton une main, une main une manche... et tout cela, qui est peut-être vrai chez d'autres peintres – mais lequel, à ce point, *a fait perdre à la matière son identité pour mieux l'exalter*? – tout cela, dis-je, renvoie d'abord à la main, à la manche, puis à la peinture, sans doute, mais à partir de cet instant, sans cesse de l'une à l'autre, et dans une *poursuite vertigineuse, vers rien*. (*R*:37, je souligne)

La représentation artistique fait ainsi subir au réel un travail de sape, le même que Genet poursuit dans son théâtre, comme dans son œuvre entière[7].

Composition

Il n'est pas surprenant que Genet, passionné par la mise en forme théâtrale, ait été sensible à la composition et à ce qu'on pourrait appeler la mise en scène des toiles de Giacometti. Ce qui le fascine particulièrement, c'est son utilisation de l'*espace* et du *blanc*, qui correspond à son propre désir de 'trouer' le réel. Discutant avec Giacometti d'une composition que l'artiste dit "osée", représentant un personnage de très petite taille placé tout au bas d'une immense feuille blanche, Genet s'interroge sur ce qui pourrait là constituer le défi:

---

7. Bernard Dort (1986:136) dit fort justement à propos du théâtre de Genet: "C'est qu'il fallait prendre les spectateurs au piège. Il fallait leur donner cette fête, où, promus à la dignité de figures allégoriques, ils se gavent de leurs propres reflets pour que, à la fin, ils recouvrent leur lucidité et se voient eux-mêmes, sans masques ni déguisement – peut-être pour qu'ils reconnaissent, dans leur vie même, la mort au travail".

> Mettre en valeur une si grande surface blanche à l'aide d'un personnage si minuscule? Ou bien: montrer que les proportions d'un personnage résistent à la tentative d'écrasement par une énorme surface? Ou bien... (*G*:47)

Exaltation du vide, exaltation de l'humain, les deux tendances en apparence opposées lui sont familières.

Comme pour Mallarmé, dont Genet se sent très proche, le vide ou le blanc sont investis d'une "négativité positive". Le blanc sur la page, comme le silence en musique, est l'horizon d'absence sur lequel se détache l'œuvre. Dans une 'aspiration' du sens par l'indicible, les signes désignent le vide ambiant comme lieu du sens:

> Et c'est du blanc – la page blanche – que Giacometti aurait ciselé. [...] C'est peut-être qu'en plus du palmier ou de la suspension [objets des dessins] – et de l'espace très particulier où ils s'inscrivent – qu'il veut nous restituer, Giacometti cherche à donner une réalité sensible à ce qui n'était qu'absence – ou si l'on veut, uniformité indéterminée – c'est-à-dire le blanc [...]. Toute l'œuvre du sculpteur et du dessinateur pourrait être intitulée: "L'objet invisible". (*G*:63-64)

Tel est aussi l'effet paradoxal que Genet désirerait voir se produire au théâtre, lorsqu'il demande à Roger Blin, pour *Les Paravents*, d'intercaler entre les scènes des périodes maximales de "noir": "Il y aura des noirs et c'est dans ces noirs que devra apparaître la vraie pièce aux spectateurs" (Blin 1991:43). Plus spécifiquement, il voudrait que le théâtre soit une "illumination qui montre le vide, une architecture verbale – c'est-à-dire verbale et cérémonielle – indiquant sournoisement que de ce vide s'arrache une apparence qui montre le vide".

Derrière la rhétorique mallarméiste de ces formules, il y a une fascination réelle pour l'anéantissement des formes. Comme l'a très justement senti un critique après la représentation des *Paravents*: "Liturgie du Néant, cérémonial de la Vanité et du Vide, Genet comme Beckett mais par des moyens inverses retrouve l'Ecclésiaste" (Sandier 1991:70). Mais, curieusement, la réflexion de Genet sur l'œuvre d'un Rembrandt ou d'un Giacometti semble également apporter un contrepoids à cette "passion d'anéantir le monde et de s'anéantir" (Sartre 1952:531). Ce que l'analyse des fonctions dont Genet investit l'art nous permettra de préciser.

Les fonctions de l'art

Malgré son intérêt déclaré pour un art qui se prend lui-même comme objet – Rembrandt célébrant la peinture avec la robe de sa *Fiancée juive* – Genet est aux antipodes d'un "art pour l'art" gratuit. Non seulement, comme nous l'avons vu plus haut, l'art doit selon lui nous rendre le sens du mystère, voire du sacré, des choses et des êtres – ce qui le rend étonnamment proche de Claudel par exemple (cf. Moraly 1987). Mais surtout, ces essais sur l'art témoignent de sa recherche passionnée du sens et de la valeur que l'art peut conférer à l'existence.

L'art comme danse avec la mort

Dans *Le Funambule*, l'essai dédié à son amant Abdallah, artiste de cirque, Genet a cette formule prégnante: l'art, c'est une danse avec la mort. Ce que cela signifie? D'abord bien sûr le risque d'une mort réelle, pour l'artiste de la corde. Ensuite ce souhait, partagé avec Leiris, que l'art naisse sur fond de risque vital, afin que l'artiste s'engage avec tout son être et dans toute sa véracité[8]:

> La dramaturgie du Cirque est avec la poésie, la guerre, la corrida, un des seuls jeux cruels qui subsistent. (*F*:15)

Le risque contraint l'artiste à l'"exactitude" dans ses gestes, à la plus haute exigence formelle, condition de la beauté.

La danse du funambule présente au public un jeu avec la mort qui le fascine et lui répugne, la mort étant ce que la société essaie d'occulter. D'où le respect mêlé de suspicion du public pour l'artiste, héros maudit et sacré, qui "accomplit un rituel que son public n'ose pas" (*F*:16). Ce rôle ne peut être tenu par n'importe qui: l'artiste doit se mettre en condition et être prêt à mourir, comme le funambule ou le torero; auparavant, il doit mourir au monde, et à soi-même. Cette ascèse ou "mort au monde" que Genet formule avec tant d'insistance dans l'essai pour Abdallah, il l'évoque aussi à propos de Rembrandt (qui ne se met à peindre véritablement que quand il a tout

---

8. Genet s'est toutefois souvent exprimé de manière désabusée sur le risque réel – nul – qu'il encourait en tant qu'écrivain, le danger pour lui étant essentiellement d'ordre moral.

perdu) ou de Giacometti, comme à propos de lui-même ou des acteurs qui s'apprêtent à jouer une de ses pièces. Il n'y a pas d'art sans ascèse. Il s'agit d'atteindre une intensité et une solennité n'excluant pas la bouffonnerie, qui tiennent le coup devant la (pensée de la) mort. C'est ainsi que l'on peut comprendre l'insistance de Genet à imaginer Giacometti sculptant pour les morts, et l'énorme importance que prend la mort comme toile de fond pour son théâtre.

3 Genet photographié par Richard Avedon, 1970

Le monde n'est que *vanitas*, et l'art est un *memento mori*: Cocteau n'avait pas tort lorsqu'il parlait du jansénisme de Genet. Cette ascèse comporte certes une composante polémique. Genet aime rappeler à la société, aux "Justes", que leurs lois et leur solidité sont précaires. Proclamer le néant du monde social qui vous a exclu, constitue évidemment une victoire symbolique sur lui. Sartre (1952: 511-512) l'avait bien saisi:

> vorace comme la beauté, insensible comme elle [...], la conscience de Genet est en rapport actif avec l'univers: [son œuvre est destinée] comme les poèmes de Mallarmé – à *rendre le monde inutile.*

Cependant, derrière cette dimension polémique se profile une recherche personnelle plus positive. De la sagesse, si l'on veut, et aussi d'une beauté et d'une signification qui rachèteraient et la souffrance, et le constat de néant prononcé sur le monde.

L'art comme rédemption de la souffrance

Primordiale, source de l'art véritable, la "blessure" est en effet le leitmotiv de tous ces essais sur l'art:

> Il n'est pas à la beauté d'autre origine que la blessure, singulière, différente pour chacun, cachée ou visible, que tout homme garde en soi, qu'il préserve et où il se retire quand il veut quitter le monde pour une solitude temporaire mais profonde. (*G*:42)

Dans sa blessure intérieure, souvent assimilée à la "solitude absolue, incommunicable", l'artiste "pourra découvrir la force, l'audace et l'adresse nécessaires à son art" (*F*:13). "C'est une misère terrible qui te fait danser" (*F*:21), rappelle Genet à Abdallah. Ce n'est qu'à partir du moment où Rembrandt avait perdu sa Saskia qu'il a su "consumer" le faste et dépasser sa fascination pour la belle apparence. Genet s'attarde avec insistance et émotion sur ce qu'on pourrait appeler la voie initiatique de la souffrance. Il écrit ainsi à Abdallah (*F*:26) :

> Tu connaîtras une période amère – une sorte d'Enfer – et c'est après ce passage par la forêt obscure que tu resurgiras, maître de ton art.

Comme lui-même, Rembrandt et Giacometti auraient "traversé une désespérante contrée, risquant de perdre [leur] raison et [leur] maîtrise". Comme eux, peut-on comprendre, il cherchera à sublimer la souffrance en "or".

Le vocabulaire alchimique abondant souligne cette volonté d'attribuer un sens positif à l'expérience de la douleur. Je ne pense pas qu'il soit juste de taxer cette attitude de dolorisme, comme l'a fait Sartre (1952:223). Il est vrai que dans l'œuvre romanesque antérieure de Genet, l'abjection et la souffrance étaient présentées, de manière parfois un peu gratuite et provocatrice, comme un tremplin vers la gloire et le sublime. Mais dans ces essais sur Rembrandt ou Giacometti, Genet insiste surtout sur le travail accompli sur la souffrance personnelle. Du coup disparaît la gratuité de la sanctification de l'abject et de la douleur.

L'art comme victoire sur l'indifférence

Un autre aspect qui frappe dans ces textes sur l'art, c'est le rôle que Genet attribue à l'art comme conquête de la valeur, lorsque la souffrance, la mort ou la marginalité sociale ont fait table rase autour de l'artiste. Dans *Le Secret de Rembrandt*, Genet décrit comment après la mort de Saskia, le monde pour Rembrandt "n'a plus – ou plus justement n'est plus – qu'*une seule valeur*. Et *ceci* n'est rien de plus que *cela*, ni rien de moins" (*R*:34, je souligne). Mais comment vivre dans un univers où "ceci n'est rien de plus que cela", où tout est devenu in-différent?

Ce n'est pas par hasard que Genet associe à cette 'expérience' cruciale pour Rembrandt un événement de sa vie personnelle, qui a pour lui le statut d'une révélation. Cet événement, également mentionné dans l'essai sur Giacometti, forme le thème d'un autre texte sur Rembrandt, le très curieux "Ce qui est resté d'un Rembrandt déchiré en petits morceaux et foutu aux chiottes" (*RD*). Ce texte est composé de deux colonnes parallèles qui semblent dialoguer. Celle de gauche relate l'épisode du "petit vieux": dans un compartiment de train Genet se trouve un jour assis en face d'un "épouvantable petit vieux", laid, sale et méchant.

> Son regard croisa [...] le mien et [...] je connus soudain le douloureux [...] sentiment que n'importe quel homme en 'valait' exactement [...] n'importe quel autre. (*RD*:30)

Que devient alors la singularité de l'individu, quelle peut être la valeur unique de son existence? En termes très voisins du Sartre de *La Nausée*, Genet décrit l'écœurement auquel conduit la reconnaissance de l'identité foncière des hommes: "Tout se désenchantait autour de moi, tout pourrissait" (*RD*:31), alors que l'œuvre romanesque antérieure de Genet peut justement être considérée comme une tentative d'enchantement.

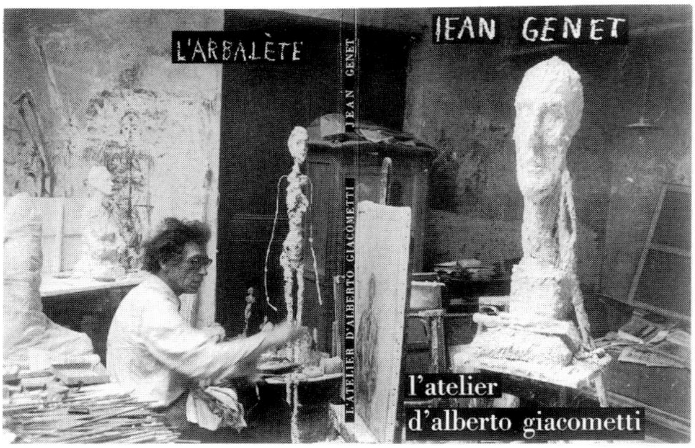

A ce bilan des pertes, c'est comme si la colonne de droite, consacrée à la peinture de Rembrandt, devait servir de contrepoint. Mais le bilan reste hésitant, alors que dans "L'Atelier de Giacometti", où Genet raconte la même anecdote, le ton est nettement plus euphorique: c'est que Giacometti apporte à l'expérience de l'*indifférence* des êtres et des choses la réponse d'un amour et d'une *valorisation* indifférenciés: "n'importe qui, me dis-je, peut être aimé par-delà sa laideur, sa sottise, sa méchanceté" (*G*:51)[9]. Et dans "Le Secret de Rembrandt", Genet décèle chez le peintre une 'solution' comparable:

> ce qui nous émeut si fort dans ses tableaux qui tendent si désespérément à l'exaltation de tout – sans souci hiérarchique – [...] c'est les signes d'un faste intérieur qui viennent illuminer maintenant, ici, n'importe quoi, mais du dedans. [...] *Cet éclat qui fait paraître précieux les somptuosités conventionnelles, il va le faire passer dans les matières les plus misérables, si bien que tout sera confondu.* [...] Opération [qui] lui apprendra que chaque visage se vaut, et qu'il renvoie – ou conduit – à une identité humaine qui en vaut une autre. (*R*:34-35, je souligne)

Genet semble particulièrement touché par la radicale ouverture au monde qu'il décèle chez ces artistes, qui se seraient totalement libérés des valeurs conventionnelles. Peut-être parce qu'ils présentent une alternative à sa propre attitude de rejet et de haine du social? Il est frappant que dans le théâtre de ces mêmes années se transforme la communication entre les personnages et le rapport que Genet établit avec le public: non que la dimension polémique disparaisse, mais en même temps se dessine une forme de fraternité. La fin des *Paravents*, par exemple, est presque utopique: les morts se retrouvent tous ensemble, une fois crevés les paravents – une fois qu'ils sont entrés dans la mort – dans une joyeuse rigolade où s'abolissent les différences et les antagonismes idéologiques.

Un traité du Beau qui est un traité du Bien

Sartre l'avait annoncé, sans peut-être y croire: cet auteur à l'"esthétisme" parfois un peu creux est allé vers une conception du Beau étonnamment morale. La beauté, dit Genet dans ces essais sur l'art, est cette "vérité qui laisse loin derrière la beauté plastique" (*G*:51):

> Ces deux têtes de vieilles [peintes par Rembrandt], [...] qui pourrissent sous nos yeux [...] sont peintes avec le plus grand amour [...] Agréable à l'œil ou non, la décrépitude est. Donc belle. (*R*:32)

---

9. Genet inclus. Le peintre ne lui dit-il pas un jour, pendant qu'il est en train de poser: "Comme vous êtes beau", ajoutant: "comme tout le monde, hein? Ni plus, ni moins." (*G*:71).

L'art voit le monde dans la *compassion*:

> Chaque être m'est révélé dans ce qu'il a de plus neuf, de plus irremplaçable – et c'est toujours une blessure – grâce à la solitude où les place cette blessure dont ils ont à peine connaissance [...] où pourtant leur être afflue. (*G*:53)

Ainsi, ce que Rembrandt et Giacometti auront essentiellement apporté à Genet, c'est peut-être la possibilité d'une réconciliation avec le monde. Il découvre dans leur œuvre la vulnérabilité et l'"amitié" des choses et des êtres. Amitié exigeante, puisque "être d'accord avec de tels objets [ceux de Giacometti] exige le refus de toutes compromissions" (*G*:72).

Cependant – et la nuance est de taille – si l'œuvre d'un Giacometti "nous émeut et nous rassure", précise Genet, ce n'est pas "parce qu'il s'est fait *plus humain*", mais au contraire parce qu'il s'est dépouillé de tout ce qui le relie à l'humain. Et de conclure avec ces phrases admirables:

> L'art de Giacometti n'est donc pas un art social parce qu'il établirait entre les objets un lien social – l'homme et ses sécrétions – il serait plutôt un art de clochards supérieurs, à ce point purs que ce qui pourrait les unir serait une reconnaissance de la solitude de tout être et de tout objet. Je suis seul, semble dire l'objet, donc pris dans une nécessité contre laquelle vous ne pouvez rien. Si je ne suis que ce que je suis, je suis indestructible. Etant ce que je suis, et sans réserve, ma solitude connaît la vôtre. (*G*:73)

Curieuse réconciliation donc, avec un monde dont la plus grande douceur est l'absence d'humanité – ou plutôt, de socialité. C'est dire combien, pour Genet, reste difficile la réconciliation avec les hommes.

Vrije Universiteit, Amsterdam

Bibliographie:

Roger Blin
1991 "Témoignages", dans: *La Bataille des Paravents*, Paris, Institut Mémoires de l'Edition Contemporaine, 41-47

Yves Bonnefoy e.a.
1991 *Alberto Giacometti*, Paris, Flammarion

Bernard Dort
1986 "Genet ou le combat avec le théâtre", dans: *Théâtres*, Paris, Seuil/Points

Thierry Dufrêne

1991 *Giacometti. Portrait de Jean Genet. Le scribe captif*, Paris, Ed. Adam Biro

1993 "L'Ethique de l'art", dans: *Magazine Littéraire* 313, 63-66

Jacques Dupin e.a.

1962 *Alberto Giacometti. Textes pour une approche*, Paris, Ed. Maeght

Jean Genet

1950 *Lettre à Leonor Fini*, éd. Y. Loyau [repris dans *Fragments... et autres textes*, Paris, Gallimard, 1990]

1968 "Ce qui est resté d'un Rembrandt déchiré en petits carrés bien réguliers et foutu aux chiottes", dans: *Œuvres complètes*, t. IV, Paris, Gallimard [paru d'abord dans: *Tel Quel* 29, 1967]

1979a "L'Atelier d'Alberto Giacometti", dans: *Œuvres complètes*, t. V, Paris, Gallimard [paru dans: *Les Lettres Nouvelles*, septembre 1957; très belle réédition chez L'Arbalète (Décines, Rhône), 1992, avec photos d'Ernest Scheidegger]

1979b "Le Funambule", dans: *Œuvres complètes*, t. V, Paris, Gallimard, 6-27 [1958, Décines (Rhône), L'Arbalète]

1979c "Le Secret de Rembrandt", dans: *Œuvres complètes*, t. V, Paris, Gallimard, 29-38 [paru d'abord dans: *L'Express*, le 4 septembre 1958]

A. Kibédi Varga

1989 *Discours, récit, image*, Liège-Bruxelles, Pierre Mardaga

Michel Leiris

1966 *Brisées*, Paris, Mercure de France

Jean-Bernard Yehouda Moraly

1987 "Claudel et Genet, théoriciens du théâtre", dans: *The Hebrew University Studies in Literature and Arts* XIV, 2, 79-103

Gilles Sandier

1991 "Genet, un exorciste de génie", dans: *La Bataille des Paravents*, Paris, Institut Mémoires de l'Edition Contemporaine, 69-71 [= *Arts*, 27 avril 1966]

Jean Paul Sartre

1949 "La Recherche de l'absolu", dans: *Situations III*, Paris, Gallimard

1952 *Saint Genet, comédien et martyr*, Paris, Gallimard [= Préface aux *Œuvres complètes* de Genet]

1964 "Peintures de Giacometti", dans: *Situations IV*, Paris, Gallimard

Michel Sicard

1981 "Esthétiques de Sartre", dans: *Obliques* 24-25, 139-154.

LIRE L'UN AVEC L'AUTRE: CHARDIN ET PROUST

Mieke Bal

> Dans l'espèce d'écran diapré d'états différents que, tandis que je lisais, déployait simultanément ma conscience, et qui allaient des aspirations les plus profondément cachées en moi-même jusqu'à la vision tout extérieure de l'horizon que j'avais, au bout du jardin, sous les yeux, ce qu'il y avait d'abord en moi, de plus intime, la poignée sans cesse en mouvement qui gouvernait le reste, c'était ma croyance en la richesse philosophique, en la beauté du livre que je lisais, et mon désir de me les approprier, quel que fût ce livre. (I 84/I 83)[1]

Quelle peinture peut-on voir qui serait 'littéraire', lue à travers une poétique spécifique? Et qu'est-ce qui rend un texte littéraire pictural, également selon une conception visuelle spécifique? Donnant suite à l'analyse de Kibédi Varga dans le quatrième chapitre de *Discours, récit, image*, je propose dans ce qui suit une étude de 'cas', destinée à explorer les modalités possibles d'une telle approche mise en pratique. Le cas sera 'Chardin-et-Proust'.

D'abord, je considérerai une peinture de Chardin du point de vue de Proust, comme si c'était un tableau 'proustien'. C'est une lecture tout à fait partiale et partielle du tableau, et ce 'partisanat' compte. Je partirai de la métaphore de l'"écran diapré" pour saisir ce qu'ont en commun, ou à échanger, ces deux arts. Le côté proustien de Chardin tient à la poétique du 'plat', de la 'platitude' du texte proustien.[2] Ensuite, cette perspective sera renversée.

---

1. Les citations de *La Recherche du temps perdu* sont indiquées, d'abord, selon la référence à l'édition Clarac/Ferré en trois volumes, ensuite, celle à l'édition Tadié en quatre volumes. Les citations de l'essai "Chardin et Rembrandt" se réfèrent à l'édition du *Contre Sainte-Beuve* (*CSB*) de l'édition de la Pléiade.

2. Ceci est développé dans mon étude sur Proust (en prép.).

Chardin lecteur de Proust

Voit-on un Chardin autre que celui qu'on croit connaître quand on le regarde à la lumière de ce texte? Soit, cette peinture à la fois dégoûtante, inquiétante, et fascinante: *La Raie*, au Louvre (ill. 1).[3] C'est une peinture bien plate. Elle l'est d'abord par sa forme, double triangle disposé en losange qu'est sa figure centrale, la raie.

1 Jean-Baptiste Siméon Chardin, La Raie, *± 1727-1729, Musée du Louvre, Paris*

Le losange est carrefour de visions, aussi: à ses quatre coins sont situés des regards, comme les regards aux quatre coins des cartes anciennes. Au

3. Voir le livre de René Démoris (1991). Je tiens pour acquises la plupart des observations présentées par Démoris, et beaucoup de ses interprétations, même si j'en divergerai aussi, nécessairement, comme mon propos n'est pas historique. Pour l'analyse de *La Raie* spécifiquement, voir pp. 28-38. Pour l'œuvre de Chardin en général, voir Rosenberg (1963, 1979, 1983), et Conisbee (1985).

sommet, dans ce visage étrangement fantomatique, les 'yeux' du poisson; yeux signes, purement, puisque, sur le plan réaliste, il s'agit d'ouïes. Ces yeux aveugles dominent la scène. Au coin gauche, les yeux autrement vivants du chat; s'ils ne regardent pas le spectateur droit dans l'œil, la différence ne tient qu'à un fil. Au coin droit, l'ouverture ronde du chaudron, là où s'attache l'anse au corps, figuration d'un œil, visible comme telle une fois que l'attention a été tirée vers le regard représenté. En bas, l'œil d'un autre poisson, mort sans doute, mais si directement dirigé vers nous qu'on se soustrait malaisément à son effet; objet, en même temps, du regard du chat, regard de convoitise peut-être, mais avant tout menaçant.

On n'y échappera pas: cette forme en losange, la représentation du corps ouvert, martyrisé, la disposition des coins: la crucifixion n'est jamais loin. Mais c'est une crucifixion à l'envers, et ce à plusieurs égards. D'abord, du Christ, c'est le corps, dans son aspect extérieur, qui est exposé sur la croix. Cette extériorité n'est que davantage mise en avant par la blessure au côte et aux membres extrêmes, qui montrent une entrée inaccessible. La raie, par contre, est exposée *dans* son intérieur. Deuxièmement, le corps du Christ prend lui-même la forme d'une croix, avec les bras comme ligne horizontale; jambes et bras en constituent les extrémités qui pointent vers le hors-du-corps. La raie est corps entier, dont la délimitation extérieure comprend le tout. Troisièmement, le corps du Christ a du volume, volume dont la pertinence tient à sa qualité d'incarné, dogme théologique qui affecte profondément ses représentations picturales possibles, comme l'a bien montré Leo Steinberg (1983). Ce volume est figuré, notamment, par le poids du corps mort dont la lourdeur se voit dans la poitrine qui avance vers le premier plan. La raie, bien qu'aussi 'pendue', clouée comme le Christ par le crochet très fortement représenté, ne semble guère avoir de volume. Les ailes, en effet, gardent une raideur qui pourrait étonner d'un poisson si mort, ce qui fait mieux valoir leur largeur qui frappe. Si l'on superpose ces trois distinctions d'avec la représentation classique de la crucifixion, on dirait que la 'platitude', ici, 'comprend', embrasse, le corps entier ouvert; elle en figure l'étalement.

Voyons le deuxième personnage principal, figuration du regard de la 'platitude', ce chat dont la posture et le regard font écho à ceux qui agressent le spectateur indiscret dans *L'Olympia* de Manet.[4] On s'attendrait

---

4. Sur ce tableau (cf. ill. 4 dans l'article de B. Vouilloux ici même) et les regards qui le structurent, voir Clark (1985) et, pour un point de vue partiellement opposé, Bal

à de la convoitise, mais ce serait une convoitise très agressive, destructrice, qui ne sera pas étrangère à celle de Marcel mangeur de Madeleine, selon Doubrovsky (1974).

Le chat reviendra bientôt, car Proust s'y révèle bien intéressé. On parlera de ses pattes qui marchent à même les huîtres, dont la liquidité semble prendre une consistance par trop élastique. C'est d'autant plus frappant que la substance visible des huîtres est bien aquatique, transparente, assez pour évoquer les carafes dans la Vivonne. Proust essayiste inventera tout un drame autour du chat et des huîtres, mais cette 'platitude'-là, trop monosémique pour avoir du poids, en cache une autre dont Proust ne parle pas, mais qu'il pratique.

Autres détails, tous 'instrumentaux': le couteau, l'instrument de la pénétration, a visuellement perdu sa pointe. Comme les autres objets qui forment des lignes, il est pour ainsi dire mal dirigé. Le couteau est bien dirigé vers l'intérieur du corps, dont il vient sans doute d'opérer l'ouverture, mais, caché sous la nappe que Proust dira bien "bombée", il est, risquons le mot, châtré. Les autres objets oblongs, poignée de l'écumoire, de la casserole, cou de la bouteille, anse du pichet, tout est soigneusement *dévié* d'une route qui mènerait vers l'intérieur du corps.

C'est surtout frappant pour la "poignée" de la casserole. On reconnaît le mot, qui était la deuxième métaphore du passage introducteur de l'"écran diapré". Là, la poignée faisait figure de gouvernail. Terme marin, mais aussi, terme qui établit un contraste dans la figuration de la platitude. Gouvernail, il est ferme, il est de forme phallique, et surtout, il est "sans cesse en mouvement" pour contenir la tendance à la dérive. Attachée au corps de la casserole et pourvue d'un petit œil, cette poignée-ci semble répondre au regard du chat. Il se dirige là où se trouverait la route de l'œil du spectateur, si celui-ci cherchait à regarder l'intérieur du corps. Comme un index peircéen, la continuation du bout de cette poignée frappe ce regard, le coupe. Ce n'est pas un acte simple que de pénétrer, fût-ce du regard seulement, dans l'intérieur du corps.

Car ce tableau manque de profondeur pénétrable. C'est en cela, avant tout, qu'il se différencie du *Bœuf* de Rembrandt.[5] L'artifice même de la

(1992).

5. Ce tableau a pourtant été sélectionné, à juste titre, par Yann le Pichon comme le représentant du rembrandtisme de Proust; mais il représente un rembrandtisme chardiniste plus que rembrandtesque (1990:125).

profondeur en peinture, la perspective, est ici mobilisé pour déjouer la profondeur. Le mur, support de cette extériorité fragile, semble faire coin, semble tourner derrière l'aile de la raie qui est sur notre gauche. C'est nécessaire pour que le chat se tienne strictement à la même profondeur qu'elle. Pour que son regard fasse partie de la figuration, sur surface plate, du losange-écran. Mais l'évier sur lequel les objets sont posés ne participe pas à ce tournant, comme pour mieux dénoncer que le tournant n'est qu'artifice, signe qui place un accent sans signifier une situation tant soit peu réelle. Ainsi le chat peut se tenir à la fois 'derrière' la raie et 'dans' l'écran, extérieur, dans une scène de cuisine, et intérieur, dans un corps exposé, ouvert, plat, impénétrable.

L'ouverture du corps est énorme. Cette "plaie", comme le dit Lecercle (1991:121) envahit le tableau. La légèreté transparente du corps plat dont l'extérieur et l'intérieur à la fois s'exposent dans une coloration infiniment nuancée, aussi légère; en termes de coloration, cela se dit nacré, arc-en-ciel, ici surtout nuances sur blanc, qui réussit à faire dominer, à travers le blanc, le rouge. Et ça manque d'ordre, car l'ordre est une question de délimitation. On a dit de Chardin que ces dispositions n'étaient pas l'effet de l'ostentation; aucune mise en scène soigneuse et ordonnée.[6] Pourtant, ce qu'on voit ici n'a rien de spontané. La nappe repliée, traînant dans la casserole, le couteau dont le sang doit avoir été essuyé dans cette nappe: dans quel but cette saleté et ce désordre emphatiques? Croisement d'objets oblongs – d'armes? – et une tension qui coupe le souffle. C'est, dirait-on, plutôt un champ de bataille. Une scène, oui, mais c'en est une qui n'est pas articulée. Tous les objets disparaissent les uns dans, derrière, sous les autres. A ce niveau banal, hors-raie pour ainsi dire – en dehors de la platitude-écran – des menus objets, un manque d'articulation, un brouillage de la profondeur, un croisement d'hostilités distribuées parmi objets oblongs et regards. C'est comme les détails incongrus du port de Carquethuit, peint par un Elstir qui tient lieu à lui seul de compendium d'histoire de l'art, décrit par le narrateur qui en explore les problèmes de représentation, sous le couvert de la métaphorisation.

Cette *Raie*, c'est bien la pièce de résistance de l'essai de Proust, "Chardin et Rembrandt" dans *Contre Sainte-Beuve*. Chardin, idéal de la platitude?

---

6. Bryson (1990:91): "A studied informality of attention"; "a space where figuration is destined to appear".

Avant de confronter cette peinture avec l'écriture de Proust – écriture sur elle, à partir d'elle, et contre elle – jetons un coup d'œil, rapide, pour abréger, sur l'autre Chardin sur lequel se concentre Proust dans cet essai, *Le Buffet* (ill. 2). Rien de comparable ici dans le domaine de l'ambiance fantomatique, angoissante; cette toile fait presque contre-partie rassurante. Sauf quelques échos indéniables. Pas de chat, mais un chien de chasse, dont le museau, et, il faut le supposer, le regard, sont dirigés vers les gourmandises sur le buffet. Quelques références à l'écran diapré de l'ensemble non-délimitable de l'intérieur/extérieur: les huîtres, prêtes à tomber, telles ces autres, mises en danger par le chat; le couteau mi-enfoui, mais dirigé autrement vers un centre vide. Ce centre vide, en effet, produit par le noir ou mauve foncé de prunes, signe d'un hiatus curieux entre deux pêches, béance. Disposition incongrue de la nappe, érigée, on doit le supposer, derrière cette pièce montée, mais en fait trop vers l'avant, pour faire platitude avec elle. Petite nature morte sur la droite de l'image, composée de carafes en verre bien proustiennes, et qui met en valeur la même lumière vacillante, la même lueur discrète et incertaine, que le pot, l'écumoire, et la manche du couteau dans l'autre tableau. Et ce morceau de virtuosité traditionnel: le citron mi-pelé, montrant l'extérieur et l'intérieur, le jaune et le blanc, la peau et le corps écorché.

Cette peinture sera sans hésitation étiquetée comme 'nature morte' par toute classification; tout comme *La Raie*, d'ailleurs, même si la dernière sera aussi vue comme exceptionnelle. On peut dire à juste titre que, de par sa thématique, la nature morte interroge le rapport entre le sujet et les objets de sa vie quotidienne, entre le spectateur et tout ce qui rappelle ses besoins corporels. Mais cette interrogation, soutenue à travers l'histoire de l'art, ne saurait mener à une réponse unique qui prescrirait l'observation comme remède contre l'angoisse du corps. Chardin occupe dans cette lignée d'interrogations une place bien spécifique. Et si Proust s'est intéressé à lui, et ce à travers ces deux peintures, il doit y avoir été sensible, et son texte doit s'en ressentir.

L'intimité des natures mortes de Chardin à la fois encourage une entrée non-inhibée dans l'espace si tactilement attirant, et met en scène la difficulté d'une telle entrée. J'aimerais proposer que ce Chardin-ci, celui de *La Raie* pour commencer, mais aussi celui, moins inquiétant à première vue, du *Buffet* et des autres natures mortes, serait pour ainsi dire un lecteur de Proust. Sensible comme notre auteur aux tensions insolubles qui accompagnent la perception comme mode d'appréhension du monde par un sujet

2 Jean-Baptiste Siméon Chardin, Le Buffet, *1728, Musée du Louvre, Paris*

non-désincarné, *participant*, Chardin a cherché, du côté d'une platitude diégétique, dispositionnelle, et modale, à figurer simultanément ces difficultés et, sur le mode visuel qui est le sien, à proposer certaines solutions, toutes provisoires qu'elles soient.

Proust lecteur de Chardin

La Raie est donc bien une peinture proustienne. Mais il y a aussi un chardinisme dans Proust: une figuration qui entre en interaction avec ce tableau pour en adopter les principes 'figurants', c'est-à-dire des principes qui mettraient l'auteur en état de transformer en écriture bien sienne ce qui serait indicible sans ce détour, incompréhensible sans cet intertexte. Ce langage sera construit sur trois principes chardiniens, emboîtés l'un dans l'autre. D'abord, il y a la mise en scène, la *mise en plat* du quotidien le plus vulgaire; c'est encore, disons, le niveau thématique, ou de l'énoncé. Ensuite, on remarquera la capacité de *contenir* qu'offre l'image plate, y compris la coloration indispensable du diapré; écran où l'on peut déployer, juxtaposer les différentes couches, ou images, qui remplissent l'imagination; c'est le niveau figuratif, non-thématique, qui se situe au niveau de l'énonciation plutôt que de l'énoncé. Finalement, on rencontrera la *mise au point ratée*, la distribution inégale et quasi-arbitraire du net et du flou si typique de Chardin. Elle se situe en-deça de la division énoncé/énonciation, au niveau du dispositif discursif qui rend possible l'entreprise même de l'écriture.

La mise en scène de la platitude paraît dans le passage où le narrateur dit devoir à Elstir la découverte de la beauté du quotidien (I 869/II 224). On se souvient comment Marcel avait été dégoûté par les fins de repas:

> Tout au plus nous attardions-nous souvent à causer avec elle, notre déjeuner fini, *à ce moment sordide où les couteaux traînent sur la nappe à côté des serviettes défaites*. (I 694/II 54, je souligne)

Nous avons ici un cas structurellement homologue à ce glissement de la métaphore vers la métonymie que Genette (1972) a mis en valeur. Le rapport entre le moment et le dégoût est métonymique; c'est le moment, la dimension temporelle du spectacle qui dé-fait le goût quand la table est desservie. Le narrateur ajoute comment il s'efforçait alors de surmonter ce dégoût:

> je m'efforçais de regarder plus loin, de ne voir que la mer, d'y chercher les effets décrits par Baudelaire et de ne laisser tomber mes regards sur notre table

> que les jours où y était servi *quelque vaste poisson, monstre marin* qui, au contraire des couteaux et des serviettes, était contemporain des époques primitives où la vie commençait à affluer dans l'Océan, au temps des Cimmériens, et duquel le corps aux innombrables vertèbres, aux nerfs bleus et roses, avait été construit par la nature, mais selon un plan architectural, comme une polychrome cathédrale de la mer. (I 694-695/II 54-55, je souligne)

Ce n'est pas en premier lieu par sa thématique proclamée que ce passage fait écho à *La Raie*. C'en est avant tout une figuration. Qu'on ne se trompe pas au sujet du plan architectural: c'est bien un plan, tout d'abord, d'une cathédrale "polychrome"; et l'objet qui console du dégoût, qui remédie au problème du regard rapproché sur la platitude du quotidien, c'est bien un "monstre", monstre "marin" dont les traits requis, pour exercer sa fonction thérapeutique, sont ceux-là mêmes qui caractérisent la figuration de *La Raie*. La dimension, elle, est décrite par le terme "vaste", par la subtile coloration et la transparence du corps, et on lirait une trace de la bataille dans cet "au contraire" qui oppose ce monstre aux couteaux, et dans les serviettes défaites.

Le narrateur reprendra ce passage, se corrigera à son propos, et se conduira comme le jeune homme apprenti qui a sagement appris sa leçon du grand maître. C'est l'Elstir–bon à tout faire, mais on ne s'y trompera guère:

> Je restais maintenant volontiers à table pendant qu'on desservait et [...] ce n'était plus uniquement du côté de la mer que je regardais. Depuis que j'en avais vu dans les aquarelles d'Elstir, je cherchais à retrouver dans la réalité, j'aimais comme quelque chose de poétique, le geste interrompu des couteaux encore de travers, la rondeur bombée d'une serviette défaite où le soleil intercale un morceau de velours jaune, le verre à demi vidé qui montre mieux ainsi le noble évasement de ses formes et, au fond de son vitrage translucide et pareil à une condensation du jour, un reste de vin sombre mais scintillant de lumières, le déplacement des volumes, la transmutation des liquides par l'éclairage [...] et sur laquelle au fond des huîtres quelques gouttes d'eau lustrale restent comme dans de petits bénitiers de pierre; j'essayais de trouver la beauté là où je ne m'étais jamais figuré qu'elle fût, dans les choses les plus usuelles, dans la vie profonde des «natures mortes». (I 869/II 224)

Certes, il y a de nombreux éléments, dans ce passage, qui 'discutent' avec Elstir impressionniste, surtout en ce qui concerne la métaphorisation visuelle (cf. Henry 1983), les transitions éclatées par le scintillement, l'erreur d'optique se présentant pêle-mêle.

Le velours jaune qui est intercalé dans la serviette est avant tout proustien, et s'inscrit dans le réseau du jaune entre le papillon vacillant et le pan jaune mortel, d'une part, et dans la poétique du détail non-détachable, de l'autre. Mais on ne saurait manquer l'allusion à *La Raie* dans "le geste interrompu des couteaux encore de travers", figurant dans cette description qui n'en est pas une reprise thématique, l'aspect 'champ de bataille', désarticulation de la 'scène'. Et "la rondeur bombée d'une serviette défaite" y insiste.

Le bombé, forme de la rondeur sphérique, de la petite madeleine, et dont Doubrovsky a assez démontré le caractère obsessionnel, est mobilisé ici dans un projet bien proustien. Du moins, Proust y est sensible; dans le passage précédent, d'avant l'apprentissage (I 694-695), la serviette n'était que "défaite". "Bombée" semble quand même un mot visuellement juste. Là où, dans la peinture de Chardin, la nappe est surtout bombée, c'est au bord bas, au milieu, et l'effet de cette forme est étonnant. Car cette forme par excellence de la tri-dimensionnalité sert ici... la platitude. C'est pour neutraliser la perspective inévitable, la profondeur indispensable pour la représentation de la bataille du couteau, que la nappe prend la forme bombée.

La rondeur au bord droit de la forme de la nappe défaite est aussi une ligne de délimitation, esquissant un dessin. Formant, avec ses rayures fines et serpentantes comme des artères, une sorte de reprise du corps de la raie, le quart de cercle qu'elle forme neutralise le bord du zinc symptôme de profondeur. Cette forme répète symétriquement la ligne légèrement courbée de la partie supérieure de la raie. Là où la nappe est pliée elle s'aplatit non pas devant le bord du zinc mais sur le zinc. Le couteau semble, maintenant, cloué sur place, piégé, tandis que le manche de la casserole sort de ce deuxième corps comme pour une contre-attaque. Or, c'était ce manche qui coupait la ligne du regard du spectateur voulant pénétrer le corps de la raie.

Ce qui se joue là, sous le couvert d'une noblesse de la simplicité un peu trop hautement proclamée, c'est bien la bataille entre couteau et platitude; lutte à mort dont l'enjeu est une pénétration du corps, visuelle, mais dimension difficilement séparable, chez Proust, de la dimension tactile. La pénétration qui fait point de litige est basée sur l'exposition à plat plutôt que sur la voie étroite d'entrée. Cette lutte violente a beau avoir comme résultat une appréciation de la nature morte; ce texte ne montre que mieux, dans sa figuration, le prix de cet apprentissage. Nature morte, champ de bataille de la nature; le regard rapproché dont il est question ici, regard dirigé par le verre grossissant qu'est la peinture de Chardin, produit des monstres.

L'essai de Proust "Chardin et Rembrandt", on le lira, maintenant, comme 'roman'; au grain de l'écriture donc. Commençant par "Prenez un jeune homme..." et présentant celui-ci, tout comme Marcel dans le passage de I 869, comme dégoûté par les restes du repas, l'essai propose une esthétique, à la manière du passage qu'on vient de lire, du quotidien. Mais c'est une esthétique fondée dans le dégoût, dont elle gardera les traces. L'auteur de renchérir, donc, sur ce dégoût. "Malaise" et "ennui", "écœurement" et "spleen", tels sont les sentiments évoqués. Un "couteau traînant sur la nappe à demi relevée", "un reste de côtelette saignante et fade", en sont les objets.

Le jeune homme malade de dégoût mis en scène au début de "Chardin et Rembrandt", Proust-médecin l'enverra à la cure de musée, voir des Chardins et des Rembrandts. Le jeune homme en reviendra bien ravivé. Qu'est-ce qui fait son remède? *La Raie*, avant tout. Après l'énumération de quelques Chardins, par titres précédés de quelques mots chacun, on continue la description: "un intérieur de cuisine où un chat vivant marche sur des huîtres, tandis qu'une raie morte pend aux murs": pas de titres. Ensuite, il continue comme avant, évoquant d'autres tableaux, avec titre. C'est que *La Raie* revient, un peu plus tard, cette fois avec titre.

La poétique de l'énonciation plate intervient lorsque la voix auctoriale reprend en main l'éducation du jeune homme pour débiter des platitudes:

> Si tout cela vous semble maintenant beau à voir, c'est que Chardin l'a trouvé beau à peindre. Et il l'a trouvé beau à peindre parce qu'il le trouvait beau à voir" (*CSB* 373).

La transition au *Buffet*, description plus détaillée, se fait au moyen d'une comparaison: comme la "Princesse réveillée, chacun est rendu à la vie, reprend ses couleurs, se met à causer avec vous, à vivre, à durer" (*CSB* 375).

Du *Buffet*, la première particularité mentionnée est "la nappe à demi relevée jusqu'au couteau posé de côté, dépassant de toute la lame". Ses effets champ de bataille sont attribués à la hâte des domestiques, à la gourmandise des invités; motivation diégétique qui trahit parfaitement la force de ces effets. La pièce montée de fruits est figurée comme un objet du désir: "pêches joufflues et roses comme des chérubins, inaccessibles et souriantes comme des immortels". Le chien qui ne peut les atteindre "les rend plus désirables d'être vainement désirées". Tout cela est bien paisible,

> dont la vue mêle au désir de la gourmandise le charme curieux du calme ou des tempêtes de la mer dont elle fut le formidable témoin.

Si l'on peut se demander dans quelle mesure ce fantôme sanguin et à l'air vivant suscite la gourmandise, des mots comme "charme curieux" sont efficacement déplacés. C'est que nous ne sommes déjà plus dans le discours descriptif propre. L'image plate est appelée à assurer la capture du temps, bien plus fortement présente comme problématique dans le passage cité plus haut où le monstre marin apportait une existence préhistorique (I 694-695/ II 54-55).

Ce qui nous amène au troisième niveau du chardinisme proustien, celui du dispositif indispensable à l'entreprise de l'écriture. Comme Doubrovsky l'a démontré, le souvenir matriciel qui génère *La Recherche* est essentiellement d'ordre gustatif, mais dans l'expérience même se joue la rivalité entre les sens – "forme et solidité" versus "odeurs et saveurs". Un élément seulement de cet ensemble intervient, et c'est celui que met en place la distribution inégale entre net et flou qui caractérise Chardin par-delà la thématique et le référent de ses tableaux. Cette distribution, c'est celle qui caractérise également le souvenir-écran.

En effet, bien des mots de ce morceau sur *La Raie* reviendront dans l'évocation du monstre marin. Pour que celui-ci soit assez voluptueux pour satisfaire le regard rapproché, il faut bien insister sur sa fraîcheur. Car l'opération qui reste à faire, c'est de passer du salé ("marin") au 'sale' dans un sens autre que celui de la saleté de la table qui était la cause du dégoût. Il importe que, comme Proust le dit, "vous pouvez admirer la beauté de son architecture délicate et vaste, teintée de sang rouge". Le jeune homme, grammaticalement assimilé au destinataire du texte, c'est-à-dire, au lecteur, est ce sosie de l'auteur qui souffrait du dégoût dont l'admiration de la beauté semble à peine l'antonyme attitré. Mais c'est pour glisser dans l'ensemble l'élément capital: la couleur.

Le remède contre le dégoût, c'est la fraîcheur, que seule la couleur de cette peinture totalisante peut garantir. Il faut du sang frais pour que ce jeune homme cannibale puisse guérir. Contre la saleté, le sang, partout sur la surface peinte/raie teinte; c'est que "elle est ouverte". Le plan de la cathédrale polychrome se dessine grâce à l'ouverture du corps. En effet, cette bâtisse sort de cette ouverture, comme Combray de la tasse de thé: "de nerfs bleus et de muscles blancs, comme la nef d'une cathédrale polychrome". La transition entre le regard rapproché et le regard éloigné devient possible au moyen de l'*ouverture du corps*.

Mais cette ouverture doit être opérée en fonction, non pas de la pénétration, mais de l'étalement, de l'exposition. Et cette exposition à la Chardin est soutenable parce que, avec l'étrange distribution du net et du flou le regard peut à la fois être absorbé, incorporé dans l'image, et voyager à travers sa surface, s'arrêter où il veut ou plutôt, où il peut (le supporter).

Si cette image suscite une gourmandise, celle-ci n'est pas simplement gustative. L'ouverture, acte cruel en soi, est aussi un dispositif de la violence qui, elle, constitue le deuxième climax orgastique du passage. Ce sera un orgasme félin cette fois. Sur le chat, l'auteur dit des choses qui sont visuellement – selon une lecture réaliste – fausses au point d'en devenir très éclairantes – pour une lecture poétique. Le chat est dit, très évidemment à tort, braquer "l'éclat de ses yeux [...] sur la raie". C'est si faux, du point de vue réaliste, que cela en devient très vrai dans le sens de l'investissement libidinal dans l'image du corps ouvert et étalé.

Ce chat est en outre pris comme emblème de l'inconscient ou du moins, de ce qui s'ajoute au niveau de la composition consciente:

> superposant à cet aquarium la vie obscure de ses formes plus savantes et plus conscientes (*CSB* 376)

Le chat "fait manœuvrer avec une hâte lente le velours de ses pattes sur les huîtres soulevées". La phrase citée plus haut, qui se lisait comme 'chat vivant sur huîtres mortes', semble ici renversée: chat sur huîtres vivantes. Sous la prudence qui est dite balancer la gourmandise et la témérité, la suite justifie bien une lecture sadique de cette hâte lente qui fait se soulever (de douleur?) les huîtres (vivantes?).

Le climax, en effet, est décrit ou plutôt, fabriqué, par des mots évocateurs de sadisme qui changent le drame domestique en lyrisme orgastique:

> ... et on entend déjà, au moment où l'entassement précaire de [ces] nacres fragiles fléchira sous le poids du chat, le petit cri de leur fêlure et le tonnerre de leur chute. (*CSB* 376)

"Le petit cri de leur fêlure" fait retenir l'haleine du sadique; avant-goût de l'orgasme représenté par le tonnerre, ce petit cri est le 'produit' de cette marche sur du liquide. La subtilité de la peinture de Chardin est ici 'recueillie' par celle de Proust qui l'enfle de cette charge érotique qui est sa réponse bien à lui. C'est le Proust chardiniste réécrivant le Chardin proustien. Cela en devient presque lubrique. On voit l'importance capitale de la transition du salé au 'sale', éliminant la saleté au sens propre(!); pour "faire cattleya" avec la raie, il faut bien qu'elle soit plus emphatiquement fraîche que la peinture l'impose. Plate à l'extrême, elle propose "saveur et odeur" plutôt que "forme et solidité". Elle est l'autre face de la madeleine.

La fraîcheur de la raie, il en est grand besoin. Car le fantasme suscité par le chat de Chardin répond presque terme à terme à cet autre orgasme, sadique et sadiquement épié, image incomplète mais métaphoriquement *retouchée*, orgasme dont la visibilité ambivalente se traduit également en *bruit*:

> Il est vrai que ces sons étaient si violents que, s'ils n'avaient pas été repris un octave plus haut par une plainte parallèle, j'aurais pu croire qu'une personne en égorgeait une autre à côté de moi et qu'ensuite le meurtrier et sa victime ressuscitée prenaient un bain pour effacer les traces du crime. J'en conclus plus tard qu'il y a une chose aussi bruyante que la souffrance, c'est le plaisir, surtout quand s'y ajoutent [...] des soucis de propreté. (II 609/II 899)

Le crime, on n'a aucune difficulté à comprendre d'où il vient, mais ce bain?

Le chardinisme proustien est mis en place pour de bon, dans cette fin bruyante de l'alinéa le plus long du morceau. En quoi exactement il consiste, c'est dit dans la même phrase, un tout petit peu avant ce deuxième climax et comme sa *théorie*:

> L'œil qui aime à jouer avec les autres sens et à reconstituer à l'aide de quelques couleurs, plus que tout un passé, tout un avenir, sent déjà la fraîcheur des huîtres qui vont mouiller les pattes du chat... (*CSB* 376)

Le chat comme personnification de l'œil, joueur impitoyable, se mouille déjà, comme dans une masturbation féminine, à l'aide de quelques couleurs...! L'écran diapré est chargé de beaucoup plus que de "richesse philosophique", comme le disait la métaphore qui présidait à sa création.

C'est parce que l'image insiste tellement sur sa propre 'platitude' que le corps ouvert peut servir d'écran à l'activité voluptueuse féline. Et c'est par cette exposition étalée du corps que la forme plate de la raie peut embrasser, héberger, ce "torrent d'activité" qui s'effectue devant elle.

Après ce deuxième climax, où la violence constitue la jouissance, l'écriture essayiste prend la relève, fade, phénoménologique, et imprégné d'œdipalisme des plus classiques. Cela perd tout intérêt romanesque. Sauf pour, justement, marquer, délimiter, la possibilité pour le jeune homme malade de dégoût de reprendre assez de forces, au moyen de cet exercice d'hygiène corporelle, pour se débarrasser du père. L'essai continue de glorifier Chardin, mais c'est maintenant le portraitiste, qu'il fut pourtant si peu. Chardin personnage est renvoyé comme efféminé. L'autoportrait y donne lieu, comme on le sait. Mais dans sa générosité condescendante envers les vieillards, l'auteur de l'essai passe des natures mortes où il avait pu si bien "se" placer, à l'autoportrait, où "je" est plus que jamais "un autre" ("Vieille femme", *CSB* 377). Chardin, maître-médecin homéopathique, est lui-même devenu une image plate.

Mais sous la condescendance se voit aussi une trace, non pas d'une mise à l'écart du maître qui a rempli son office, mais peut-être aussi de l''histoire', du temps perdu, de cet apprentissage du jeune homme. Une appropriation de la féminité de Chardin, prise à son propre compte mais par souci de justice inconsciente, projetée sur l'autoportrait. Comme l'a si bien dit Doubrovsky, être écrivain, c'est avant tout avoir l'être, mais l'être, c'est avoir l'être des autres en moi (1974:92). Chardin lui a 'donné' le pouvoir, en s'aplatissant, de s'unir à l'image plate, d'y être, ou même, de l'être; mais une fois la chose faite il ne faudra pas que l'auteur s'immobilise. L'écriture proustienne, c'est une lecture, et toute lecture est lecture de soi (III 911/IV 490); le sujet du texte, jeune homme fragilement fortifié, doit être le seul sujet-lecteur-de-soi. Serait-ce là la raison de l'importance, dans cette lutte à mort avec l'image plate, de la capture non seulement du passé mais aussi de l'avenir?

S'il faut tourner tout ceci en 'esthétique', c'est-à-dire, non pas en esthétique d'art visuel mais en tendances visualisantes propres à Proust, non seulement le chardinisme de Proust prendra le dessus, dépassant en importance figurante le rembrandtisme, mais encore, Elstir devra être considéré comme un écran qui couvre – un "écran couvercle" peut-être.[7] Plutôt que de théoriser Proust comme un esthète symboliste ou cubiste, préfigurant l'art du temps à venir, je regarderai ailleurs pour lui assigner une descendance picturale.

En amont de Proust, donc, le Chardin de *La Raie*. En aval, ces peintres qui explorent à leur tour jusqu'où pourrait mener le refus d'une reconnaissance et acceptation du corps comme volume pénétrable comme seule source de la volupté. Déjà dans la peinture contemporaine de Proust, il y a Matisse, dont les images sont plates au point de présenter au spectateur une pluralité de 'prises de vue', simplement juxtaposées. C'est comme si les points de netteté de Chardin étaient chacun devenus une image complète. Plus tard et

7. L'allusion est au "souvenir-couvercle" freudien. C'est la traduction du terme "souvenir écran" sur lequel Naomi Schor (1980) insiste à juste titre.

plus fortement, c'est du côté de Francis Bacon qu'il faudrait chercher.[8] D'une part, c'est une œuvre peinte qui suscite le dégoût, tout en manifestant un pouvoir affectif et pictural qui empêche le spectateur de s'en détourner. D'autre part, cette œuvre est une exploration des possibilités de représentation qui ignorent les limites entre l'intérieur et l'extérieur. Dans un triptyque comme *May-June 1973*, le corps dont les limites sont systématiquement transgressées, c'est aussi un corps en train de vomir.[9] Dégoût oblige: la méduse, après tout, est loin d'être stérile.

Universiteit van Amsterdam

Bibliographie:

Ernst van Alphen
1992 *Francis Bacon and the Loss of Self*, Cambridge (MA)-Londres, Harvard University Press-Reaktion Books

Mieke Bal
1992 "Avec son regard de maître", dans: *Protée* 20, 3, 54-68

Michael Baxandall
1985 *Patterns of Intention. On the Historical Explanation of Pictures*, New Haven, Yale University Press

Norman Bryson
1989 *Looking at the Overlooked: Four Essays on Still-Life*, Cambridge, MA, Harvard University Press

T.J. Clark
1985 *The Painting of Modern Life: Paris in the Art of Manet and his Followers*, Londres, Thames and Hudson

Philip Conisbee
1985 *Jean Siméon Chardin*, Paris, ACR Edition

Hubert Damisch
1987 *L'Origine de la perspective*, Paris, Flammarion

8. Pour une analyse approfondie dans une lignée pareille de l'œuvre de Bacon, voir Van Alphen (1992).

9. Van Alphen (1992:21-59) analyse cette peinture comme l'incarnation de la résistance de Bacon contre la narrativité et de l'alternative – une performativité affective – que le jeune homme de Proust prendrait à son compte.

René Démoris

1991 *Chardin, la chair et l'objet*, Paris, Adam Biro

Serge Doubrovsky

1974 *La Place de la madeleine: Ecriture et fantasme chez Proust*, Paris, Mercure de France

Gérard Genette

1972 "Métonymie chez Proust", dans: *Figures III*, Paris, Editions du Seuil, 41-66

Anne Henry

1983 "Quand une peinture métaphysique sert de propédeutique à l'écriture: les métaphores d'Elstir dans *A la recherche du temps perdu*", dans: *La Critique artistique: un genre littéraire*, Paris, Presses Universitaires de France (= Publications de l'Université de Rouen), 205-226

A. Kibédi Varga

1989 *Récit, discours, image*, Liège-Bruxelles, Pierre Mardaga

François Lecercle

1991 "Le Regard dédoublé", dans: *Nouvelle Revue de Psychanalyse* 44, 101-128

Yann le Pichon

1990 *Le Musée retrouvé de Marcel Proust*, Paris, Stock

Pierre Rosenberg

1963 *Chardin*, Paris, Skira

1979 *Chardin*, Catalogue de l'exposition au Grand Palais

1983 *Toute l'œuvre peinte de Chardin*, Paris, Flammarion

Naomi Schor

1980 "Le Détail chez Freud", dans: *Littérature* 37, 3-14

Leo Steinberg

1983 *The Sexuality of Christ in Renaissance Art and Modern Oblivion*, New York, Panthen Books.

MAX ERNST ICONOCLASTE
LE SYMPTÔME COMME MODÈLE ESTHÉTIQUE ET STRATÉGIE CRITIQUE DANS LE ROMAN-COLLAGE: *RÊVE D'UNE PETITE FILLE QUI VOULUT ENTRER AU CARMEL*

Cees de Boer

Bien que cet essai ait pour sujet le deuxième roman-collage de Max Ernst[1], *Rêve d'une petite fille qui voulut entrer au Carmel* (1930), la célèbre phrase finale de *Nadja*, d'André Breton se doit de figurer au début de ma réflexion: "La beauté sera CONVULSIVE ou ne sera pas" (Breton 1928:190). Le contexte dans lequel se trouve la définition que Breton donne de la beauté surréaliste, n'apporte pas de solution à l'ambiguïté du sens de "CONVULSIVE". Au contraire, une étude plus approfondie de ce contexte nous apprend qu'une certaine ambiguïté est essentielle. Les dernières pages de *Nadja* traitent, comme s'il s'agissait d'un manifeste, de deux thèmes intimement liés.

Le premier thème a comme point de départ les aventures les plus récentes de Nadja:

> On est venu, il y a quelques mois, m'apprendre que Nadja était folle. A la suite d'excentricités auxquelles elle s'était, paraît-il, livrée dans les couloirs de son hôtel, elle avait dû être internée à l'asile de Vaucluse. (Breton 1928:159-160)

Breton continue en défendant la folie et en attaquant la mentalité des médecins qui privent la folie de sa liberté:

> Il ne faut jamais avoir pénétré dans un asile pour ne pas savoir qu'on y *fait* les fous tout comme dans les maisons de correction on fait les bandits. [...] Mais

---

1. Cet article a été rendu possible grâce à l'Organisation Néerlandaise pour la Recherche Scientifique (NWO); il fait partie d'un programme de recherche à la Vrije Universiteit à Amsterdam. La thèse que je prépare dans le cadre de ce programme, est dirigée par A. Kibédi Varga et a pour sujet les trois romans-collages de Max Ernst.

Cet article une fois achevé, F.F.J. Drijkoningen a attiré mon attention sur Foster (1993). Me basant sur la citation suivante: "In short, the surrealistic image is patterned upon the symptom as an enigmatic signifier of a psychosexual drama" (81), je constate ici provisoirement que les conclusions de Foster et les miennes se recoupent sur un point important.

> selon moi, tous les internements sont arbitraires. Je continue à ne pas voir pourquoi on priverait un être humain de sa liberté. Ils ont enfermé Sade; ils ont enfermé Nietzsche; ils ont enfermé Baudelaire. (*ibid.*:161, 166)

Le narrateur rappelle qu'il n'existe pas de frontière là où les psychiatres désirent justement en maintenir une: "L'absence bien connue de frontière entre la *non-folie* et la folie" (*ibid.*:171).

Le second thème, celui de l'art et la beauté, correspond à la fabrication du livre, résultat de la rencontre du narrateur et de cette femme (hystérique? médiumnique?), Nadja, et aux visites répétées aux lieux qu'il fréquenta avec elle. Le ton devient ici plus surréaliste, comme dans la magnifique métaphore suivante:

> tandis que le boulevard Bonne-Nouvelle, les façades de ses cinémas repeintes, s'est depuis lors immobilisé pour moi comme si la Porte Saint-Denis venait de se fermer (*ibid.*:180)

Un passage crucial concerant le second thème correspond sur un point essentiel à un passage sur la folie de Nadja. Nadja a fait comprendre à l'auteur qu'il n'y a pas de différence entre folie et non-folie, elle est aussi la muse qui a incarné pour lui le fait qu'une autre opposition n'existait pas non plus: "ni dynamique ni statique, la beauté je la vois comme je t'ai vue" (*ibid.*:189).

A travers la défense de la folie, c'est un genre de vie qui est défendu, celui où vie et art coïncident. L'hymne au mystère et au merveilleux – dans ce livre, la matière même de la littérature – a aussi pour résultat deux déclarations sur la beauté qui ont toutes deux une coloration fortement érotique:

> la beauté, dont il est trop clair qu'elle n'a jamais été envisagée ici qu'à des fins passionnelles. [...] Elle est comme un train qui bondit sans cesse dans la gare de *Lyon* et dont je sais qu'il ne va jamais partir, qu'il n'est pas parti. (*ibid.*:188-189)

Dans la dernière phrase du livre: "La beauté sera CONVULSIVE ou ne sera pas", le sens du qualificatif et les majuscules expriment la rencontre des deux thèmes: le mot "CONVULSIVE" et l'image qu'il évoque, portent la défense de la folie et de l'hystérie au cœur même de la théorie de l'art de Breton, et légitiment en même temps la composante érotique et orgastique de l'art.

Hystérie, érotisme et art sont également les thèmes du "Cinquantenaire de l'hystérie (1878-1928)", d'Aragon et Breton, publié dans *La Révolution Surréaliste* 11, 1928. Le texte entier est imprimé en majuscules; une relation directe est ainsi établie avec la définition de la beauté – convulsive – dans *Nadja*. Les première et dernière phrases sont les suivantes:

> Nous, surréalistes, tenons à célébrer ici le cinquantenaire de l'hystérie, la plus grande découverte poétique de la fin du XIXe siècle [...]. L'hystérie n'est pas un phénomène pathologique et peut, à tous égards, être considérée comme un moyen suprême d'expression. (Aragon/Breton 1928:20, 22)

Le soutien constant que les artistes surréalistes cherchent dans la psychopathologie, montre qu'ils voulaient en finir avec la mentalité moralisante de la psychiatrie française. C'est une des raisons pour lesquelles ils ont opté pour la psychanalyse de Freud. Celui-ci renvoie lui aussi à la convulsion, célèbre et critiquée, appelée *arc de cercle* (Freud 1909a:200), telle qu'il a pu l'observer dans les livres et pendant les cours de Charcot. Mais il réfère à ce symptôme de façon non-moralisante parce que le concept de dégénération de la volonté ou des facultés intellectuelles du malade ne joue chez lui aucun rôle théorique (voir par exemple Freud 1909b:225-226). Freud fait la démonstration du caractère de compromis de la convulsion, c'est-à-dire son caractère de symptôme névrotique et hystérique:

> Das hysterische Symptom entsteht als Kompromiss aus zwei gegensätzlichen Affekt- oder Triebregungen, von denen die eine einen Partialtrieb oder eine Komponente der Sexualkonstitution zum Ausdrucke zu bringen, die andere dieselbe zu unterdrücken bemüht ist. (Freud 1908:193)

Son analyse du symptôme revient à analyser des significations manifestes et latentes dans leurs relations réciproques – il s'agit de mettre en évidence qu'il y a simultanéité. Dans cette interprétation, comme dans l'analyse de la *Fehlleistung*, de l'acte manqué (Freud 1901), et du rêve (Freud 1900), des processus de condensation et de déplacement, etc., entrent en jeu.

La connaissance que Max Ernst avait de la psychanalyse de Freud est, à certains moments, très bien visible dans son œuvre. Dans *Rêve d'une petite fille qui voulut entrer au Carmel*, par exemple. L'avant-propos de ce roman-collage, intitulé "Académie des sciences", est une anamnèse psychanalytique. C'est là que se repèrent les causes de nombreux événements qui ont lieu dans le rêve, et c'est là que sont racontés les événements traumatisants de la jeunesse du personnage principal, Marceline-Marie, et en particulier le viol brutal dont elle a été la victime. Des événements violents se produisent à maintes reprises dans le rêve, tantôt de façon explicite, tantôt de façon voilée, de façon symptomatique.

L'inversion et le paradoxe semblent dominer la vie de la jeune Marceline-Marie:

> La nuit du Vendredi Saint de l'an de honte 1930, une enfant d'à peine seize ans trempa ses deux mains dans un égout, se fit une piqûre et, de son sang, traça ces lignes:
> *Bien aimer le bon Dieu et tremper ses deux mains dans un égout, voilà le bonheur pour nous autres Enfants de Marie.*
> Du couvent de la Visitation à Lyon, où elle fut élevée, elle envoya cette phrase par pigeon-voyageur à son père, député socialiste-chrétien à Paris, l'embrassa tendrement en pensée, se coucha et eut le rêve que nous tâcherons de relater par l'image dans ce livre. (Ernst 1970:188)

L'étreinte qui clôt cette citation est reprise dans le premier collage du rêve, mais de façon moins innocente parce que des connotations sexuelles et incestueuses affleurent (voir ill. 1). Des motifs visuels, comme le fruit dans le coin supérieur et la cuillère dans le verre tenu par l'homme, une expression dans la légende comme "baiser [...] adulte" sont plus qu'ambigus lorsque nous prenons en considération qu'il s'agit dans cette scène d'un père et de sa fille.

Dans la légende du premier collage

> Le Père: "Votre baiser me semble adulte, mon enfant. Venu de Dieu, il ira loin. Allez, ma fille, allez en avant et ...

Père est écrit avec une majuscule sans aucune nécessité.[2] Cette orthographe établit une équivalence avec *Dieu*. Dans la légende du collage suivant, le deuxième,

> ...comptez sur moi!" Marceline-Marie: "Ma tenue me semble indécente, papa, en présence du Père Dulac. L'épreuve la plus délicate pour une Enfant de Marie..."
> Le R.P.: "La joie sera près de vous, mon enfant!" (*ibid.*:194)

cette orthographe est reprise dans le titre honorifique du prêtre auquel le père remet sa fille (voir ill. 2). Le thème de l'inceste est ici complété et renforcé par une thématique religieuse. Je conclus, en me basant sur l'importance de la psychanalyse de Freud comme intertexte dans ce roman-collage, que nous sommes ici dans le monde du *Familienroman*, le roman

---

2. Comparer l'orthographe dans les légendes "Le Père attaché aux éclairs [...] Ma main, mon père [...]" et "La voix du père [...]" (Ernst 1970:211, 213) qui se font suite: la distinction, dans le rêve, entre l'orthographe de 'père' et de 'Père' est manifestement significative.

familial (Freud 1909b), tel que l'imagine un enfant: il valorise sa propre existence en se supposant une origine noble ou royale, et ceci est le symptôme de deux choses: d'une part du sentiment d'agression que l'enfant ressent vis-à-vis de ses parents, et d'autre part de la sublimation de l'amour qu'il leur porte. Portant toujours plus loin l'interprétation de ces fantasmes œdipiens, Freud en arrive au diagnostic que la religion est un fantasme collectif: Dieu est la projection agrandie de la figure du père qui a été inculquée à chaque petit enfant. Dieu le Père est l'écran sur lequel chaque être humain peut sublimer les aspects positifs et refouler les aspects négatifs de son père réel. Dans ces deux premiers collages du rêve, de par le fait qu'il met en cause des processus de refoulement et de sublimation à l'aide du motif de l'inceste, Ernst fait la critique du fondement de l'autorité religieuse (catholique), et du statut de Dieu comme figure du père. En accord avec les théories de Freud, la religion, pour Ernst, repose sur l'érotisme, tout en le réprimant. De façon visuelle et verbale, Ernst fait aller à rebours le mécanisme du refoulement; il choque le 'lecteur' de son roman-collage et le force à faire remonter à la surface les éléments refoulés.

C'est aussi dans l'avant-propos qui précède le rêve que le narrateur semble donner aux 'lecteurs' quelques indications qui peuvent servir de clés, si elles sont interprétées comme des symptômes. Max Ernst exploite le symptôme tel que Freud l'a décrit; il l'a intégré comme modèle esthétique dans sa production signifiante. D'un point de vue sémiotique, cela veut dire que cette exploitation doit faire l'objet d'une évaluation; autrement dit, la fonctionnalité formelle et sémantique de ces 'symptômes' doit être évaluée.

Je prends comme exemple la première des phrases 'convulsives' en latin de la jeune Marceline-Marie, citées dans l'avant-propos,

> où tantôt se révélait toute la délicatesse, tantôt étincelait toute la verve d'une âme latine:
> – Diligembimini gloriam inalliterabilem mundi fidelio.
> – Benedictionem quasimodo feminam multipilem catafaltile astoriae.
> [...] Il me semble que ses phrases dénotent déjà l'esprit et révèlent les germes du rêve extraordinaire qui suit. (*ibid.*:189)

Une interprétation de ce latin *macaronique* semble pouvoir donner une réponse à la question de savoir comment l'analyse freudienne du symptôme

1 Le Père: «Votre baiser me semble adulte, mon enfant. Venu de Dieu, il ira loin. Allez, ma fille, allez en avant et...

2 ...comptez sur moi!» Marceline-Marie: «Ma tenue me semble indécente, papa, en présence du Père Dulac. L'épreuve la plus délicate pour une Enfant de Marie...» Le R.P.: «La joie sera près de vous, mon enfant!» Le Père: «Laissez-moi pleurer et...

3 «Allons! Dansons la Ténébreuse...»

4 «...de par la grâce du très invisible fiancé.»

fonctionne comme modèle esthétique.[3]

Dans la phrase *Diligembimini gloriam inalliterabilem mundi fidelio*, on est frappé par un certain nombre de formes bâtardes du latin. Elles évoquent des formes correctes, *diligem*, *diligemini*, *inalterabilem*, par exemple, et, pour *fidelio*, les mots *fides* et *fidelis*. Dans une version pseudo-correcte, on pourrait réécrire la phrase ainsi: *Diligemini gloriam inalterabilem mundi fidelium*, et la traduction pourrait en être: "Vous apprécierez la gloire immuable des croyants du monde". Une deuxième possibilité de réécriture est: *Dilige(ba)mini gloriae inalterabilis mundi fide*, que l'on peut traduire par: 'Par la foi dans la gloire immuable du monde, vous avez été choisis', ou, si l'on transpose au futur: '... vous serez choisis'. Les deux réécritures ne sont toujours pas en bon latin; de plus, elles restent ambiguës en ce qui concerne la relation entre 'gloire' et 'monde'.

En comparaison avec ces formes pseudo-correctes on est frappé par l'insertion des sons 'm' et 'i'. Ces insertions ont une valeur autonome. Elles réalisent une étonnante série d'allitérations en 'm' (5 fois) et d'assonances en 'i' (12 fois). Dans le cadre de ce roman-collage, le 'm' est sur-déterminé, 'mm' pouvant représenter les initiales de Marceline-Marie.[4] Le 'm' est projeté une ou deux fois de trop dans la phrase, ce que j'interprète comme un lapsus de Marceline-Marie, un acte manqué, une *Fehlleistung*. L'introduction des sons en 'i' peut être aussi considérée comme un lapsus. Le total de 12 sons en 'i' est en soi tellement dominant qu'il crée une grammaire phonologique autonome dans la phrase: ces sons incongrus donnent à penser que d'autres formes, et donc, d'autres significations, s'imposent. En d'autres termes, la phrase peut être perçue comme un collage linguistique dont la stratification même est une invitation à ce qu'elle soit réécrite. Si, dans un deuxième temps, nous comprenons cette stratification comme une ambiguïté, comme c'est le cas pour un symptôme psychopathologique, nous approchons d'une interprétation.

Si nous comparons *diligembimini* à une forme correcte comme *diligebamini*, l'équivalence des éléments morphologiques *di-* et *bi-* est frappante, parce qu'il y a entre eux un rapport sémantique. D'une part, *di-* exprime la séparation, l'éloignement, surtout en relation avec *diligo*: isoler, choisir,

3. Je suis particulièrement reconnaissant à Bob Vaalburg (Kampen), pour ses réponses à mes questions au sujet de cette phrase. Les réécritures et l'interprétation du texte sont évidemment en dernière instance ma responsabilité personnelle.

4. Le patronyme de Thérèse de Lisieux (cf. *infra*) est Martin.

aimer; d'autre part, *bi-*, lui, exprime une dualité, une duplication, comme dans *bipartitus* et *bifrons*. Il est possible de combiner les segments de mots -*gem-* et -*mini-* pour en faire *gem(m)ini*, jumeau, mot dans lequel 'mm' renvoie à nouveau aux initiales de la fillette qui a écrit la phrase. J'en conclus que le collage verbal *diligembimini*, d'un point de vue sémiotique, est doublement iconique pour le clivage du moi, la schizophrénie de Marceline-Marie, qui apparaît dans la première partie de son rêve, la nuit précédant son entrée au Carmel. La stratégie de production prend le symptôme comme modèle, nous pouvons parler de significations 'manifestes' et 'latentes' (les guillemets restent indispensables!) dans la forme *diligembimini.*

La forme *inalliterabilem* introduit, par l'insertion de *-li-* dans les formes correctes *inalterabilis* ou *inalterabilem*, une allusion à une allitération, comparable au pseudo-correct *inallitérable* français; cette forme exprime aussi, de façon inhabituelle et en utilisant ses propres matériaux linguistiques, un superlatif du concept d'inaltérabilité: il ne s'agit pas d'une gloire immuable, mais d'une gloire dont même le recours à des procédés poétiques ne peut rendre la permanence. Cette puissante association du langage et de la notion d'inaltérabilité renvoie peut-être aussi à l'*ineffabile*, l'inexprimable de la plus haute expérience mystique.

Deux éléments dans la même forme bâtarde attirent l'attention sur la grammaire phonologique autonome que j'ai déjà mentionnée plus haut: le -*li-* qui est introduit, et l'accentuation de *in-*. Cet élément *in-* retient l'attention parce que sa morphologie est différente de celle des autres en 'i': dans toute la phrase de collage, tous les autres 'i' sont incorporés dans une structure où ils sont précédés d'une consonne (b, d, ou l). *In-* est une exception.

Le mot commence à se décomposer: *in-al-li-ter-a-bi-li-s* (nominatif) et *in-al-li-ter-a-bi-lem* (accusatif). J'applique à nouveau le principe selon lequel un collage linguistique peut être réécrit de différentes manières, et je porte mon attention sur toutes les compositions qui sont d'une façon ou d'une autre corrects ou pseudo-corrects. On peut alors voir dans *in-* la préposition allemande *in*; dans *al-li-ter*, le français 'aliter': (faire) garder le lit; dans -*bilem*, l'accusatif du latin *bilis*: bile (noire), cause de mélancolie, folie et d'accès de rage. Il est en outre possible de réécrire *al-li-ter-a* comme une forme fantaisiste dans laquelle français et latin sont imbriqués de façon à former *alitera*: une femme alitée. Si on synthétise ces réécritures, la forme *inalliterabilem* peut être interprétée comme: 'il y a de la folie dans une femme alitée'. J'en conclus que nous avons ici aussi, comme dans l'avant-propos déjà mentionné du roman-collage, affaire à un germe du rêve de Marceline-Marie. En termes sémiotiques, c'est un signe qui annonce de façon iconique la danse "La Ténébreuse" que Marceline-Marie danse dans son rêve sur son lit, accompagnée d'une sorte de serpent, d'un homme habillé et d'un homme nu (voir ill. 3). L'intertexte le plus important de ce roman-collage est l'autobiographie de Thérèse Martin, la sainte Thérèse de l'Enfant Jésus, la petite sainte de Lisieux. Dans le contexte de cette autobiographie, j'interprète cette danse comme un renvoi au *chorea*, ou danse de Saint-Guy dont elle a été atteinte à l'âge de 10 ans.[5]

Je me propose maintenant de considérer la structure de la grammaire phologique du 'i' dans sa totalité, en tant que grammaire autonome. J'ai signalé plus haut la répétition de la structure 'consonne + i' qui connaît une seule exception, une inversion. Ces éléments mis les uns après les autres, nous obtenons la structure suivante: *dilibiminiriinlibidifili*. Si nous prenons cette structure comme grammaire, celle-ci met rapidement en évidence les éléments qui en sont compréhensibles, *in*, *libidi*, et *fili*. Si nous appliquons cette lecture à la première moitié de la structure, nous pouvons réécrire le tout comme: *di libi mi ni ri in libidi fili* . Je cite à nouveau l'avant-propos du roman-collage:

> Le même sentiment puissant qui la portait dès sa onzième année à s'enrôler sous la bannière de la petite Thérèse de l'Enfant Jésus, se manifesta dès sa tendre enfance par son amour pour l'étude du latin: elle écrivait, *comme en se jouant*, des phrases où tantôt se révélait toute la délicatesse, tantôt étincelait toute la verve d'une âme latine. (*ibid.*:189, je souligne; cf. Jouffroy 1960)

Il me semble qu'Ernst renvoie ici au jeu auquel les enfants qui font la connaissance d'une langue étrangère ne peuvent souvent pas résister: les aspects auditivement ou visuellement les plus frappants de la nouvelle langue sont projetés sur la langue déjà connue; ces enfants peuvent aussi manipuler dès le départ la nouvelle langue sans se soucier de savoir si leurs applications des 'règles' sont correctes d'après les conventions. En d'autres termes, la grammaire du 'i-' dans la phrase latine de Marceline-Marie peut être interprétée comme un jeu linguistique comparable à celui des enfants

5. Voir *Thérèse de l'Enfant Jésus* (s.d.:44-51). Cf. Görres 1958:91-104, 543-550. L'aspect mélancolique dans l'élément *-bilem* indique assez pourquoi la traduction de Laurens Vancrevel de "La Ténébreuse" par "De Melancholia" est particulièrement réussie (Ernst 1983:30).

lorsqu'ils remplacent toutes les voyelles qu'ils prononcent par une seule et même voyelle, ou lorsqu'ils insèrent entre toutes les syllabes une syllabe de leur choix, créant ainsi par exemple une langue secrète. Pour résumer, c'est une technique que l'on peut nommer abracadabrante.

Je ne prétends pas que la proposition d'interprétation suivante soit la seule possible, mais la construction en 'i' peut être décrite comme un collage du français, de l'allemand et du latin, en partant du principe que l'on trouve des 'i' partout où il aurait pu tout aussi bien y avoir les quatre autres voyelles. La réécriture serait alors: *Dieu, liba moi nie re in libido filii.* Interprétation: 'Dieu, ne m'immergez jamais comme un objet (passif) dans la libido de (Votre) Fils'. Mais je me heurte alors à une signification opposée à celle que l'avant-propos du roman-collage prêtait comme intention à la mystique Marceline-Marie. L'*Unio Mystica*, la consommation du mariage avec le Céleste Fiancé, est l'immersion passive et extatique dans l'essence de l'Etre Suprême. La grande angoisse qui trouve son expression dans les innombrables actes manqués de la phrase en latin bâtard fait contrepoids à ce souhait de la jeune religieuse. Marceline-Marie profère en même temps une louange et une malédiction, un souhait et un refus – elle aussi est une femme sans tête/s'entête.[6]

L'échec du mariage mystique avec son Céleste Epoux est raconté et représenté dans la quatrième et dernière partie de son rêve, mais est ainsi annoncé bien plus tôt. D'après mon analyse sémiotique, la phrase latine est une *Fehlleistung*, un acte manqué; le double codage de la phrase est modelé suivant la double motivation souvent paradoxale (latente et manifeste) d'un symptôme pathologique tel que Freud l'a décrit dans ses théories psychanalytiques. Dans le cadre de ce roman-collage, ces signes doubles ont une fonction iconique. Traduits en termes iconologiques, ces signes doubles sont de la sorte une préfiguration de certains germes dans l'histoire, du rêve – tout comme *inalliterabilem* est une préfiguration de la danse "La Ténébreuse".

A maintes reprises et de façon explicite, Max Ernst a thématisé dans son œuvre la convulsive beauté surréaliste sous forme d'images; il en est ainsi dans le dernier chapitre de son troisième roman-collage, *Une semaine de bonté* (1934), où il cite *l'arc de cercle*. Mais la psychopathologie a aussi été, de façon plus subtile, une source d'inspiration pour ses collages d'images.

---

6. *La Femme 100 têtes* (1929), le premier roman-collage de Max Ernst.

Si nous allons à la recherche d'un exemple visuel codé comme symptôme (ainsi qu'il a été conçu dans l'analyse précédente du collage de mots), nous tiendrons une première indication dans les combinaisons de significations religieuses et sexuelles. Comme il a été montré précédemment, de telles combinaisons se doivent d'être en même temps représentation et refoulement, explicitation et censure.

Comme objet d'une telle analyse s'impose le premier collage du rêve de Marceline-Marie (ill. 1). Nous avons vu que dans le cas du collage linguistique *diligembimini...* il s'agissait d'un jeu entre des formes correctes et des formes incorrectes du latin. Ici, dans ce collage d'images, nous assistons à un jeu analogue entre réalisme (représentations) et hasard (combinaisons), à base d'images *ready-made*. Nous reconnaissons dès cette première image du rêve la maîtrise de Max Ernst pour imposer au 'lecteur' cette simultanéité de l'identification et de l'aliénation.

Le bras qui tient le verre devient, sans qu'on s'en aperçoive, le haut du bras et l'épaule du personnage masculin. Le couple représente, d'après la légende, l'héroïne féminine du roman, Marceline-Marie, en train d'embrasser son père. L'homme tient le verre et la cuillère à hauteur de leur visage, et cache ainsi le baiser qu'ils se donnent. Le verre et la cuillère sont en même temps lourdement chargés de sens: le collage propose l'image d'une sexualité incestueuse agressive. Nous identifions aussi l'ambiguïté du symptôme dans cette image comme étant le fil conducteur esthétique de l'artiste: cacher équivaut à censurer, la forme en soi innocente que prend l'image qui sert de cache trahit la motivation du refoulement et de l'angoisse qui en fait partie intégrante: la pénétration, l'inceste.

Si nous nous référons à l'avant-propos du roman-collage, cette scène d'ouverture du rêve fonctionne comme une répétition: le rêve de Marceline-Marie commence comme la continuation d'un 'reste diurne' (réminiscence du conscient quotidien), l'adieu qu'elle fait en pensée à son père. Le rêve entier est porté par le désir de la fillette d'entrer au Carmel, et ce désir se transforme au quatrième chapitre en celui d'être l'Epouse du Christ par le mariage mystique avec son Céleste Epoux.

Dans la succession de collages qui forme le rêve, une relation s'établit – de différentes manières, par exemple par la rime visuelle (récurrence de motifs) –, entre la première image et le collage du deuxième chapitre "... de par la grâce du très invisible fiancé" (ill. 4). La rime visuelle est formée par des objets en verre, par les mains, par un objet enfoncé dans un vase en verre, et elle est renforcée par les légendes qui réalisent le transfert et la projection des significations des mots de la série *Père, Révérend Père, Dieu* et *Fiancé* (ce que j'ai déjà appelé le 'roman familial', dans l'imagination de Marceline-Marie).

Les objets en verre, les actions, les deux personnages masculins ne sont évidemment pas visuellement identiques. Mais en tant que 'lecteurs', nous nous apercevons bientôt que nous aurions tort d'interpréter ce que nous voyons de façon réaliste, car rien ni personne dans ce rêve n'a une identité constante. La tolérance que nous développons au cours de la 'lecture' vis-à-vis des principes de hasard et de combinaison, fait que nous sommes capables de reconnaître ces rimes visuelles. L'équivalence la plus importante entre les deux images n'en est pas moins celle qui consiste à cacher, dans le premier cas le baiser, et dans le second, le personnage masculin, le Céleste Fiancé. Etant donné l'intertexte freudien, cacher équivaut à censurer. C'est cette interprétation qui crée l'équivalence entre *Père* et *Fiancé*, et en fait une seule et même personne. Le Céleste Fiancé est la sublimation du désir œdipien d'épouser le père.

Sans pouvoir procéder ici à l'analyse des implications historiques et théoriques, je suis d'avis que les rimes visuelles 'surréalistes' qu'Ernst instaure ne révèlent leur puissance subversive que confrontées à la description classique d'un schéma iconographique comme celle proposée par Panofsky: certaines relations entre objets, figures et personnages ne permettent l'interprétation que parce qu'elles ne changent pas dans la syntaxe visuelle, et que l'on peut faire abstraction de leurs manifestations diverses sur le plan stylistique (Panofsky 1939:14-15).

Dans les deux images du rêve, nous avons donc à nouveau affaire à un double codage: d'un côté le verre plus la cuillère et la bouteille plus le bouchon doivent recevoir une interprétation sexuelle (ce sont d'après Freud (1900:247*sqq*) des symboles *typiques*), de l'autre côté, la symbolique religieuse est évidente. Le verre est une métaphore visuelle par excellence: un schéma iconographique pour l'Immaculée Conception et pour la Virginité de Marie. N'étant pas souillée par le péché originel, Marie est un verre si transparent qu'elle peut transmettre la lumière divine dans son intégralité (Ferguson 1954:175). Dans le cadre de la mystique du Carmel, je renvoie ici aux écrits de Saint Jean de la Croix, où un schéma pareil indique que toute âme peut être traversée de part en part par la lumière divine qui ainsi la fait sienne (San Juan de la Cruz 1982:264-265).

Dans une analyse iconographique traditionnelle, les objets en verre recevraient une valeur symbolique, celle de l'Immaculée Conception et de la Virginité de Marie. Ainsi qu'il a déjà été dit, les différentes apparences que prennent les objets symboliques sont d'importance secondaire et nous n'avons pas à tenir compte des différences stylistiques et expressives dans leurs représentations. Elles sont de caractère culturel, contrairement aux valeurs symboliques immuables, ancrées dans la Bible et dans les dogmes.

Chez Panofsky, le symbole est une constante, alors que l'expression du symbole est variable. Les différences d'expression et de style dans la représentation du symbole sont aussi chargées de sens; mais ceci relève du domaine de l'interprétation iconologique, qui, elle, tire des conclusions concernant la culture et la vision du monde dans une période donnée.

Les schémas traditionnels de l'iconographie religieuse ont été fixés par les théologiens, et Max Ernst en fait la parodie. Mon analyse sémiotique me paraît montrer qu'Ernst s'attaque de façon dévastatrice à la production religieuse de signes symboliques. Son esthétique, qui met l'accent sur la priorité du hasard et donc de la combinatoire d'images réalistes *ready-made*, a pour conséquence qu'une riche diversité dans l'expression, la représentation et l'identité porte atteinte à l'essence même du processus iconographique conventionnel. On peut dire que, de statique qu'il était, le signe symbolique devient dynamique. Par la présence répétée d'objets en *verre* est créée une équivalence qui est autre que celle engendrée par l'invariabilité sémantique du symbole. La décision de Max Ernst de faire de ces représentations *ready-made* d'objets ordinaires les éléments de la construction d'images de collage, et de transformer des images ordinaires en signes porteurs de significations religieuses et sexuelles (comme la cuillère dans un verre, ou tel tour de passe-passe amusant avec un bouchon dans une bouteille), fait que le 'lecteur' est amené à déplacer la frontière entre valeur symbolique et valeur non-symbolique. L'attraction exercée par le schéma symbolique traditionnel ne se faisant plus sentir, un vide est créé qui est immédiatement comblé par des relations de signifiance qu'Ernst présente comme des motivations de substitution: sexualité/inceste, inceste/père, père/Dieu, Dieu/projection, projection/névrose, névrose/mysticisme.

Je considère que cette symbolisation de substitution correspond, sur le plan verbal, à la grammaire morphologique autonome dans la phrase latine de Marceline-Marie, telle que nous l'avons analysée plus haut. Les deux stratégies sont surtout des stratégies critiques de 'l'auteur' du roman-collage. Max Ernst fait comme s'il créait un schéma iconographique, et cette stratégie visuelle est elle aussi basée sur le double codage du symptôme. Lorsque nous avons en outre affaire à la relation entre deux collages ou plus, cette stratégie se révèle avoir des conséquences iconoclastes pour un acquis culturel séculaire, le monde de l'imagerie catholique. Ernst crée par son codage symptomatique une iconographie subversive, des images et des symboles qui exhibent leurs origines refoulées. Ernst remplace les motivations théologiques sous-jacentes par des motivations psychanalytiques et sexuelles. L'iconoclasme de Max Ernst est d'autant plus efficace qu'il fait le diagnostic de l'imagerie catholique: elle souffre de ses refoulements.

Vrije Universiteit, Amsterdam (traduction: Scarlett Glory)

Bibliographie:

Louis Aragon & André Breton
1928 "Le Cinquantenaire de l'Hystérie (1878-1928)" dans: *La Révolution surréaliste* 11, 20-22

André Breton
1964 *Nadja*, Paris, Gallimard

Max Ernst
1929 *La Femme 100 têtes*, Paris, Editions du Carrefour
1930 *Rêve d'une petite fille qui voulut entrer au Carmel*, Paris, Editions du Carrefour
1934 *Une semaine de bonté*, Paris, Editions Jeanne Bucher
1970 *Ecritures*, Paris, Gallimard
1983 *Droom van een klein meisje dat karmelietes wilde worden*, avec une préface de Dorothea Tanning, traduite par Laurens Vancrevel, Amsterdam, Meulenhoff/Landshoff

George Ferguson
1954 *Signs and Symbols in Christian Art*, Oxford, Oxford University Press

Hal Foster
1993 *Compulsive Beauty*, Cambridge, Mass., The MIT Press

Sigmund Freud
1900 *Die Traumdeutung* (Studienausgabe Bd. II), Frankfurt a.M., Fischer Taschenbuch Verlag (1972)
1901 *Zur Psychopathologie des Alltagslebens. Ueber Vergessen, Versprechen, Vergreifen, Aberglauben und Irrtum*, Frankfurt a.M., Fischer Taschenbuch Verlag (1984)
1908 "Hysterische Phantasien und ihre Beziehung zur Bisexualität" (Studienausgabe Bd. VI), Frankfurt a.M., Fischer Taschenbuch Verlag (1972), 189-195

1909a "Allgemeines über den hysterischen Anfal" (Studienausgabe Bd. VI), Frankfurt a.M., Fischer Taschenbuch Verlag (1972), 199-203

1909b "Der Familienroman der Neurotiker" (Studienausgabe Bd. IV), Frankfurt a.M., Fischer Taschenbuch Verlag (1972), 223-226

Ida F. Görres

1958 *Das Senfkorn von Lisieux. Das verborgene Antlitz. Neue Deutung*, Freiburg, Herder Verlag, 8ème éd.

San Juan de la Cruz

1982 *Obras Completas*, Burgos, Editorial Monte Carmelo

Alain Jouffroy

1960 "Max Ernst: 'Ma peinture et mes procédés sont des jeux d'enfant'", dans: *Le Journal des Arts* 765 (6-12 janvier), 8

Erwin Panofsky

1939 *Studies in Iconology. Humanistic Themes in the Art of the Renaissance*, New York etc., Icon Editions, (1972)

Werner Spies

1974 *Max Ernst. Collagen. Inventar und Widerspruch*, Cologne, DuMont Schauberg

Thérèse de l'Enfant Jésus

s.d. *Histoire d'une âme, écrite par elle-même. Lettres. Poésies. Pluie de roses*, Paris, Librairie Saint-Paul (vers 1913).

LE DOUBLE REGARD
COMMUNICATION ET IDENTITÉ DANS *LA MONTAGNE SECRÈTE* DE GABRIELLE ROY

Marjolein van Tooren

En 1961 paraît *La Montagne secrète*, quatrième roman de Gabrielle Roy (1909-1983). Cette 'auteure' québécoise y relate l'histoire de Pierre Cadorai, trappeur et dessinateur amateur. Peu à peu, celui-ci découvre sa vocation d'artiste; le lecteur le suit dans la découverte de ses idées sur l'art, dans la reconnaissance de son talent et pendant son séjour à Paris, où il meurt prématurément.

La critique littéraire a tout de suite considéré Pierre Cadorai comme le parfait *alter ego* de Gabrielle Roy. La romancière, toujours réticente quand il s'agissait de parler directement de son œuvre, se serait servie du personnage pour exprimer ses idées sur l'art (cf. Hesse 1984:53). *La Montagne secrète* (= *MS*) recèlerait donc ce que Kibédi Varga (1985:20) appelle "un art poétique indirect", un discours pictural qui fonctionne comme métadiscours poétique.

Si l'analogie entre les conceptions esthétiques de l'auteur et celles de son personnage est indéniable, il reste pourtant une différence majeure à expliquer. Tout comme Pierre, Gabrielle Roy a vécu quelque temps à Paris. Comme lui, elle a subi l'influence des milieux artistiques parisiens (cf. Ricard 1984:447-448). Mais, contrairement à son double littéraire, qui meurt sans avoir pu réaliser ses idéals, Gabrielle Roy rentre au Québec pour y faire carrière.[1] La question se pose donc de savoir pourquoi l'auteur n'a accordé

1. La même différence se présente entre la vie de Pierre et celle du trappeur et peintre René Richard, ami de Gabrielle Roy et modèle de Pierre:

> La Montagne secrète essentially transposes the main outlines of René Richard's early life when he began his work and travels in northern Canada as a trapper in 1913 until the late 1920s when he studied painting in France. But whereas Pierre Cadorai in La Montagne secrète dies prematurely in Paris, René Richard returned to Canada where he continues to trap and paint. Since the early 1940s, however, he has devoted himself exclusively to his artistic career. Now in his eighties, René Richard has lately gained increasing public recognition. (Hesse 1984:53)

à son peintre qu'un "succès mitigé" (Gagné 1973:12), le condamnant à mort sans lui donner l'occasion de profiter de ses expériences parisiennes. Pierre différerait-il finalement plus de sa créatrice qu'on ne l'a cru jusqu'ici?

Afin de répondre à cette question, je me propose de comparer les idées de Pierre avec celles de Gabrielle Roy sur (les conditions de) la production et (de) la réception de son œuvre, sur le choix de ses sujets et sur les procédés et techniques de son art (pour la distinction de ces trois aspects cf. Hoek 1990:118-120). L'analyse de leurs conceptions esthétiques respectives et de la mise en pratique de celles-ci permettra d'expliquer la différence entre les deux destins artistiques.

Gabrielle Roy

Précisons d'abord que l'auteur n'a jamais vraiment aimé parler de son œuvre: "Les universités de Montréal, de Toronto, d'Ottawa, de Sherbrooke, de Québec m'invitent. Mais si je consacre une bonne partie de mon temps à parler de mon œuvre, quand la ferai-je?" (cité dans Gagné 1973: 11). De plus, rebelle à toute théorisation (cf. Brochu 1984:531), elle n'a pas laissé de poétique explicite. Pour connaître ses idées sur l'art, le lecteur en est donc réduit aux interviews qu'elle a accordées et à ses récits semi-autobiographiques, notamment "La Voix des étangs" (= *VE*) et "La Route d'Altamont" (= *RA*).[2] Dans ces textes, Gabrielle Roy ne s'exprime guère sur la composition de ses œuvres, sur les techniques narratives ou sur son matériel, la langue. Le portrait de l'écrivain qu'elle y trace est avant

1 Gabrielle Roy (1909-1983)

2. Textes à trouver, respectivement, dans *Rue Deschambault* (1955) et *La Route d'Altamont* (1966).

tout celui d'un être qui accorde la plus grande importance à la communication avec son public.

"Le désir de partager avec ses semblables"

Dès le moment où elle a pris conscience de sa vocation d'auteur – moment décrit dans "La Voix des étangs" – Gabrielle Roy s'est rendu compte du rôle prépondérant que jouerait pour elle le lecteur:

> Et le bonheur que les livres m'avaient donné, je voulais le rendre. J'avais été l'enfant qui lit en cachette de tous, et à présent je voulais être moi-même ce livre chéri, cette vie des pages entre les mains d'un être anonyme, femme, enfant, compagnon que je retiendrais à moi quelques heures. (*VE*:245)

Dans les interviews, elle revient presque toujours sur ce "profond désir d'atteindre le plus grand nombre possible de lecteurs, venant d'horizons les plus divers possible et dans le plus grand nombre de pays possible" (Lewis 1984b:565).[3]

Pour être capable d'établir cette communication, l'auteur doit remplir deux conditions essentielles. En premier lieu, il lui faut trouver le juste équilibre entre la solitude et la solidarité.[4] C'est que, pour bien comprendre ses prochains, l'artiste doit d'abord se connaître soi-même et, à cet effet, se retirer de temps à autre: "peut-être faut-il être bien seul, parfois, pour se retrouver soi-même" (*RA*:127; cf. Gagné 1973:198-199 et Lewis 1984a:221). Cette nécessité de la solitude n'implique certainement pas l'isolement définitif et absolu, car l'essence de l'art réside dans la communication avec autrui. Gabrielle Roy s'en est rendu compte en observant les saisonniers chez son oncle:

---

3. Pour elle, il s'agit d'une véritable communication:

> Je m'imaginais avoir au moins un lecteur que je me représentais parfois me lisant dans la solitude de sa petite chambre comme je lui écrivais de la mienne, et cela suffisait pour me soutenir. Etrange! Je n'ai jamais cessé, je pense, de m'adresser à ce lecteur inconnu [...], pourtant que je triche ou que je mente [...] il me le ferait savoir de quelque mystérieuse façon, comme il me fait parfois savoir dans le plus profond silence qu'il m'approuve. (cité dans Lewis 1984a:259-260)

4. Avec Jonas (Camus, *L'Exil et le royaume)* Gabrielle Roy définit l'artiste comme un être à la fois solitaire et solidaire.

> [...] jamais la fatigue de ces hommes n'était assez grande pour les empêcher [...] de tâcher de se communiquer quelque chose d'unique et qui les rapprochait. C'est de ces soirées [...] que date sans doute le désir, qui ne m'a jamais quittée depuis, d'apprendre à bien raconter, tant je pense avoir saisi dès alors le poignant et miraculeux pouvoir de ce don. (*RA*:132)

Ayant su se faire à ce déchirement entre l'amour des hommes et la nécessité de se séparer d'eux pour mieux les comprendre, l'auteur a finalement atteint l'équilibre requis:

> Despite her desires for solitude in order to pursue her literary projects, Mme Roy was a woman who intensely required the presence of others near her. (Lewis 1984a:3)

La deuxième condition à remplir est de se montrer ouvert au monde et d'élargir son horizon, pour découvrir son identité et ses objectifs:

> Je l'avais entendu déjà, parfois, l'appel insistant, étranger – venant de nul autre que moi pourtant – qui, tout à coup, au milieu de mes jeux et de mes amitiés, me commandait de partir pour me mesurer avec quelque défi imprécis encore que me lançait le monde ou que je me lançais à moi-même. (*RA*:143)

Gabrielle Roy a écouté cette voix impérieuse: après l'énorme succès de son premier roman, *Bonheur d'occasion* (1947), elle s'établit à Paris, dominé à l'époque par l'existentialisme. Partagée entre "les postulations contraires qui s'exercent sur elle" (Ricard 1984:447), la Canadienne s'efforce de s'adapter et, péniblement, elle écrit *Alexandre Chenevert*, paru en 1954. Quatre ans plus tôt pourtant, l'auteur avait déjà décidé de suivre son intuition et de retourner au Canada, pays où "les hommes pourraient peut-être, s'ils le voulaient, recommencer à neuf" (Ricard 1984:449). C'est probablement de cette expérience que lui viennent ses idées sur l'identité de la littérature québécoise: celle-ci ne devrait ni négliger son identité canadienne en suivant servilement la France, ni se cloîtrer dans un nationalisme étroit. Quoiqu'elle ne nie absolument pas ses origines, Gabrielle Roy elle-même aspire surtout à une réputation internationale (cf. Lewis 1984a:3, 8 et 11; Lewis 1984b:566).

Rendre le visage de la vie...

Comme la communication prime tout chez elle, Gabrielle Roy choisit ses sujets en pensant à ses lecteurs. Elle veut parler de la vie, "montrer aux hommes ce qu'ils ont sous les yeux et ne savent pas toujours voir" (Gagné

son idéal esthétique, il ne suit les leçons du peintre Meyrand "que pour mettre plus tard au service de la Montagne tout ce qu'il avait appris" (*MS*:175). Son maître se fait des soucis et, quand il le voit sacrifier sa santé, l'envoie dans le Midi. Pierre y vit quelques semaines heureuses, mais, de retour, il retombe dans l'erreur:

> C'était pourtant pour mieux mériter de son maître qu'il restait isolé, tout entier livré à la poursuite de son idée. Ou bien, se disait-il, il parviendrait à créer un tableau qui réjouirait les yeux sévères et tant de fois déçus du maître, ou bien il préférait être oublié. (*MS*:200)

Il se cache, il cache ses œuvres, se privant ainsi de toute occasion d'échange. Cet isolement voulu est également la cause de ses doutes perpétuels. Les réactions encourageantes de Steve Sigurdsen lui avaient appris que "ce que les hommes attendent de gens de sa sorte, c'est par eux d'être réjouis et soulevés d'espérance" (*MS*:55). Mais Pierre ne vit pas conformément à cette leçon et il devient l'éternel mécontent. Gravement malade, il signe ses œuvres et il croit toujours n'avoir rien fait:

> Quand il vit au bas des toiles son nom en entier: Pierre Cadorai, il eut le sentiment de s'être rendu. Ah! il n'aurait pas dû! Ceci, toutes ces choses, n'étaient que préliminaires! Son œuvre était devant lui encore, toujours devant lui. (*MS*:213)[6]

Il oublie donc complètement le bonheur qu'il a donné à Steve, à Orok et au Père Le Bonniec, se demandant seulement pourquoi ceux-ci l'ont soigné si tendrement, car "en retour, que leur avait-il apporté?" (*MS*:198).[7]

---

6. Gabrielle Roy a aussi connu ce sentiment – pour elle, un auteur est "a perpetually dissatisfied person" (Lewis 1984a:275) – , mais elle considère la création artistique comme le meilleur remède, parce qu'elle force l'artiste à mieux se connaître lui-même et devient ainsi salvatrice (cf. Gaulin 1977:150).

7. Ajoutons-y qu'un isolement aussi forcé n'aide pas l'artiste à mieux se comprendre. Au début du roman, Pierre ne sait pas encore ce qu'il veut (cf. *MS*:17) et s'énerve "d'être à ses propres yeux une telle énigme" (*MS*:20). Mais vers la fin, quand il fait son autoportrait, il éprouve des difficultés à peindre ses yeux. Il n'a donc toujours pas saisi l'essentiel de sa personnalité:

> Tout alla assez bien jusqu'au moment où Pierre en vint à essayer de fixer son regard. Il est vrai que toujours les yeux lui avaient donné du mal. Cependant il finissait par les comprendre. Or, il ne voyait pas ce qu'il y avait dans son propre regard. A ses propres yeux demeurait incrustable ce qu'il considérait dans le petit miroir. (*MS*:207)

Au problème de la communication qui reste entier, se superpose à Paris une autre difficulté, celle de l'identité canadienne. Confronté au même défi que sa créatrice – entrer dans le monde pour apprendre son identité et ses objectifs – Pierre réagit mal. En France, il se rend compte des différences culturelles, peut-être pour la première fois de sa vie:

> A se raconter, il découvrait un plaisir inédit, neuf, étrange, qui lui restituait son identité, sa vie, sa réalité dont, depuis des jours, à Paris, il était comme dépouillé. (*MS*:161-162)

Mais il ne saura vivre avec ces différences, car il se montre à la fois trop et trop peu ouvert au nouveau.

Intimidé par Paris, il est tout de suite frappé par le mal du pays, par la nostalgie et le dépaysement (*MS*:146-147). "Saisi" et "subjugué" (*MS*:150-151) au Louvre par les œuvres des grands maîtres, il a l'impression que Paris lui dit:

> Prends le premier bateau de retour. Pauvre sauvage, retourne là d'où tu viens, là où seulement tu peux être quelqu'un, quelque chose. (*MS*:154)

L'autodidacte se laisse également intimider par les théories et les discussions savantes des peintres qu'il rencontre: Augustin Meyrand, pour qui "l'objet n'est rien en peinture" (*MS*:175) et Stanislas Lanski qui affirme que tout a été dit sur la nature et qu'il faut "revenir [...] aux formes pures, abstraites et rigides". Seules "les formes géométriques" ne mentiraient pas et c'est "en carrés, cubes et triangles" qu'il faudrait "voir et faire voir le monde" (*MS*:175-176). Pour Pierre, les exercices que Meyrand lui impose sont "pénibles et absurdes", mais il espère apprendre comment peindre sa Montagne et il persévère, tout en sachant qu'il risque de perdre "toute liberté et presque son identité" (*MS*:175).[8] Aussi n'est-il pas étonnant que pour Pierre, l'art devient tourment:

> Il n'avait plus d'élan. Même seul il n'en aurait plus eu. Maintenant qu'il avait un maître et qu'il lui fallait tenir compte à la fois de tant de conseils: les rapports entre eux des volumes, l'équilibre des couleurs, la nécessité de les nuancer davantage, de réduire sa touche, maintenant son ardeur de l'âme, si tant

---

Cette pauvre connaissance de lui-même renforce donc le sentiment d'insatisfaction dont souffre Pierre (cf. note 6).

8. Pierre se trompe, car on ne peut pas apprendre à peindre 'à la française' un sujet canadien: "l'œuvre et le style ne font qu'un" (Cotnam 1977:295). Malheureusement, il ne s'en rend pas compte.

2 *Domenico Ghirlandajo,* Vieillard avec un enfant, *Musée du Louvre, Paris: le "double regard qui est peut-être le moment de la naissance de la beauté." (Gabrielle Roy)*

> est qu'il lui en fût resté tant soit peu, venait se briser contre tant de contraintes comme sur un mur hostile. *Peindre n'était plus qu'un long exercice ardu.* (*MS*:174; je souligne)

Si d'une part, le Canadien est donc très influençable, d'autre part il s'accroche trop à son passé – voulant par exemple camper au bord de la Seine (*MS*:157) – et respecte de façon acharnée les habitudes et coutumes canadiennes. Il refuse de s'installer à Montmartre "pour la plus curieuse des raisons: à chacun son territoire de chasse [...]. Dans le Mackenzie, empiéter sur les limites de quelqu'un était plus que mal vu" (*MS*:187-188). Il chérit même "le secret désir de peindre comme autrefois à la bougie" (*MS*:189). Pierre n'est donc pas assez sûr de lui pour relever le défi que constitue Paris.

Paris chasse gardée?

Le séjour à Paris a également des retombées sur les tableaux de Pierre. Au Canada, il choisissait ses sujets, tout comme Gabrielle Roy, en fonction de leur valeur communicative:

> Les feuilles de l'arbre tremblaient. Il s'échappait de ce murmure doux une voix de tendresse. Pierre écouta un long moment. Il eût aimé à travers son dessin faire entendre aussi quelque chose de cette voix. (*MS*:20)

Il préférait les paysages, les animaux et les visages humains, et si parfois, il peignait des objets inanimés, l'aspect humain se manifestait quand même:

> La cabane souvent. De face, de profil, très au loin sous des amas de neige; mais, parfois, si proche qu'elle donnait la sensation d'un feu allumé, de quelqu'un là-dedans qui veillait, qui pensait. (*MS*:42)

Mais à Paris, son identité mal en point le gêne. D'une part, les vieux maîtres comme Sisley, Manet, Monet, Pissarro et Utrillo l'impressionnent jusqu'à le paralyser: "lui qui toujours avait ouvert son propre passage, hésitait, se méfiait" (*MS*:172). Il n'ose pas suivre leur exemple:

> Et Montmartre, à ses yeux, c'était la chasse gardée de ce cher, de ce douloureux Utrillo dont la vie pénible l'émouvait tant. (*MS*:188)

D'autre part, la nostalgie arrête son élan créateur car, pensant trop au grand Nord, il produit "un Paris grelottant sous une lueur de l'Arctique, aux arbres raccourcis, aux silhouettes lourdes" (*MS*:176). Il n'arrive pas non plus à rendre dans ses tableaux le va-et-vient de la grande ville:

> Son maître lui [avait] fait le reproche de ne peindre encore ici que la solitude, et rappelé qu'il fallait faire de tout: des carrefours, des murs, des mouvements de foule, la rue, enfin. (*MS*:173)

Même sa tendance à s'isoler lui joue donc des tours.

Crayon ou peinture?

Sur le plan des techniques picturales, un développement se produit dans la carrière de Pierre. Au début, il se sert d'un "bout de crayon usé si ridiculement qu'on le voyait à peine dans sa main" (*MS*:11). A ce moment-là, il n'est que peu conscient de son talent: "être d'impulsion et d'élan, il ne savait pas encore comment il obtenait ses effets" (*MS*:21).

Un printemps, après l'hivernage avec Steve, il est frappé par les effets de la couleur et s'efforce à rendre l'éclat du soleil avec du noir et du blanc. Steve lui apporte alors des crayons de couleur et Pierre en est complètement saisi:

> En quelques jours, Pierre abattit plus de croquis que naguère en des mois. Ils tombaient de lui comme les feuilles d'un arbre. Presque sans effort. Après les paysages, des traits humains. [...] Du ciel, des rayons de clarté, des arbres ressuscités, tout ce qui est bon à voir provenait des petits crayons déjà presque aux trois-quarts usés. (*MS*:61)

Peu après pourtant, il se met à souhaiter des peintures pour pouvoir rendre les reflets de l'eau (*MS*:69), ce qui montre qu'il suit sans réfléchir les idées qui lui passent par la tête.[9]

A Paris, le peintre Meyrand qui juge ses dessins au crayon et ses tableaux, préfère de loin les premiers:

> Ici rien n'arrêtait l'élan créateur, ni le desservait ni ne le trahissait. Idée, forme, matière, tout cela n'était qu'un; la vision même d'une âme, et si claire, si limpide, qu'on y pouvait entrer sans heurt comme dans la vérité. [...] Combien de fois en sa vie, se demandait le maître, avait-il vu pareils croquis? tant de vérité jaillir de moyens aussi simples, presque pauvres? (*MS*:168-169)

---

9. Cf. aussi l'attitude de Pierre quand le Père Le Bonniec lui apporte de nouvelles peintures: il ne veut pas que le Père lui paie ses matériaux ni que ses œuvres soient exposées, mais "à la vue des couleurs, [il] oubliait le reste. [...] Pierre eut voulu protester encore, mais les couleurs étaient là, comment leur résister!" (*MS*:134-135).

Pierre s'obstine pourtant à vouloir peindre et s'il est vrai que sa technique s'améliore au moment où il peint des scènes de sa jeunesse – il va entre autres tenir compte de son public –, il faut néanmoins constater qu'il aurait dû se limiter au crayon. Stanislas se le dit en silence:

> S'il était vrai que la peinture de son ami s'allégeait de plus en plus, combien elle était loin encore [...] de l'aisance quasi miraculeuse de ces brefs croquis. Sans doute nulle peinture ne pouvait-elle atteindre à ces raccourcis si foudroyants qu'ils rendaient presque sensible le passage du temps. (*MS*:202)

Sur le plan des techniques picturales, Pierre est donc victime de sa trop grande réceptivité aux méthodes françaises: il veut travailler 'à la parisienne' pour finalement réussir le tableau de sa Montagne, mais n'écoute pas les conseils de ceux qui lui font entendre que sa 'période canadienne' est de loin la meilleure. Et il se connaît trop mal pour découvrir lui-même cette vérité.

Conclusion

Quelle est alors la véritable cause du décès de Pierre? Sur le plan physique, sa mort est causée par une insuffisance cardiaque, mais les causes psychiques, voire artistiques sont beaucoup plus remarquables. Nous avons vu que Pierre souffre de problèmes de communication: il est taciturne et travaille pour sa Montagne aux dépens du public. Dans l'optique de Gabrielle Roy, c'est déjà grave, mais au Canada, l'artiste aurait probablement pu survivre, son métier de trappeur exigeant un penchant à la solitude. A Paris, Pierre succombe: n'ayant pas appris à se défendre, à communiquer vraiment avec les autres, il supporte mal la confrontation avec une autre culture. Il doit choisir, mais il ne le peut pas.[10] Pierre est victime de déséquilibres, danger que court tout artiste et que Gabrielle Roy elle-même n'a que trop bien connu, surtout lors de son séjour à Paris.[11] Dans *La Montagne secrète*, elle

10. Cf. Hesse 1984:54: "Pierre's peregrinations are the archetypal voyage of the Canadian artist or writer in search of himself and of his art."

11. L'écueil le plus dangereux est sans aucun doute le déséquilibre communicatif, la vie des autres artistes dans l'œuvre de Gabrielle Roy en témoigne (Pierre n'est pas le seul; c'est comme si l'auteur a voulu compenser l'absence d'une poétique explicite par un nombre élevé d'artistes). Ces autres artistes et notamment les petits créateurs dans *Ces enfants de ma vie*, diffèrent de Pierre Cadorai en ce que pour eux, la communication interhumaine vient vraiment en premier lieu (cf. Francœur 1984 et Whitfield 1992). Dans "Demetrioff" par exemple, le talent d'un petit garçon à dessiner au tableau noir

montre que l'issue d'une vocation artistique est toujours incertaine. Pierre est victime de la solitude, mais il aurait pu être accueilli dans le cercle des peintres parisiens. Avec les tableaux de sa Montagne, il poursuit le beau parfait, mais il aurait pu faire des heureux avec ses dessins. Il est sous le coup des Impressionnistes, mais il aurait pu essayer de les égaler à sa manière. Il s'obstine à être Canadien, mais il aurait pu s'ouvrir un peu plus à la vie parisienne. Le métadiscours indirect dans *La Montagne secrète* constitue donc en quelque sorte le négatif d'un art poétique, le personnage échouant là où l'auteur a réussi. Par son roman, l'auteur a voulu transmettre un avertissement contre des risques qu'elle a courus elle-même et dans ce sens, le roman est effectivement "une des œuvres les plus révélatrices du cheminement de son auteur" (Gagné 1973:174).

Vrije Universiteit, Amsterdam

Bibliographie:

A. Brochu
1984 "*La Montagne secrète*: le schème organisateur", dans: *Etudes littéraires* XVII, 3, 531-544

J. Cotnam
1977 "Le Roman québécois à l'heure de la Révolution tranquille", dans: P. Wyczynski éd., *Evolution du roman canadien-français*, Montréal, FIDES, 265-297

M. Francœur
1984 "Portrait de l'artiste en pédagogue dans *Ces enfants de ma vie*", dans: *Etudes littéraires* XVII, 3, 545-562

---

les lettres de l'alphabet établit la communication entre lui et son père:

> Gauchement, [le père] prit l'épaule du petit garçon. Il la pétrit un moment à sa rude manière, tout en cherchant sans trop le brusquer, à tirer vers son bras la tête de l'enfant. Le petit résistait, seulement à moitié déraidi. A la fin, il laissa aller sa menue face craintive contre la manche du père. Il leva vers lui ses yeux apeurés. Alors, de haut en bas, de bas en haut, passa un sourire si bref, si maladroit, si tâtonnant, que ce parut être le premier à passer entre ces deux visages. (p.77)

M. Gagné
1973 *Visages de Gabrielle Roy. L'Œuvre et l'écrivain*, Montréal, Librairie Beauchemin Limitée

M.-L. Gaulin
1977 "Le Monde romanesque de Roger Lemelin et Gabrielle Roy", dans: P. Wyczynski éd., *Evolution du roman canadien-français*, Montréal, FIDES, 133-151

M.G. Hesse
1984 *Gabrielle Roy*, Boston, Twayne Publishers

L.H. Hoek
1990 "Le 'Balai ivre' d'Emile Zola. Lecture du discours esthétique dans la critique d'art et dans *L'Œuvre*", dans: *Rapports-Het Franse Boek* LX, 3, 113-123

A. Kibédi Varga
1985 "Un métadiscours indirect: le discours poétique sur la peinture", dans: *CRIN* 13, 19-34

P.G. Lewis
1984a *The Literary Vision of Gabrielle Roy: An Analysis of Her Works*, Birmingham (Alabama), Summa Publications
1984b "Une conversation avec Gabrielle Roy", dans: *Etudes littéraires* XVII, 3, 563-576

F. Ricard
1984 "La Métamorphose d'un écrivain. Essai biographique", dans: *Etudes littéraires* XVII, 3, 441-455

G. Roy
1993 *Ces enfants de ma vie*, Montréal, Boréal
1962 *La Montagne secrète*, Paris, Flammarion
1993 *La Route d'Altamont*, Montréal, Boréal
1980 *Rue Deschambault*, Montréal, Stanké

A. Whitfield
1992 "Altérité et identité: tensions narratives dans *Ces enfants de ma vie* de Gabrielle Roy", dans: L. Milot & J. Lintvelt éds., *Le Roman québécois depuis 1960. Méthodes et analyses*, Sainte-Foy, Presses de l'Université Laval, 167-180.

IV

REFLETS: FINS DE SIÈCLE

DIVAGATION, MODE, AMEUBLEMENT: LES BIBLIOTHÈQUES EN PEINTURE

Jean Roudaut

La peinture connaît un certain nombre de thèmes permanents, le corps et le paysage par exemple. L'un peut être réduit au visage, ou exposé nu; l'autre peut déployer des forêts, des déluges, ou se contenter d'une rivière, d'un bouquet de fleurs. Il s'agit donc, tout bonnement, de varier une permanente méditation sur le petit monde, et sur le grand, sur leur inclusion ou leur conflit. Tout se passe comme si ce qui relève des *naturalia* était un objet permanent d'expression artistique, quand le domaine des *artificialia* était soumis à des variations sociales et saisonnières. Ainsi y a-t-il eu dans l'histoire de la peinture une période des coquillages, une des livres. Sitôt que l'on parcourt, rapidement, les musées, on s'aperçoit que la représentation des bibliothèques est reprise à diverses périodes, séparées par de longues syncopes. Sous prétexte d'évoquer les Pères de l'Eglise, Antonello de Messine, Carpaccio représentent le monde spirituel des humanistes, par le biais de leur lieu de travail. De la multiplicité des publications, il fallut bientôt admettre que les bibliothèques ne recelaient pas la vérité, qui est unique; dès lors les livres s'éboulent, s'écornent, moisissent dans la représentation des Vanités. On doit, ensuite, attendre la fin du XIXème siècle pour voir ce motif repris en peinture. Si le thème du livre, et de sa lectrice aux blanches mains, est fréquent, celui des bibliothèques a une existence sporadique et discontinue. Pourquoi le peintre retient-il ce motif? Il y trouve des avantages picturaux; constitué d'horizontales et de verticales, l'objet 'bibliothèque' répète, sur la toile, la structure de son cadre. S'organisant verticalement, du désordre des parchemins au plus bas, à l'ordre des livres serrés au plus haut, elle propose au spectateur diverses lectures, selon qu'on la considère comme une grande phrase, avec le code de ses couleurs, ses formes répétitives ou opposées, ou qu'on la tient pour un élément solidaire de son environnement. C'est à cette seule considération que sont consacrées ces pages; elles se substituent à la promenade dans les salons de l'hôtel de Lutetia, à Paris, où j'aimerais retrouver A. Kibédi Varga, pour voyager dans le *Nautilus*.

A la fin du siècle dernier, les bibliothèques dressées par Vuillard ou Vallotton dans leurs peintures d'intérieurs bourgeois n'ont plus l'aspect ascétique que leur prêtait Crespi. Le Code s'est substitué à la Bible sous la main d'un Président qui est présenté comme le garant de la Loi, l'humaine et variable tenant lieu de l'éternelle et divine; et les bibliothèques sont maintenant, dans les appartements opulents, un signe de fortune, et de satisfaction, comme, dans les demeures princières, ou les palais épiscopaux, elles indiquaient, par l'ordre même de leur rangement, allant des préoccupations humaines à la méditation religieuse, la légitimité du pouvoir qui, ainsi que le savoir, émane de Dieu. Dans ses "Grands faits divers" Mallarmé (1945:417) rappelle ce déplacement; ce qui marque le règne de l'Esprit:

> les livres, comme tableaux et statues honorent la désuétude maintenant d'appartements royaux: ainsi se comprendrait une bibliothèque, dans un corps impénétrable de palais.

1 Edouard Vuillard, Jeune femme en rose au salon. Rue de Calais, *1920*

La bibliothèque n'occupe plus une pièce close et secrète, semblable à celle dont l'accès, dans les monastères, se mérite par une longue patience; elle est au contraire, ostensiblement offerte aux invités dans 'le Salon' que peint Edouard Vuillard (ill. 1: *Jeune femme en rose au salon*, 1920; *Le Piano*, 1896, Musée du Petit Palais, Paris). La luxuriance des tentures, du brun des tapis et des robes lourdes, tient lieu des plantes placées par Claude Monet dans *Un coin d'appartement* (1875, coll. Barnes), ou disposées par Jules Verne dans le fumoir du *Nautilus* (*Vingt mille lieues sous les mers*, 1869-1870, première partie, chap. 8 "Mobilis in mobile"). En ce salon, où la tapisserie se fait bouquet de fleurs d'automne, les livres étalés sur le piano sont l'objet du même soin jaloux que ceux des bibliothèques princières; régulièrement époussetés par un valet de chambre, ils ont été choisis pour leur beauté morale par la maîtresse de maison; leur vue ne peut gêner aucun des assistants; ils sont de la couleur du bois, des murs, des murmures. Rien en eux qui, par des touches de couleurs, puisse rappeler les ouvrages qui se défont dans les Vanités, les livres reliés de velours, de maroquin, rouge du Levant ou gris de Turquie, avec des dos plats ou à nerfs, les parchemins jaunis et lisses comme s'ils étaient d'ivoire, ou, plus profanes encore, les in-douze équivoques, les 'Yellow books' brochés. Les dos de papier s'harmonisent avec la tapisserie, disent l'économie et la modestie. Installée dans le salon, la bibliothèque devient chose commune. Le triomphe de la Loi, celle du code impérial qui légitime les fortunes, a entraîné la suprématie de l'écrit; c'est au détriment de la parole qui vivifie.

> Essuyer la poussière, aux chefs-d'œuvre, sauf en se les rappelant, reste fonction oiseuse, leur vol idéalement lui-même la secoue. (Mallarmé *o.c.*:418)

Mais la poussière fait partie des actes notariaux.

Les *Panneaux décoratifs* qu'Edouard Vuillard peint en 1896 pour le Docteur Vaquez (ill. 2: *La Bibliothèque*, *La Salle de travail*, Musée du Petit Palais, Paris) associe les tapis, les meubles, les personnages, les bibliothèques, et la tapisserie par une même matière picturale, qui les assimile les uns aux autres; les mêmes couleurs chaudes, enveloppantes, protègent la lecture ou la couture. Mais sans mouvement, sans éclat, comme si le temps s'était retiré du lieu:

> Que feront ici des vivants; ils le sont peu, selon la légende empreinte de rigueur, qui les compare aux spectres? (Mallarmé *o.c.*:418)

Comme Baudelaire (1951:884) était sensible au fait que chaque époque a "son port, son regard et son sourire", Mallarmé est attentif à la forme de

traduite, en vue de permettre à chacun de se construire un "domicile idéal, un *rêvoir*".[1] Contre l'ostentation et le défaut d'harmonie, propre à la bourgeoisie américaine, E.A. Poe propose une autre conception de l'unité d'habitation:

> Le tapis, c'est l'âme de l'appartement. C'est du tapis que doivent être déduites non seulement les couleurs, mais aussi les formes de tous les objets qui reposent dessus. (*o.c.*:985)

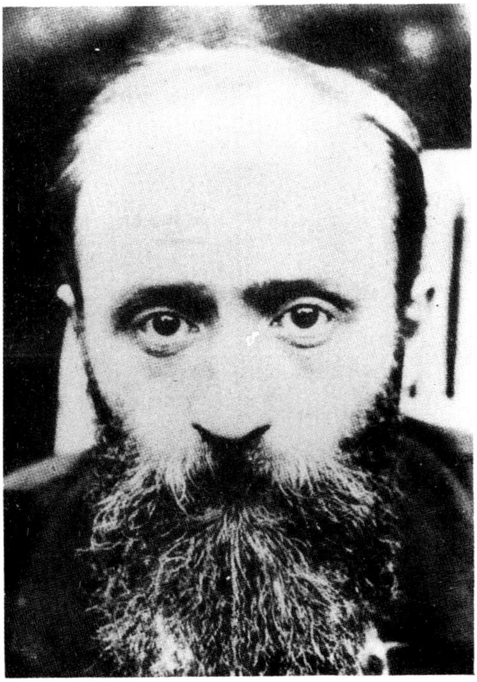

4 E. Vuillard, photographié par Alfred Natanson

En situant le milieu du tableau à hauteur de regard, Vuillard fait monter les couleurs et les formes qui, pour n'être pas des arabesques préconisées par Poe, sont assez ondoyantes pour rendre secondaires les motifs de figuration, depuis un tapis, ou une nappe épaisse froissée sur la table, jusqu'aux petites fleurs flottant comme des papillons sur la tapisserie. Il n'y a pas dans les panneaux de Vuillard, de source de lumière visible; "une lumière douce, ce que les artistes appellent un jour froid, donnant naturellement des ombres chaudes" (*ibid.*:986) baigne un lieu sans lacune. Poe voudrait que l'harmonie de l'environnement, arraché à la corruption du goût provoquée par la richesse, puisse témoigner de la vérité, que manifeste l'unité de composition. Du sol aux murs, il souhaite la même continuité des motifs et "la même couleur cramoisie dominante" (*ibid.*:989). Le mobilier est constitué de sofas,

1. Note de Ch. Baudelaire (1951:1150) à la première édition dans *Le Magasin des Familles* (1852), repris dans *Œuvres en Prose*, Paris, Gallimard (= Bibliothèque de la Pléiade).

d'un piano, d'une table octogone, de vases de Sèvres et d'une profusion de fleurs. En outre, "Quelques tablettes légères et gracieuses, dorées sur leurs tranches, et suspendues par des cordelettes de soie cramoisie à glands d'or, supportent deux ou trois cents volumes magnifiquement reliés" (*ibid.*:989). La pruderie bourgeoise des intérieurs peints par Vuillard évite le papier satiné, et les glands aimés de Poe, mais elle conserve l'idée que de l'habitation il soit fait un espace continu. L'œuvre de Vuillard ne manifeste pas un autre esprit; évacuant tout éclat, le peintre fait de la bibliothèque – où alternent les livres bruns brochés et les ouvrages reliés couleur bordeaux – une sorte de long miroir, qui, tout au contraire d'une fenêtre ou d'un paysage, ne fait pas pénétrer le monde naturel extérieur dans le domaine artificiel de nos constructions, mais change le salon en un lieu mental.

Evoquant des "Solennités tout intimes", dans un article qu'il signe "Ix" pour *La Dernière Mode*, Stéphane Mallarmé dialogue avec Charles Baudelaire, autour des propos de Poe:

> Qui veut rêver et ne le peut? Voici, crépuscule ou feuillage, de *rêvoirs*: coins de solitude à faire oublier les massifs véritables.... (*o.c.*:718)[2]

Le lointain, que l'appartement doit spirituellement enclore, est celui de l'Océan; le 6 décembre 1874 Mallarmé confie au 'tapissier-décorateur' Marliani le soin de changer l'appartement en une évocation de "ce monde aquatique, monstrueux, frêle, riche, obscur, et diaphane d'herbages et de poissons, si décoratifs!" (*o.c.*:821). Tel sera le rôle des tentures, des tableaux, et, mieux encore, d'un aquarium: "quel prince moderne du goût exécutera ce décor magnifique et simple?" (*o.c.*:822). Que s'agit-il de faire sinon de transformer l'appartement en l'équivalent d'un sous-marin? On sait l'importance qu'occupe, dans le *Nautilus* du Capitaine Nemo (ill. 5), la bibliothèque, salon empli de plantes vertes; par les hublots s'apercevront des espèces archaïques ressortant de leurs niches écologiques:

> *Ce qu'il plaît d'introduire*, c'est les poissons et les crustacés les plus rares de nos côtes ou des archipels lointains: dorades, rascasses, polypes, étoiles, poissons-télescopes du Japon, etc. (*o.c.*:821)

et, un jour, les vestiges de l'Atlantide. Ce n'est guère autre chose que présente Vuillard, d'une façon plus discrète: tamisée, des bruns aux verts éteints, la lumière est glauque, sans ombre; et les livres, au mur, sont la

---

2. L'usage de l'italique par Mallarmé fait du mot une citation de Baudelaire.

trace d'espèces disparues, le signe de tout ce qui fut dit, accumulé, connu, murmuré. Les panneaux que Vuillard propose au docteur Vaquez lui présenteront le lieu où il vit comme une Atlantide future. L'agitation de nos jours prend son aspect d'éternité et notre demeure se met à vaquer dans le temps, comme le vaisseau de Nemo sous les mers.

5 C'était une bibliothèque. De hauts meubles en palissandre noir, incrustés de cuivres, supportaient sur leurs larges rayons un grand nombre de livres uniformément reliés.

Le lieu de convention, si bourgeois, que peint Vuillard, son art de la transition colorée l'estompe, tout en le représentant. Sa démarche n'est pas celle que Mallarmé systématise. Mais traitant dans la même gamme colorée tout ce qui meuble, et l'air sec qui entoure les personnages absorbés par l'immobilité, figés dans leur attention fervente, réduisant les indications traditionnelles, qui permettent de lire l'espace comme un étagement de plans, il tend à faire des objets représentés, fleurs, table, livres, les spectres d'eux-mêmes, qui n'auraient d'existence que dans le souvenir. Les quatre étages de livres jouent le rôle de scansion rythmique, ailleurs dévolu à la basse continue. Une couleur sourde assure la communication musicale des panneaux. L'indivision s'est ressaisie de l'espace du salon, où sont venus se déposer les produits du temps. Car la présence des livres est l'indice d'une autre lecture: ils ne sont plus la marque d'un savoir qui s'accumule, s'organise, mais, tout au contraire, le signe d'absences différentes, celle du présent en se montrant comme un monument du passé, celle de la nature, en s'organisant dans l'arbitraire de la pensée, celle de la vie dans un langage, qui la célèbre, certes, mais en la transformant en son double, celui que l'on voit de l'autre côté du hublot, au fond des abysses, après qu'a été traversé, naguère, "un peu profond ruisseau, trop calomnié, la mort". La peinture construit bien un monde, mais en le privant d'être, pourrait-on dire en parodiant ce que Maurice Blanchot, poursuivant Mallarmé, dit du langage: elle nous fait considérer notre monde particulier sous l'aspect de l'inévitable. Sans poussière, sans ombre, les panneaux de Vuillard présentent un monde parallèle, mais semblable, à celui de Mallarmé: en absentant l'ordinaire transitoire, il est fait de l'éternel.

Les intérieurs que peint Vallotton n'ont pas le caractère feutré que l'on peut prêter à l'appartement de Mallarmé (déposé au revers d'une chaise à

6 Félix Vallotton, photographié par Alfred Natanson

7 Félix Vallotton, La Visite, *1899*

bascule on voit un plaid de laine du brun chaud au vert mat), ni l'aspect d'une piscine protégé par quelque vitre (est-ce en souvenir de *La Dernière Mode* que Marcel Proust (1954:672) changera la salle-à-manger de Balbec en aquarium?[3]). Vallotton est plus violent et plus sarcastique; ses rouges et ses bleus affrontés font du même milieu bourgeois un lieu tragique. Dans son attention à Mallarmé, il a retenu par dessus tout l'ironie. Dans le tableau intitulé *La Visite* (ill. 7, gouache sur carton, Kunsthaus, Zürich), la bibliothèque occupe une place symétrique à celle de la porte, déjà, ouverte sur la chambre, où le maître de maison dirige galamment sa visiteuse. La bibliothèque est un dépôt de paroles murmurables et séductrices, répétées sur le trajet amoureux. Elle tient le rôle d'intercesseur, qui était, selon Dante, celui du *Lancelot* dans l'aventure de Paolo et Francesca. Avec une différence, qui semble considérable: à un livre unique, roman de chevalerie et de quête, est substituée une parole si multiple qu'elle se disperse; la présence de la bibliothèque, uniquement constituée de livres brochés, évoque les paroles

3. "quelle joie [...] de voir dans la fenêtre et dans toutes les vitrines des bibliothèques, comme dans les hublots d'une cabine de navire, la mer nue...".

8 Félix Vallotton, La Raison probante, *1898*

menteuses, et efficaces, qui assurent entre deux êtres une compréhension minimum et suffisante. Ces paroles n'expriment pas le sujet qui les énoncerait (un célibataire d'époque se conduit en soupirant): la bibliothèque occupe tout le monde mental des héros. L'organisation du *Colloque sentimental* (1898, pastel et gouache, Genève) insiste sur le poids de l'ombre: les deux amants se contemplent dans la fraîcheur, tandis que la lumière fait rougeoyer les fauteuils, le tapis de table, les fleurs, et les livres aux dos de papier rouge, jaune ou vert (romans de la fin du siècle, sans aucun doute, semblables à ceux que publiait Charpentier). On peut porter sur l'œuvre un même regard que sur le bois gravé intitulé *La Raison probante* (ill. 8, série *Intimités*, gravure sur bois, Musée cantonal des Beaux-Arts, Lausanne): le contact d'une joue fraîche distrait l'écrivain d'une page à poursuivre. Les feuilles resteront blanches sur les tables: ni l'homme ni la femme ne poursuivront plus avant l'élaboration de leur langage. Ils s'en tiendront à faire la preuve de ce qui est le plus agréable et le plus commun. La satire sociale de Vallotton, en ses œuvres consiste à évoquer des personnages occupés par de vagues désirs, se faisant autres qu'eux-mêmes, empruntant au temps ses meubles, ses vêtements, ses idées flottantes. Mais que dit de différent Mallarmé quand il évoque les invités comme des spectres?

Sous la forme de la vie promise et de la bibliothèque massive, frontale, murale, est ravivé l'éternel conflit des choses et des mots. Les livres constituent un ensemble disparate, par leurs formes et leurs teintes, et discontinu, lacunaire; ils éblouissent de leurs couleurs (la lumière les frappe, tandis que demeurent nocturnes les approches amoureuses). Une colère picturale se manifeste dans les toiles de Vallotton, comme s'il y avait conflit entre la présence centrale d'une bibliothèque lourde et stable (la partie au sol dans le *Colloque sentimental* est occupée par les seuls livres reliés, les lourds in-quarto d'un dictionnaire) et la fragilité des personnages, futiles dans leurs costumes, datés, menacés. Ils vivent des après-midi, auxquels manqueront les nuits pour en faire des jours.

Qu'indique en cette fin de siècle la présence dans la peinture du motif de la bibliothèque? Elle n'est plus un lieu de méditation, en une solitude silencieuse, mais de séduction. Elle ne constitue plus un lieu séparé mais un élément du décor. Et dans la peinture, elle ne sert plus à exprimer un discours sur le monde, mais a constater qu'est vanité ce qui ne sait se tenir pour une "vaine forme de la matière".

Paris

Bibliographie:

Olivier Barrot & Pascal Ory
1993 *La Revue Blanche*, Paris, U.G.E. (= Coll. '10/18')

Charles Baudelaire
1951 "Le Peintre de la vie moderne", chap.IV: "La Modernité", dans: *Œuvres*, Paris, Gallimard (= Bibliothèque de la Pléiade)

Stéphane Mallarmé
1945 "Sauvegarde", dans: *Œuvres complètes*, Paris, Gallimard (= Bibliothèque de la Pléiade)

Marcel Proust
1954 "A l'ombre des jeunes filles en fleurs", dans: *A la Recherche du temps perdu* t. I, Paris, Gallimard (= Bibliothèque de la Pléiade).

DE LA RÉALITÉ AU RÊVE: JORIS-KARL HUYSMANS ET GUSTAVE MOREAU

Maarten van Buuren

Huysmans et Moreau

"M. Moreau est un grand artiste [qui] domine aujourd'hui, de toute la tête, la banale cohue des peintres d'histoire". C'est par cet éloge que Joris-Karl Huysmans (1975:147) termine, en 1880, son premier commentaire consacré à Gustave Moreau.[1] Dans les années suivantes, Huysmans revient à plusieurs reprises à l'œuvre qui le fascine plus que toute autre. L'évocation, dans *A rebours* (1884), des deux tableaux *Salomé dansant* et *L'Apparition* est devenue à juste titre célèbre (Huysmans 1978:104-110; cf. Appendice); moins connues sont une critique, reprise dans *Certains* (Huysmans 1975:289-293), à l'occasion d'une exposition d'illustrations et d'aquarelles en 1886 et quelques remarques, recueillies dans *De tout*, à propos du carton d'un gobelin exécuté par Moreau en 1895 (Huysmans 1934:65-75).

Aucun peintre n'a exercé une fascination aussi durable sur Huysmans que Moreau. Les commentaires font preuve d'une admiration qui, de la première ligne jusqu'à la dernière, reste constante. On ne saurait nier, cependant, que l'œuvre de Moreau l'occupe surtout au début des années 80.

1 Joris-Karl Huysmans

1. Pour un commentaire succint des textes de Huysmans voués à Gustave Moreau voir Eigeldinger (1987).

2 *Gustave Moreau, autoportrait*

C'est la période pendant laquelle l'auteur commence à mettre en doute les dogmes du naturalisme. Il s'éloigne peu à peu de Zola et du groupe de Médan, mais sans connaître précisément l'orientation qu'il lui faut prendre. Dans cette phase difficile et décisive de sa carrière, c'est Moreau qui lui sert de guide. Le rôle que le peintre va jouer dans sa vie est comparable à celui que Constantin Guys a joué quelques décennies auparavant dans celle de Charles Baudelaire. Le peintre lui suggère, par le biais de son style pictural, les contours d'un style littéraire encore à découvrir. Ce n'est pas par hasard si le commentaire principal sur Gustave Moreau se trouve dans *A rebours*, le roman qui, comme on sait, marque la rupture de Huysmans avec Zola et ouvre la voie vers une esthétique nouvelle. Regardons d'un peu plus près ce commentaire pour connaître les détails de cette esthétique.

Premier panneau: le descriptif

Le commentaire de *Salomé dansant* constitue un triptyque dont le premier panneau donne le descriptif de la scène représentée. Il se divise en sept paragraphes dont les trois premiers décrivent le trône somptueux d'Hérode, le roi lui-même, figé dans une attitude de statue et sa figure, immobile elle aussi. Le paragraphe suivant évoque les parfums qui montent en nuées et laissent transparaître des éclats de pierres précieuses. Les trois derniers paragraphes sont consacrés à Salomé. Huysmans décrit l'attitude dans laquelle elle est pétrifiée, sa face recueillie et enfin son regard de somnambule qui semble ignorer les autres personnages de la scène.

L'une des étranges qualités du tableau est qu'il contredit l'action qu'il est censé représenter. Malgré la tension dramatique extrême de l'action (la mère intriguant contre son mari par le moyen d'une jeune danseuse qui, par sa danse séduisante, fléchit le vieux roi et amène ainsi le dénouement fatal) les personnages se figent dans des attitudes rigides de statue et deviennent les composantes d'un décor dont ils ne se distinguent guère. Huysmans transpose cette qualité dans sa description. Il ne prête aucune attention à l'action, ne situe pas la scène dans le déroulement de l'histoire biblique, ne mentionne ni le début (emprisonnement de Jean-Baptiste), ni la fin de l'histoire (sa décapitation) dont la peinture montre l'une des scènes-clé. Il décrit Salomé, Hérode et les autres personnages dans les mêmes termes que le décor dans lequel ils se trouvent. Pour lui, l'unité du tableau se trouve essentiellement dans la valeur décorative de ses éléments.[2]

Les paragraphes sont de petits chefs-d'œuvre stylistiques, on dirait des poèmes en prose. Ils constituent des unités quasi indépendantes qui ne sont pas reliées entre elles par une ligne anecdotique. Le trajet descriptif se fonde sur le contraste entre l'arrière-fond du tableau et le premier plan, contraste que Huysmans souligne grâce à une disposition symétrique des paragraphes. Les trois premiers paragraphes: le trône, Hérode, son visage, s'opposent aux trois derniers paragraphes: Salomé, son visage, son regard, selon un jeu de correspondances textuelles.

Le morcellement de la description en petits paragraphes quasi indépendants se rapproche du style des Goncourt, style que Huysmans admirait vivement à l'époque d'*A rebours*, à en juger les commentaires qu'il lui consacre à l'intérieur même du roman. On a parfois caractérisé ce style comme un "style mosaïque" et c'est précisément ce terme que Huysmans (1975:145) utilise dans son texte de 1880 pour caractériser le style de Moreau et indirectement, peut-on ajouter, son propre style romanesque.

Gaston Bachelard (1948:208*sqq*) a fait observer la présence, chez Huysmans, d'une "volonté de 'méduser' au point qu'on peut prendre les pages de Huysmans comme autant d'illustrations d'un complexe de Méduse". C'est par ce complexe que Huysmans se laisse entraîner dans les pages consacrées à Moreau. L'auteur y souligne l'immobilité des personnages par des

2. Lorsque, une fin de siècle plus tard, Robbe-Grillet dédie "La chambre secrète", l'un des contes de son recueil *Instantanés*, à Gustave Moreau, ce sera, entre autres, parce qu'il y exploite la même technique des mouvements figés (caractéristique des instantanés) que Huysmans souligne dans sa description de *Salomé dansant*.

métaphores de pétrification. Hérode est une "statue, immobile, figée dans une pose hiératique"; Salomé est, dans *L'Apparition*, "pétrifiée, hypnotisée" dans son attitude de "statue". Un étrange contraste oppose ces êtres pétrifiés aux pierres précieuses qui les entourent et qui, par un procès inverse, s'animent. Les pierres incrustées dans le trône d'Hérode scintillent avec un éclat d'"yeux phosphorés de bêtes"; les bagues et les colliers de Salomé "crachent des étincelles, [...] entrent en combustion, [...] croisent des serpenteaux de feu, [...] grouillent [...] ainsi que des insectes splendides aux élytres éblouissants".

3 Gustave Moreau, Salomé dansant, *vers 1876*

Signalons brièvement la liberté que Huysmans prend dans son évocation du tableau; il n'hésite pas à modifier les éléments qui s'adaptent mal à la direction dans laquelle il veut développer sa description. Tandis que Moreau indique par de simples lignes noires les pierres précieuses portées par Salomé et que ces lignes font sur sa peau nue l'impression d'un mince gant de dentelle noire sur une main blanche, Huysmans décrit ces traits sobres comme une invasion d'insectes et de reptiles infernaux qui déploient leur splendeur multicolore en crachant du feu.

En insistant sur le contraste entre la peau nue et les pierres précieuses, Huysmans se conforme à un lieu commun cher aux écrivains de la décadence. Ils soulignent volontiers l'opposition entre la chair humaine, douce, opaque, putrescible et la dureté transparente des pierres précieuses, pour saisir en une image saisissante la supériorité de l'œuvre d'art sur la nature.

Deuxième panneau: la valeur symbolique

Le deuxième panneau du triptyque (disons le panneau latéral droit) s'interroge sur la valeur symbolique de la danseuse et du lotus qu'elle tient à la main droite. Salomé, souligne Huysmans, est l'incarnation de la femme fatale. Elle transcende le personnage de la danseuse biblique; elle appartient aux théogonies de l'Extrême-Orient qui remontent à un passé immémorial; elle est en dehors du temps. C'est la raison pour laquelle Moreau la situe dans un palais de style incertain, que ses vêtements sont somptueux et chimériques et qu'elle porte un lotus en guise de sceptre. Les sens symboliques de ce lotus sont multiples. Huysmans donne cinq interprétations différentes et partiellement contradictoires: sens phallique, virginité offerte, allégorie de la fécondité, symbole de la femme mortelle et force purifiante des cérémonies rituelles de l'embaumement égyptien. Cette énumération annonce déjà la thématique des romans ultérieurs (*La Cathédrale*) qui sont autant d'études de symboles.

Le premier panneau évite l'anecdote par la description détaillée du décor; sa cohérence repose sur le principe métonymique. Le deuxième panneau évite l'anecdote en attirant l'attention sur la valeur figurative de certains de ses éléments; sa conception est essentiellement métaphorique. Les deux panneaux appliquent successivement et systématiquement les procédés du déplacement et de la concentration, procédés identifiés une quinzaine d'années plus tard par Freud comme les figures fondamentales du rêve.

Ces deux petits textes complémentaires se révèlent comme des essais d'une écriture expérimentale qui, tout en s'éloignant du réalisme/naturalisme, évoquent le mystère derrière la réalité apparente par le double procédé du déplacement et de la concentration. Ils se révèlent en même temps être une invitation au lecteur de lire la réalité d'une manière différente. "Ne vous arrêtez pas", semblent-ils dire au lecteur, "devant le tableau superficiel que vous présente la réalité. Décomposez-le en ses éléments quasi insignifiants et cherchez dans ces éléments les sens symboliques qu'ils veulent vous communiquer". C'est, on le constate, la procédure que Freud proposa pour l'analyse du rêve.

Troisième panneau: le tempérament d'artiste

Le panneau central contient les vers de l'Evangile de Matthieu qui racontent en phrases brèves l'histoire de Jean-Baptiste. Ces vers empêchent le lecteur de se faire une idée précise des charmes délirants de la danseuse, remarque Des Esseintes et il ajoute qu'il faut "rêver entre les lignes". Cette phrase, située au milieu du commentaire, indique à notre avis le sens dans lequel il faut lire ce texte.

Un rapport complexe lie le texte biblique au tableau de Moreau et au commentaire que Des Esseintes lui consacre. Le tableau de Gustave Moreau s'éloigne des vers bibliques;[3] le commentaire de Huysmans s'éloigne à son tour du tableau. Si Huysmans cite le texte biblique au centre de son évocation c'est, nous semble-t-il, pour marquer la distance énorme qui sépare ces vers de sa propre évocation fantastique.

C'est à propos du texte biblique que Des Esseintes fait quelques remarques concernant le "tempérament d'artiste". Il oppose deux tempéraments contraires, le sanguin et le névrosé. Les premiers, "esprits terre à terre", ne sauront jamais donner une idée juste de Salomé: ils la déguisent en une "bouchère des Flandres". Les seconds par contre, "cervelles ébranlées, aiguisées, comme rendues visionnaires par la névrose" possèdent les qualités requises pour évoquer la danseuse orientale.

Les deux qualités physiques, sang et nerfs, étaient, suivant les médecins de l'époque, complémentaires. Plus un homme avait de sang, moins il avait de nerfs; plus il avait de nerfs, moins il avait de sang. L'homme sanguin était, selon ces mêmes médecins, d'origine rurale. Il jouissait d'une santé superbe, avait un grand appétit de la vie, mais ses qualités intellectuelles et artistiques laissaient à désirer. Le seul tempérament qui prédisposait l'homme

---

3. A propos de l'illustration d'une des *Fables* de La Fontaine ("La Mort et le Bûcheron"), Kibédi Varga (1989:110) a déjà remarqué que "Moreau réinterprète radicalement la tradition et change le message du texte...".

à une carrière artistique, c'était le tempérament nerveux. Certes, la santé de ces enfants de la métropole était faible, mais leur système nerveux, sensibilisé jusqu'à la maladie, leur assurait toutes les qualités artistiques (cf. Van Buuren 1990).

Huysmans réfère très souvent à ce contraste. Emile Zola, "puissant, solide, épris des luxuriances de la vie, des forces sanguines, des santés morales" (Huysmans 1978: 209) est à son avis le prototype de l'écrivain sanguin.[4] Camille Lemonnier rentre également dans cette catégorie. Dans une lettre du 27 septembre 1881, Huysmans (1957:101-102; cf. aussi la lettre de la fin de 1881, p. 104) lui écrit: "vous travaillez, cela est sûr, car vous êtes un terrible sanguin toujours prêt à abattre de solides besognes [...] Vous faites des œuvres bien portantes, riches en beau sang, il faut nécessairement que vous soyez d'aplomb et de tête et de corps".

4 Salomé, étude

4. Le chapitre XIV d'*A rebours* (pp. 204-223) est entièrement consacré au tempérament d'artiste. Voir aussi *L'Œuvre* d'Emile Zola. Claude Lantier, peintre impressionniste manqué y souffre d'une "lésion des yeux". Huysmans (1975:103) cite deux études contemporaines concernant l'influence de maladies nerveuses sur l'art moderne: Véron et Galezowski, c'est-à-dire E. Véron, *L'Esthétique*, Paris, Reinwald, 1878, et X. Galezowski, *Traité des maladies des yeux*, Paris, Baillière, 1872. A notre connaissance, une étude concernant la connection entre peinture impressionniste et maladie nerveuse fait défaut.

Rubens est, du côté des peintres, l'archétype de l'artiste sanguin. Les toiles de ce "diplomate sanguin d'Anvers" se caractérisent par un "gros côté d'art peuple et de peinture bouchère" (Huysmans 1975:428). Millet est leur représentant moderne. C'est un "fils de paysan [...], un être mal équarri [...] dont les nerfs ne vibrent guère" (*ibid.*:414, 417).

Les peintres impressionnistes, par contre, souffrent collectivement de la névrose. Leurs toiles font preuve de maladies comme l'ophtalmie, le daltonisme et l'indigomanie, anomalies provoquées par les tensions extraordinaires auxquelles ils exposent leurs yeux pendant les sessions en plein air (cf. *ibid.*:101-102). Aussi Monet souffre-t-il d'un "œil exaspéré" (*ibid.*:267); Cézanne est l'"artiste aux rétines malades" (*ibid.*:309) et Pissarro a "les papilles nerveuses arrivées à un tel état d'irritabilité qu'il nous [reste] peu d'espoir" (*ibid.*: 253). Selon Huysmans, ces troubles correspondent aux troubles de la perception des couleurs constatés par Charcot chez les hystériques et les malades du système nerveux de la Salpêtrière (*ibid.*:103).

5 Autoportrait de Moreau avec haut-de-forme

A la fin du XIXe siècle, la majorité des critiques d'art semble accepter l'idée que le génie en peinture est le résultat d'une névrose, c'est-à-dire d'une maladie du système nerveux. Camille Lemonnier (1878: 135-136) déclare que "cette peinture qui est comme une crise aiguë de l'œil, une sorte d'hystérie, un paroxysme, est devenue le principe d'une méthode. On a fait une théorie d'une maladie". La névrose à elle seule risque cependant de faire perdre aux artistes le contact avec la réalité. Les peintres de plein air, dit Huysmans (1975:111-112), errent dans les "limbes de l'art où vagissaient les impuissants et les fous de l'œil". Il faut donc que la névrose soit "tenue en bride" (l'expression est de Claude Bernard) par le sang. Huysmans observe à propos des impressionnistes que "dégagées de leurs applications maladives, leurs théories ont été reconnues justes par d'autres plus équilibrés, plus sains, plus savants, plus fermes" (*ibid.*:104). Moreau est l'exemple d'un tel "nerveux qui se domine".[5] Son tempérament est en outre exemplaire en ce sens qu'il obéit à l'influence exercée par le milieu et s'y oppose simultanément. Huysmans (1975:292) observe en 1886 à propos de Moreau que "la théorie du milieu, adaptée par M. Taine à l'art est juste – mais juste à rebours, alors qu'il s'agit de grands artistes, car le milieu agit sur eux alors par la révolte, par la haine qu'il leur inspire". Le contresens tout à fait intéressant que Huysmans révèle au sein du concept de la détermination consiste à reconnaître que l'artiste est déterminé d'une part par des données de race et de milieu, mais que le propre du tempérament d'un grand artiste est d'y échapper. C'est le cas de Moreau.

Huysmans surnaturaliste

En 1884, Huysmans est en train de rompre les liens, non seulement avec les naturalistes, mais aussi avec les impressionnistes. Les deux mouvements sont pour lui largement synonymes. Huysmans apprécie Manet, Degas, Cézanne et Monet dans la mesure où ils donnent une image fidèle de la réalité sociale de leur époque, en particulier celle des classes sociales inférieures. Cette perspective explique les deux points de critique qui éloignent Huysmans de plus en plus des "modernes". D'abord, leurs expériences ont rendu méconnaissables les objets qu'ils représentent sur leurs toiles; ces objets se dissocient, se désintègrent en une multitude de touches. Ensuite, la représentation des bas-fonds de la société (buveurs d'absinthe, coulisses de théâtre, terrains vagues) enferme l'esprit assoiffé de rêve dans une réalité sans issue.

Au début des années 80 Huysmans essaie d'établir une esthétique qui doit fournir une réponse à cette double critique. Il demande à l'art futur de

---

5. Les écrivains qui rentrent dans cette catégorie sont Baudelaire, le Flaubert de *La Tentation de Saint-Antoine*), les Goncourt et Huysmans, qui reconnaît dans le tempérament d'artiste de Moreau son propre tempérament.

représenter une réalité bien reconnaissable, mais qui en suggère une autre, mystérieuse, mythique et qui dépasse largement la première. Clairement, l'art moderne ne répond pas à cette demande. C'est pourquoi Huysmans se tourne vers le passé. Les peintres qu'il cite en exemple dans *A rebours* sont Goya, El Greco, Jan Luyken et, parmi ses contemporains, Bresdin, Rops et Moreau. Ils ont en commun de représenter un monde étrange qui se compose d'objets et de personnages porteurs d'un mystère souvent angoissant; ce sont des scènes familières, transformées en rêve.

Dans cette perspective, le tableau de Salomé, placé en tête du chapitre sur la peinture d'*A rebours*, occupe une position charnière. Il marque la fin de la période pendant laquelle Huysmans se faisait le champion des peintres impressionnistes et il annonce le revirement final quand Huysmans, après la vue du *Retable d'Issenheim* de Grünewald en 1888, rompt entièrement avec l'art moderne pour ne plus s'occuper que des "primitifs" médiévaux. Dans la période intermédiaire Huysmans crée ce qu'il appellera plus tard le "surnaturalisme". Ce terme heureux montre combien l'auteur, tout en restant fidèle à la loi de la représentation réaliste, dépasse le naturalisme vers une esthétique du rêve. Dans ce développement, l'œuvre de Gustave Moreau a joué un rôle crucial.

Universiteit Utrecht

Bibliographie:

Gaston Bachelard
1948 *La Terre et les rêveries de la volonté*, Paris, Corti

Maarten van Buuren
1990 "Zola et les tempéraments", dans: *Poétique* 84, 471-482

Marc Eigeldinger
1987 "Huysmans interprète de Gustave Moreau" dans: A. Guyaux, C. Heck et R. Kopp réd., *Huysmans. Une esthétique de la décadence*, Paris, Champion, 203-213

Joris-Karl Huysmans
1934 "Les Gobelins" dans: *De tout* (= *Œuvres complètes* XVI), Paris, Crès
1957 *Lettres inédites à Camille Lemonnier*, Genève, Droz
1975 "Le Salon officiel de 1880", dans: *L'Art moderne, Certains*, Paris, Union Générale d'Editions
1978 *A rebours*, Paris, Garnier-Flammarion
Camille Lemonnier
1878 *Mes médailles*, Paris, Librairie Générale.

Appendice

Entre tous, un artiste existait dont le talent le ravissait en de longs transports, Gustave Moreau.

Il [= Des Esseintes] avait acquis ses deux chefs-d'œuvre et, pendant des nuits, il rêvait devant l'un d'eux, le tableau de la Salomé, ainsi conçu:

Un trône se dressait, pareil au maître-autel d'une cathédrale, sous d'innombrables voûtes jaillissant de colonnes trapues ainsi que des piliers romans, émaillées de briques polychromes, serties de mosaïques, incrustées de lapis et de sardoines, dans un palais semblable à une basilique d'une architecture tout à la fois musulmane et byzantine.

Au centre du tabernacle surmontant l'autel précédé de marches en forme de demi-vasques. le Tétrarque Hérode était assis, coiffé d'une tiare, les jambes rapprochées, les mains sur les genoux.

La figure était jaune, parcheminée, annelée de rides, décimée par l'âge; sa longue barbe flottait comme un nuage blanc sur les étoiles en pierreries qui constellaient la robe d'orfroi plaquée sur sa poitrine.

Autour de cette statue, immobile, figée dans une pose hiératique de dieu Hindou, des parfums brûlaient, dégorgeant des nuées de vapeurs que trouaient, de même que des yeux phosphorés de bêtes, les feux des pierres enchâssées dans les parois du trône; puis la vapeur montait, se déroulait sous les arcades où la fumée bleue se mêlait à la poudre d'or des grands rayons de jour, tombés des dômes.

Dans l'odeur perverse des parfums, dans l'atmosphère surchauffée de cette église, Salomé, le bras gauche étendu, en un geste de commandement, le bras droit replié, tenant, à la hauteur du visage, un grand lotus, s'avance lentement sur les pointes, aux accords d'une guitare dont une femme accroupie pince les cordes.

La face recueillie, solennelle, presque auguste, elle commence la lubrique danse qui doit réveiller les sens assoupis du vieil Hérode; ses seins ondulent et, au frottement de ses colliers qui tourbillonnent, leurs bouts se dressent; sur la moiteur de sa peau les diamants, attachés, scintillent; ses bracelets, ses ceintures, ses bagues, crachent des étincelles; sur sa robe triomphale, couturée de perles, ramagée d'argent, lamée d'or, la cuirasse des orfèvreries, dont chaque maille est une pierre, entre en combustion, croise

6 Gustave Moreau, L'Apparition, *1876*

des serpenteaux de feu, grouille sur la chair mate, sur la peau rose thé, ainsi que des insectes splendides aux élytres éblouissants, marbrés de carmin, ponctués de jaune aurore, diaprés de bleu d'acier, tigrés de vert paon.

Concentrée, les yeux fixes, semblable à une somnambule, elle ne voit ni le Tétrarque qui frémit, ni sa mère, la féroce Hérodias, qui la surveille, ni l'hermaphrodite ou l'eunuque qui se tient, le sabre au poing, en bas du trône, une terrible figure, voilée jusqu'aux joues, et dont la mamelle de châtré pend, de même qu'une gourde, sous sa tunique bariolée d'orange.

Ce type de la Salomé si hantant pour les artistes et pour les poètes, obsédait, depuis des années, des Esseintes. Combien de fois avait-il lu dans la vieille bible de Pierre Variquet, traduite par les docteurs en théologie de l'Université de Louvain, l'évangile de saint Matthieu qui raconte, en de naïves et brèves phrases, la décollation du Précurseur; combien de fois avait-il rêvé, entre ces lignes:

«Au jour du festin de la Nativité d'Hérode, la fille d'Hérodias dansa au milieu et plut à Hérode.

«Dont lui promit, avec serment, de lui donner tout ce qu'elle demanderait.

«Elle donc, induite par sa mère, dit: Donne-moi, en un plat, la tête de Jean-Baptiste.

«Et le roi fut marri, mais à cause du serment et de ceux qui étaient assis à table avec lui, il commanda qu'elle lui fût baillée.

«Et envoya décapiter Jean, en la prison.

«Et fut la tête d'icelui apportée en un plat et donnée à la fille; et elle la présenta à sa mère.»

Mais ni saint Matthieu, ni saint Marc, ni saint Luc, ni les autres évangélistes ne s'étendaient sur les charmes délirants, sur les actives dépravations de la danseuse. Elle demeurait effacée, se perdait, mystérieuse et pâmée, dans le brouillard lointain des siècles, insaisissable pour les esprits précis et terre à terre, accessible seulement aux cervelles ébranlées, aiguisées, comme rendues visionnaires par la névrose; rebelle aux peintres de la chair, à Rubens qui la déguisa en une bouchère des Flandres, incompréhensible pour tous les écrivains qui n'ont jamais pu rendre l'inquiétante exaltation de la danseuse, la grandeur raffinée de l'assassine.

Dans l'œuvre de Gustave Moreau, conçue en dehors de toutes les données du Testament, des Esseintes voyait enfin réalisée cette Salomé, surhumaine et étrange qu'il avait rêvée. Elle n'était plus seulement la baladine qui arrache à un vieillard, par une torsion corrompue de ses reins, un cri de désir et de rut; qui rompt l'énergie, fond la volonté d'un roi, par des remous de seins, des secousses de ventre, des frissons de cuisse; elle devenait, en quelque sorte, la déité symbolique de l'indestructible Luxure, la déesse de l'immortelle Hystérie, la Beauté maudite, élue entre toutes par la catalepsie qui lui raidit les chairs et lui durcit les muscles; la Bête monstrueuse, indifférente, irresponsable, insensible, empoisonnant, de même que l'Hélène antique, tout ce qui l'approche, tout ce qui la voit, tout ce qu'elle touche.

Ainsi comprise, elle appartenait aux théogonies de l'Extrême-Orient, elle ne relevait plus des traditions bibliques, ne pouvait même plus être assimilée à la vivante image de Babylone, à la royale Prostituée de l'Apocalypse, accoutrée, comme elle, de joyaux et de pourpre, fardée comme elle; car celle-là n'était pas jetée par une puissance fatidique, par une force suprême, dans les attirantes abjections de la débauche.

Le peintre semblait d'ailleurs avoir voulu affirmer sa volonté de rester hors des siècles, de ne point préciser d'origine, de pays, d'époque, en mettant sa Salomé au milieu de cet extraordinaire palais, d'un style confus et grandiose, en la vêtant de somptueuses et chimériques robes, en la mitrant d'un incertain diadème en forme de tour phénicienne tel qu'en porte la Salammbô, en lui plaçant enfin dans la main le sceptre d'Isis, la fleur sacrée de l'Egypte et de l'Inde, le grand lotus.

Peut-être aussi qu'en armant son énigmatique déesse du lotus vénéré, le peintre avait songé à la danseuse, à la femme mortelle, au Vase souillé, cause de tous les péchés et de tous les crimes; peut-être s'était-il souvenu des rites de la vieille Egypte, des cérémonies sépulcrales de l'embaumement, alors que les chimistes et les prêtres étendent le cadavre de la morte sur un banc de jaspe, lui tirent avec des aiguilles courbes la cervelle par les fosses du nez, les entrailles par l'incision pratiquée dans son flanc gauche, puis avant de lui dorer les ongles et les dents, avant de l'enduire de bitumes et d'essences, lui insèrent, dans les parties sexuelles, pour les purifier, les chastes pétales de la divine fleur.

Quoi qu'il en fût, une irrésistible fascination se dégageait de cette toile, mais l'aquarelle intitulée *l'Apparition* était peut-être plus inquiétante encore.

Là, le palais d'Hérode s'élançait, ainsi qu'un Alhambra, sur de légères colonnes irisées de carreaux moresques, scellés comme par un béton d'argent, comme par un ciment d'or; des arabesques partaient de losanges en lazuli, filaient tout le long des coupoles où, sur des marqueteries de nacre, rampaient des lueurs d'arc-en-ciel, des feux de prisme.

Le meurtre était accompli; maintenant le bourreau se tenait impassible, les mains sur le pommeau de sa longue épée, tachée de sang.

Le chef décapité du saint s'était élevé du plat posé sur les dalles et il regardait, livide, la bouche décolorée, ouverte, le cou cramoisi, dégouttant de larmes. Une mosaïque cernait la figure d'où s'échappait une auréole s'irradiant en traits de lumière sous les portiques, éclairant l'affreuse ascension de la tête, allumant le globe vitreux des prunelles, attachées, en quelque sorte crispées sur la danseuse.

D'un geste d'épouvante, Salomé repousse la terrifiante vision qui la cloue, immobile, sur les pointes; ses yeux se dilatent, sa main étreint convulsivement sa gorge.

Elle est presque nue; dans l'ardeur de la danse, les voiles se sont défaits, les brocarts ont croulé; elle n'est plus vêtue que de matières orfévries et de minéraux lucides; un gorgerin lui serre de même qu'un corselet la taille; et, ainsi qu'une agrafe superbe, un merveilleux joyau darde des éclairs dans la rainure de ses deux seins; plus bas, aux hanches, une ceinture l'entoure, cache le haut de ses cuisses que bat une gigantesque pendeloque où coule une rivière d'escarboucles et d'émeraudes; enfin, sur le corps resté nu, entre le gorgerin et la ceinture, le ventre bombe, creusé d'un nombril dont le trou semble un cachet gravé d'onyx, aux tons laiteux, aux teintes de rose d'ongle.

Sous les traits ardents échappés de la tête du Précurseur, toutes les facettes des joailleries s'embrasent; les pierres s'animent, dessinent le corps de la femme en traits incandescents; la piquent au cou, aux jambes, aux bras, de points de feu vermeils comme des charbons, violets comme des jets de gaz, bleus comme des flammes d'alcool, blancs comme des rayons d'astre.

L'horrible tête flamboie, saignant toujours, mettant des caillots de pourpre sombre, aux pointes de la barbe et des cheveux. Visible pour la Salomé seule, elle n'étreint pas de son morne regard l'Hérodias qui rêve à ses haines enfin abouties, le Tétrarque, qui, penché un peu en avant, les mains sur les genoux, halète encore, affolé par cette nudité de femme imprégnée de senteurs fauves, roulée dans les baumes, fumée dans les encens et dans les myrrhes.

Tel que le vieux roi, des Esseintes demeurait écrasé, anéanti, pris de vertige, devant cette danseuse, moins majestueuse, moins hautaine, mais plus troublante que la Salomé du tableau à l'huile.

Dans l'insensible et impitoyable statue, dans l'innocente et dangereuse idole, l'érotisme, la terreur de l'être humain s'étaient fait jour; le grand lotus avait disparu, la déesse s'était évanouie; un effroyable cauchemar étranglait maintenant l'histrionne, extasiée par le tournoiement de la danse, la courtisane, pétrifiée, hypnotisée par l'épouvante.

Ici, elle était vraiment fille; elles obéissait à son tempérament de femme ardente et cruelle; elle vivait, plus raffinée et plus sauvage, plus exécrable et plus exquise; elle réveillait plus énergiquement les sens en léthargie de l'homme, ensorcelait, domptait plus sûrement ses volontés, avec son charme de grande fleur vénérienne, poussée dans des couches sacrilèges, élevée dans des serres impies.

Comme le disait des Esseintes, jamais, à aucune époque, l'aquarelle n'avait pu atteindre cet éclat de coloris; jamais la pauvreté des couleurs chimiques n'avait ainsi fait jaillir sur le papier des coruscations semblables de pierres, des lueurs pareilles de vitraux frappés de rais de soleil, des fastes aussi fabuleux, aussi aveuglants de tissus et de chairs.

Et, perdu dans sa contemplation, il scrutait les origines de ce grand artiste, de ce païen mystique, de cet illuminé qui pouvait s'abstraire assez du monde pour voir, en plein Paris, resplendir les cruelles visions, les féeriques apothéoses des autres âges.

Sa filiation, des Esseintes la suivait à peine; çà et là, de vagues souvenirs de Mantegna et de Jacopo de Barbarj; çà et là, de confuses hantises du Vinci et des fièvres de couleurs à la Delacroix; mais l'influence de ces maîtres restait, en somme, imperceptible: la vérité était que Gustave Moreau ne dérivait de personne. Sans ascendant véritable, sans descendants possibles, il demeurait, dans l'art contemporain, unique. Remontant aux sources ethnographiques, aux origines des mythologies dont il comparait et démêlait les sanglantes énigmes; réunissant, fondant en une seule les légendes issues de l'Extrême-Orient et métamorphosées par les croyances des autres peuples, il justifiait ainsi ses fusions architectoniques, ses amalgames luxueux et inattendus d'étoffes, ses hiératiques et sinistres allégories aiguisées par les inquiètes perspicuités d'un nervosisme tout moderne; et il restait à jamais douloureux, hanté par les symboles des perversités et des amours surhumaines, des stupres divins consommés sans abandons et sans espoirs.

Il y avait dans ses œuvres désespérées et érudites un enchantement singulier, une incantation vous remuant jusqu'au fond des entrailles, comme celle de certains poèmes de Baudelaire, et l'on demeure ébahi, songeur, déconcerté, par cet art qui franchissait les limites de la peinture, empruntait à l'art d'écrire ses plus subtiles évocations, à l'art du Limosin ses plus merveilleux éclats, à l'art du lapidaire et du graveur ses finesses les plus exquises. Ces deux images de la Salomé, pour lesquelles l'admiration de des Esseintes était sans bornes, vivaient, sous ses yeux, pendues aux murailles de son cabinet de travail, sur des panneaux réservés entre les rayons des livres.

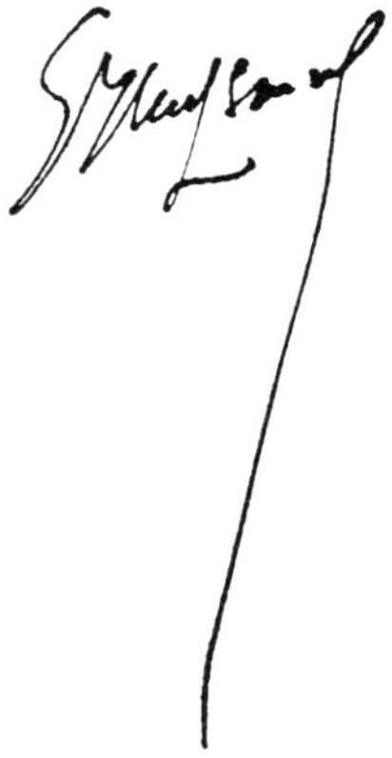

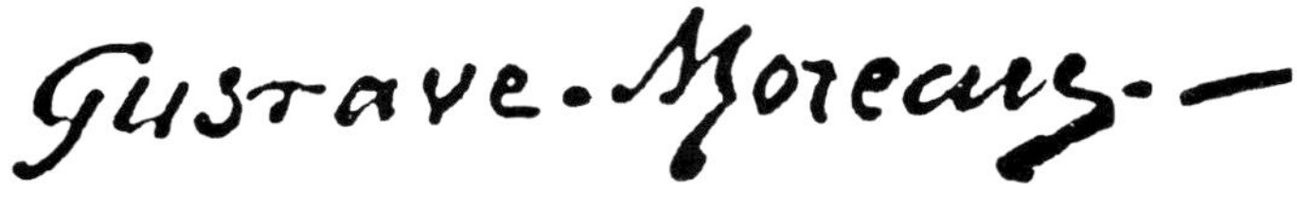

OSCAR WILDE, WHISTLER ET L'ESTHÉTIQUE DES IMPRESSIONS

Heinrich F. Plett

> In a very ugly and sensible age, the arts borrow, not from life, but from each other.
> (O. Wilde, "Pen, Pencil and Poison", 1889)

Wilde et Whistler

Le 21 février 1885 parurent sous la plume d'Oscar Wilde les remarquables propos suivants dans le *Pall Mall Gazette*:

> For there are not many arts, but one art merely: poem, picture, and Parthenon, sonnet and statue – all are in their essence the same, and he who knows one, knows all. But the poet is the supreme artist, for he is the master of colour and of form, and the real musician besides, and is lord over all life and all arts; and so to the poet beyond all others are these mysteries known; to Edgar Allan Poe and to Baudelaire, not to Benjamin West and Paul Delaroche. (Wilde 1908b:66)

Ces paroles renferment une théorie de l'unité des arts, à laquelle chaque art aurait à se soumettre. La conséquence de ce postulat présente une anticipation sur les idées d'Oskar Walzel concernant "l'éclaircissement réciproque des arts" (1917), idées selon lesquelles les principes relatifs à la forme qui sont obtenus grâce à un médium artistique particulier, peuvent se retrouver *per analogiam* dans d'autres arts. Celui qui sait produire ces analogies ne dispose pas, selon Oscar Wilde, nécessairement de connaissances technologiques, par exemple sur la convertibilité des signes et des structures de signes dans les divers médias. Bien plus indispensable est l'*a priori* épistémologique: la perception de l'"essence" ou encore la connaissance "des lois secrètes de la création artistique". Et cela exige, selon Oscar Wilde, la présence d'un artiste ou bien d'un critique en tant qu'artiste.

Les propos cités contiennent également un postulat qui va encore plus loin: celui de la suprématie du poète sur le peintre, et même sur tous les autres artistes. Oscar Wilde intervient là dans un débat célèbre, qui tint le monde artistique en haleine depuis Léonard de Vinci: la rivalité (*paragone*) entre la peinture et la littérature (cf. Farago 1992), dispute qui trouva une fin provisoire après la distinction apportée par G.E. Lessing entre art spatial et art temporel dans son *Laocoon ou Des frontières de la peinture et de la poésie* (1766). Wilde n'utilise pas, comme l'avaient fait les poètes de la Renaissance et du classicisme, le topos apologétique *ut pictura poesis* pour installer la poésie dans ses droits; l'exigence qu'il prescrit est plus absolue. Selon celle-ci, la poésie est l'art primordial, le poète l'artiste suprême – un maître des couleurs et des tons, et même de la vie. Aucune justification n'est fournie pour fonder cette hypothèse. Mais les conséquences qui en résultent sont claires: c'est l'exigence d'une poésie picturale, musicale, une poésie qui s'adresse aux sens et si possible à tous les sens en même temps. L'idéal est la 'panesthésie' ou bien, en tant que premier degré ou degré transitoire, la synesthésie des formes de description et de perception. Les modèles de Wilde s'appellent Poe et Baudelaire.

1 Oscar Wilde

Les propos d'Oscar Wilde, discutés ici, sont une réplique à la célèbre *Ten O'Clock Lecture* de James McNeill Whistler du 20 février 1885. Whistler, un impressionniste américain, qui travailla à Londres et à Paris, entretint longtemps avec Wilde une relation amicale, rompue cependant plus tard par des jalousies mesquines (cf. Eichbaum 1931, Ellmann 1988). Dans son cours magistral, Whistler conteste à l'écrivain le droit de juger de la peinture, celui-ci se bornant toujours à la considérer comme "des hiéroglyphes ou des symboles" d'une histoire (Whistler 1967:146). Pour Whistler, l'écrivain néglige ainsi "la poésie du peintre", qui représente une "harmonie" des formes et des couleurs. La peinture et la mimésis n'ont rien à faire ensemble; la valeur d'un tableau se fonde sur ses propres mérites. Réduit à une formule frappante: "As music is the poetry of sound, so painting the poetry of sight, and the subject-matter has nothing to do with harmony of sound or of colour" (Whistler 1967: 127). C'est pour cette raison que

Whistler n'hésite pas à appeler ses travaux "symphonies", "arrangements", "harmonies" ou bien encore "nocturnes". L'analogon amimétique de la musique, sur lequel de tels titres se basent, délivre les œuvres d'art plastiques de toutes déterminations étrangères et leur garantit leur autonomie. Par cela, Whistler se révèle un élève fidèle de Walter Pater, le théoricien de l'esthétisme.

2 *Whistler,* Autoportrait, *1857-1858*

Avant même de proclamer la priorité de la poésie sur tous les autres arts, Oscar Wilde avait tenté dans certains poèmes de sonder les possibilités picturales de la langue. Le résultat était une série de "poèmes visuels", qui transmettent des "impressions" que le "je" lyrique a reçues. Aussi ces poèmes s'appellent-ils: *Impression de Voyage*, *Impression du Matin*, *Impressions (Les Silhouettes, La Fuite de la Lune)*, *Impression: Le Réveillon*, *Impressions (Le Jardin, La Mer).* Si de tels titres témoignent de la fascination d'Oscar Wilde pour la peinture de l'impressionnisme en général, d'autres titres de poèmes se réfèrent directement (par exemple *In the Gold Room: A Harmony, Symphony in Yellow*) à des titres de tableaux 'musicaux' (par exemple *Harmony in Grey*, *Symphony in White*) de l'impressionniste James McNeill Whistler. Une toile célèbre de l'Américain, qui porte le titre *Nocturne in Blue and Gold: Old Battersea Bridge* (vers 1872-1875, ill. 4), laissa une trace directe dans le vers "The Thames nocturne of blue and gold" dans le poème de Wilde *Impression du Matin.*

De tels rapports intermédiaux entre peinture et poésie ont poussé les chercheurs, dans un passé encore récent, à relever diverses influences concrètes mais aussi tout un tas d'analogies vagues entre les œuvres de

3 Whistler, Nocturne in Blue and Gold: Old Battersea Bridge

Whistler et de Wilde (cf. Fehr 1918, Eichbaum 1932).[1] Des études plus récentes encore n'ont ajouté que quelques détails à de telles connaissances (Borelius 1968, Kohl 1980:35-61 [54-58]). Il n'est cependant presque jamais question des éléments constituants et des principes de composition des poèmes "impressionnistes" de Wilde. Ceux-ci feront l'objet de l'analyse qui suit. Dans ce but, nous étudierons deux exemples célèbres du recueil *Poems* (1881): *In the Gold Room: A Harmony* et *Impression du Matin*. Les aspects principaux de cette analyse se rapporteront aux deux phrases révélatrices que prononça Whistler à l'occasion du procès en diffamation intenté contre John Ruskin en 1878. A la question de savoir ce que sa toile portant le titre *Nocturne in Blue and Gold* voulait représenter, il formula les principes suivants (Whistler 1967:8): "As to what the picture represents, that depends upon who looks at it." et "My whole scheme was only to bring about a certain harmony of colour." Ce qui est donc primaire est non pas le caractère représentatif de l'objet artistique (pictural) mais la manière dont le récepteur le perçoit. Et encore: l'objet artistique n'est qu'une configuration esthétique de couleurs. Il s'agit d'étudier dans les impressions poétiques de Wilde ces deux aspects: la perception esthétique tout comme la configuration esthétique.

In the Gold Room

Le premier poème de Wilde est issu de la section "Flowers of Gold" de *Poems* (1881) et a la teneur suivante (Wilde 1966:772):

IN THE GOLD ROOM

A Harmony

Her ivory hands on the ivory keys
    Strayed in a fitful fantasy,
Like the silver gleam when the poplar trees
    Rustle their pale leaves listlessly,
    Or the drifting foam of a restless sea
When the waves show their teeth in the flying breeze.

1. Peters (1957) analyse l'influence de Whistler sur quelques poèmes d'Arthur Symons et d'Ernest Henley.

Her gold hair fell on the wall of gold
  Like the delicate gossamer tangles spun
On the burnished disk of the marigold,
  Or the sunflower turning to meet the sun
  When the gloom of the jealous night is done,[2]
And the spear of the lily is aureoled.

And her sweet red lips on these lips of mine
  Burned like the ruby fire set
In the swinging lamp of a crimson shrine,
  Or the bleeding wounds of the pomegranate,
  Or the heart of the lotus drenched and wet
With the spilt-out blood of the rose-red wine.

Le poème crée l'image d'une femme aux cheveux dorés, jouant du piano. A la fin de la représentation, elle embrasse celui qui récite le poème. L'ensemble se déroule dans une pièce dorée, plus précisément dans une pièce où les murs sont revêtus d'une tapisserie dorée, laquelle donne son nom au poème. Le temps de la description est au passé (*past tense*). Ce texte ne présenterait rien de particulier s'il n'exposait un amoncellement de couleurs et d'objets colorés. En effet, le poète semble vouloir peindre directement sa description avec des mots. Pourtant le nombre d'objets peints est restreint. Bien qu'une femme soit le centre d'intérêt du poème, le lecteur ne peut la distinguer que par trois détails qui sont placés au début de chaque strophe: les mains, les cheveux, les lèvres, lesquels symbolisent tout le portrait. Par conséquent, plutôt que d'invidualiser le personnage, la représentation tend à créer une image abstraite de celui-ci. Le moyen stylistique employé est la synecdoque (ou bien la métonymie). Le portrait que présente le poème n'est qu'une simple silhouette.

En même temps, cette image évolue et développe une forme qui dépasse de loin la simple esquisse. Les détails donnés du portrait se colorent. La méthode stylistique qui est employée à cet effet est l'amplification par la comparaison. Ainsi, dans la première strophe, les mains en ivoire sont comparées au voile *argenté* des feuilles de peuplier *pâles* et à l'écume

2. Une variante textuelle de ce vers introduit une autre couleur: "When the gloom of the dark blue night is done" (Wilde 1908a:159). Nous préférons ici la version autorisée par Vyvyan Holland, le fils du poète, version qui préserve la monochromie dans la strophe (Wilde 1966:772).

(*claire*) allant à la dérive des vagues aux dents (*blanches*). Si la couleur 'blanc' domine ici, c'est la couleur 'doré' qui prime dans la deuxième strophe et la couleur 'rouge' dans la troisième, et cela dans des tons et des nuances divers.[3] Les comparaisons, qui sont en elles-mêmes en partie des métaphores, n'établissent presque jamais une structure profonde symbolique ou encore psychologique des détails corporels. Bien plus, leur but est d'enrichir et de renforcer les effets sensoriels par des analogies colorées. La forme du portrait, dont on ne discerne que les contours, ne devient pas plus familière, plus accessible; au contraire, le personnage continue à se distancer. Il se cache et même disparaît plutôt derrière les comparaisons, à travers les images qui sont pour la plupart issues de la nature mais aussi de l'art. Ainsi naît un artefact avec un effet Arcimboldo. L'imaginaire profond de ce personnage, malgré l'emploi d'éléments de la nature, est de plus souligné par le lieu où évolue la pianiste: une pièce artificielle, dorée. La pianiste elle-même est un personnage artificiel, elle a les mains en ivoire, les cheveux dorés et les lèvres qui brûlent comme le feu d'un rubis: c'est une icône de l'esthétisme.

On a supposé que ce poème était inspiré d'un portrait de jeune fille de Whistler portant le titre *Harmony in Yellow and Gold: The Gold Girl, Connie Gilchrist* (vers 1876) (Borelius 1968:14-16). La toile montre une jeune danseuse de corde devant un rideau, une représentation de tout le personnage en action (Sutton 1967: Pl. 73). Outre que le thème est nettement différent chez Wilde et Whistler, il existe aussi un traitement différent de l'objet.[4] Alors que Whistler – malgré le titre provoquant – est fidèle au principe mimétique de représentation, Wilde décompose l'objet du portrait en effets sensoriels. Il réduit le personnage à quelques moments de perception visuelle – les mains, les cheveux, les lèvres – sans manquer d'y ajouter certaines associations signifiantes: le génie artistique, la beauté, la passion. D'autres nuances de couleurs élargissent le rayon de perception. Elles sont produites au moyen de divers *colores rhetorici*: métonymie – comparaison – énumération. Celles-ci créent un univers d'impressions. Ainsi naît un "portrait en mots", qui n'est cependant pas statique, mais comme les

3. Sur l'emploi et la hiérarchie des couleurs dans l'œuvre de Wilde, voir Oyala (1954-1955: II 99-108).

4. Le tableau *At the Piano* (1858) de Whistler (Sutton 1967: Pl. 7), que Eichbaum (1932: 401) appelle une source possible d'inspiration pour Wilde, est également inadéquat au sujet du poème.

verbes l'indiquent, un portrait en mouvement: les mains se promènent, la chevelure tombe, les lèvres brûlent – l'art temporel du langage le permet. Plus encore, à la fin de la description de l'image – dans la troisième strophe – l'image et son spectateur fusionnent dans un baiser passionné, une action dramatique, qui cependant est replacée par l'emploi du *past tense* dans une distance temporelle. Reste le souvenir d'une séquence d'impressions de couleurs: un portrait d'idées polychrome, blanc, doré et rouge, placé dans une pièce dorée de la *memoria*; pas un individu identifiable, comme dans le portrait de l'artiste de Whistler, mais – pour reprendre le titre de la toile de ce dernier – une "harmonie", c'est-à-dire une structure (d'impressions) de couleurs.

Impression du matin

Le deuxième poème de Wilde qu'il s'agit d'étudier, est issu de la section "Wind Flowers" de l'anthologie de 1881 et se présente comme suit (Wilde 1908a:101; Wilde 1966:745):

IMPRESSION DU MATIN

The Thames nocturne of blue and gold
  Changed to a Harmony in grey:
  A barge with ochre-coloured hay
Dropt from the wharf: and chill and cold

The yellow fog came creeping down
  The bridges, till the houses' walls
  Seemed changed to shadows and St. Paul's
Loomed like a bubble o'er the town.

Then suddenly arose the clang
  Of waking life; the streets were stirred
  With country waggons: and a bird
Flew to the glistening roofs and sang.

But one pale woman all alone,
  The daylight kissing her wan hair,
  Loitered beneath the gas lamps' flare,
With lips of flame and heart of stone.

Le poème thématise l'aube dans la grande ville de Londres, qui est représentée par les synecdoques "Thames" et "St. Paul's". La description est réalisée par des impressions sensorielles. Celles-ci se concentrent dans les trois premières strophes principalement sur le paysage urbain, alors que dans la dernière strophe une femme "pâle", probablement une prostituée, passe au premier plan.

Les impressions sensorielles ne s'enchaînent pas fortuitement mais répondent à des techniques de réalisation précises. On peut en distinguer trois:

1. *Un échelonnement graduel des impressions.* La succession des strophes coïncide avec un ordre des effets sensoriels. Alors que dans la première strophe les impressions visuelles (comme "bleu", "doré", "gris", "jaune") dominent, des impressions tactiles se pressent au premier plan dans le dernier vers de cette strophe tout comme dans la deuxième strophe, pour laisser la place brusquement dans la troisième strophe à des impressions acoustiques. Dans la dernière strophe, les effets sensoriels visuels reprennent le dessus. On pourrait, en employant une notation particulière pour chaque sens, mettre en évidence dans une partition de texte la structure des impressions. C'est là que la deuxième technique de réalisation aurait aussi sa place.
2. *Mélange des impressions (synesthésie).* Aucune strophe du poème ne contient qu'une seule impression; bien plus, chacune est centrée sur une impression dominante, qui s'allie à une ou plusieurs impressions secondaires. Les métaphores 'synesthésiques' représentent une forme particulière de ce mélange: les perceptions sensorielles hétérogènes fusionnent en une unité de perception unique afin d'élargir ponctuellement l'expérience sensorielle. (Le *telos* de cette application est finalement la panesthésie, la présence simultanée de toutes les perceptions sensorielles imaginables en un seul et unique instant; l'œuvre qui la produit sera un *Gesamtkunstwerk*). Les deux premiers vers d'*Impression du Matin* comprennent, avec "nocturne of blue and gold" et "harmony in grey", deux passages 'intersensoriels', à savoir du domaine acoustique au domaine visuel (cf. Ullmann 1938). Que ceux-ci aient été suggérés par Whistler, par Gautier (*Symphonie en blanc majeur*) ou encore par Baudelaire (*Correspondances*), ils poursuivent dans le texte de Wilde un but concret: ils intensifient sa sensualité – et ainsi le plaisir sensoriel du récepteur, étant donné que le domaine acoustique est présenté comme un domaine de l'art (musical).

3. *Mouvemement (cinétique) des impressions*. Le panorama sensoriel de Londres apparaît dans *Impression du Matin* non pas comme un lieu figé dans un instant mais comme un fleuve constamment en mouvement. Les impressions vont et viennent. Leur leitmotiv est *change* (vv. 2, 7). C'est justement le passage de l'une à l'autre qui fait figure de trait dominant dans la description. Les verbes de mouvement en sont l'indice, mais aussi les expressions visuelles comme *grey*, *shadow* et *loom*, qui décrivent l'équilibre provisoire du clair-obscur, jusqu'à ce que finalement avec *glistening (roofs)* et *daylight* la clarté du jour s'impose. Une double volte vient s'y ajouter: la première avec la césure acoustique *Then suddenly...* (troisième strophe), la deuxième avec l'apparition de la prostituée (quatrième strophe). Les deux techniques qu'utilise Wilde à cet endroit, élèvent la description d'impressions sensorielles au niveau d'une mise en scène théâtrale.[5]

De la comparaison des deux images créées par Wilde dans les poèmes *In the Gold Room* et *Impression du Matin*, il ressort que toutes les deux transforment les impressions visuelles de l'art plastique en un tableau verbal. C'est pourquoi elles représentent des exemples pour une intertextualité médiale. Toutes deux sont dans la tradition de la littérature ekphrastique, d'une part de la *descriptio personae*, ici en particulier du *blason*, et d'autre part de la *descriptio loci*, ici en particulier de la topographie des villes (cf. Kibédi Varga 1990). A chaque fois, elles modifient la tradition respective, en peignant non pas des images statiques, mais des images en mouvement qui se transforment brusquement en des scénarios théâtraux, qu'il s'agisse d'un baiser passionné, ou bien d'une prostituée flânant en solitaire. Le poème *In The Gold Room* n'utilise presque que des couleurs pour faire une ébauche du portrait de l'artiste. La séquence de couleurs blanc-doré-rouge, renforcée sporadiquement par le moment tactile dans la troisième strophe, parvient à intensifier le visuel. Le poème *Impression du Matin* stimule par contre un large spectre de formes d'expressions sensorielles, si bien que le panorama de la grande ville à l'aube pourra être ressenti d'une manière panesthétique. Le but à atteindre, en l'occurrence, n'est pas une exacte mimésis de l'objet représenté mais son esthétisation. Les stations sur ce parcours sont la particularisation et la restructuration. Le résultat de ce procédé de transformation est chaque fois un artefact, qu'il s'agisse d'un personnage artificiel

5. La technique 'scénique' d'une action abrupte se trouve aussi dans les poèmes *La Fuite de la Lune* (str. 3), *Symphony in Yellow* (str. 3) et *The Harlot's House* (str. 11).

(blanc-doré-rouge) dans une pièce artificielle (dorée) ou bien d'un nocturne en bleu et doré. La nature joue ici toujours le rôle d'une *ancilla artis*. Là, le *poeta pictor* va bien au-delà de la description de personnage ou de paysage des peintres impressionnistes comme Whistler et Monet.

Un point de vue impressionniste

Un regard sur les autres œuvres lyriques de Wilde montre à quel point il s'est attaché à enrichir le *ut pictura poesis* horacien d'un nouveau contenu sensoriel. C'est ce qui ressort clairement d'autres poèmes picturaux, composés sous l'influence de Whistler. Dans *Les Silhouettes*, Wilde crée avec des impressions vagues de couleurs un paysage côtier. D'autres poèmes comme *La Fuite de la Lune* ou bien *Le Réveillon* signalent par des changements de couleur un changement de situation. C'est dans le poème *Symphony in Yellow* que Wilde tenta sa plus audacieuse expérience, en saisissant l'atmosphère automnale au moyen d'une image monochrome en mouvement. En même temps, Wilde utilise la couleur provocante à la mode, le 'jaune', que Whistler en particulier avait propagée par ses toiles, et qui a donné à la dernière décennie du siècle dernier l'étiquette "Yellow Nineties" (Jackson 1976:46-47). Le poème, dont l'ébauche de composition n'aboutit pas entièrement, a été créé vers 1889.[6] Il devait marquer en outre la fin de l'application par Wilde des conceptions esthétiques de Whistler à ses poèmes "impressionnistes".

La discussion théorique de Wilde avec Whistler se limita dans un premier temps à deux comptes rendus sur des expositions dans la Grosvenor Gallery. Alors que le premier (1877) rend hommage, mais avec une réserve prudente, aux "colour symphonies" très critiquées du "Great Dark Master" – parmi les toiles se trouve aussi *Nocturne in Blue and Gold* (ici encore: *Silver*), citée plus haut –, le deuxième (1879) ne cache pas son admiration pour les "arrangements in colour" de Whistler qu'il loue en les qualifiant de modèles pour le "Impressionist point of view" (Wilde 1908b:17-19, 27). Si Wilde se limite ici à quelques remarques critiques, il expose dans *Lecture to Art*

6. Cette année là voit la publication de l'essai "Pen, Pencil and Poison: A Study in Green", dont le sous-titre est une allusion ironique aux métaphores intersensorielles de Whistler. Voir aussi *The Relation of Art to Dress: A Note in Black and White on Mr. Whistler's Lecture* (1885).

Students (1883) plus précisément sa conception de l'art. Deux définitions de l'image y sont très révélatrices:

> What is a picture? Primarily a picture is a beautifully coloured surface, merely, with no more spiritual message or meaning for you than an exquisite fragment of Venetian glass or a blue tile from the wall of Damascus. It is, primarily, a purely decorative thing, a delight to look at. (Wilde 1908b:320)

> A picture has no meaning but its beauty, no message but its joy. That is the first truth about art that you must never lose sight of. A picture is a purely decorative thing. (Wilde 1908b:321)

Ainsi, le *telos* de l'image est sa beauté seule, son message seulement le plaisir esthétique. Les deux ne se fondent pas en premier lieu sur la mimésis de la description mais sur la configuration artistique des couleurs et des lignes.[7] En professant ainsi le culte du "décoratif" le poète Wilde est en consensus absolu avec le peintre Whistler.

Le point qui sépare Wilde de Whistler est bien sûr le langage. Les *colores rhetorici* sont pour le poète ce que les couleurs sont pour le peintre. Celles-ci ne procurent pas une évidence visuelle mais une *enargeia*, leur simple illusion. Une "couleur rhétorique" dominante est, chez Wilde, la métaphore synesthésique qui suggère la simultanéité de deux perceptions sensorielles. On remarque ainsi que les mots picturaux qui naissent de cette manière ne sont pas les produits d'une esthétique de la reproduction mais d'une esthétique de la perception. Ce qui sépare en outre Wilde de Whistler est sans doute le manque de distance envers le sujet de l'image. Par l'empathie poétique, l'image est non seulement theâtralisée, mais souvent dotée d'une signification symbolique ou d'un message moral. Ce qui est en contradiction avec le principe défendu par Wilde de *l'art pour l'art*, tel qu'on le trouve aussi dans *Ten O'Clock Lecture* ou bien dans le programme de E.A. Poe du "poem *per se*" (Poe 1968:893). L'hérésie de *The Didactic*, présente dans l'œuvre de Wilde jusqu'à son grand roman sur un portrait et ses consé-

---

7. Voir le *dictum* fameux de Whistler (1967:128) sur le portrait de sa mère: "Take the picture of my mother, exhibited at the Royal Academy as an 'Arrangement in Grey and Black'. Now that is what it is. To me it is interesting as a picture of my mother; but what can or ought the public to care about the identity of the portrait?"

quences, *The Picture of Dorian Gray*,[8] compte jusqu'à nos jours parmi les problèmes que la recherche n'a su résoudre.

L'auteur lui-même a peut-être proposé une solution à cette contradiction dans une lettre à Whistler, qui commente le compte rendu cité au début et s'achève avec les mots suivants (Wilde 1908b:133):

> Be warned in time, James; and remain, as I do, incomprehensible. To be great is to be misunderstood. – *Tout à vous*,
>
> Oscar Wilde.

Universität Essen

Bibliographie:

Birgit Borelius
1968 *Oscar Wilde, Whistler and Colours*, Lund, CWK Gleerup

Gerda Eichbaum
1931 "Die persönlichen und literarischen Beziehungen zwischen Oscar Wilde und James McNeill Whistler", dans: *Englische Studien* 65, 217-252
1932 "Die impressionistischen Frühgedichte Oscar Wildes unter besonderer Berücksichtigung des Einflusses von James McNeill Whistler", dans: *Die Neueren Sprachen* 40, 398-407

Richard Ellmann
1988 *Oscar Wilde*, New York, Vintage Books

Claire J. Farago
1992 *Leonardo da Vinci's 'Paragone': A Critical Interpretation with a New Edition of the Text in the 'Codex Urbinas'*, Leyde, Brill

Bernhard Fehr
1918 *Studien zu Oscar Wildes Gedichten*, Berlin, Mayer & Müller

Holbrook Jackson
1976 *The Eighteen Nineties: A Review of Art and Ideas at the Close of the Nineteenth Century*, Atlantic Highlands, N.J., Humanities Press (1913[1])

---

8. Ellmann (1988:278) suggère que dans l'esquisse originale du roman le peintre Basil Hallward était une caricature de Whistler. Mais cette supposition est improbable; car dans l'œuvre publiée Hallward semble plutôt être un disciple de John Ruskin, c'est-à-dire l'antagoniste de Whistler.

A. Kibédi Varga
1990 *Les Poétiques du classicisme*, Paris, Aux Amateurs de Livres

Norbert Kohl
1980 *Oscar Wilde: Das literarische Werk zwischen Provokation und Anpassung*, Heidelberg, C. Winter

Aatos Oyala
1954-1955 *Aestheticism and Oscar Wilde*, Helsinki, Academia Scientiarum Fennica, 2 vol.

Robert L. Peters
1957 "Whistler and the English Poets of the 1890's", dans: *Modern Language Quarterly* 18, 251-261

Edgar Allan Poe
1965 *The Complete Tales and Poems*, éd. Hervey Allen, New York, The Modern Library

Robin Spencer ed.
1989 *Whistler: A Retrospective*, New York, Hugh Lauter Levin Associates

Denys Sutton
1967 *James McNeill Whistler: Gemälde, Aquarelle, Pastelle & Radierungen*, Cologne, Phaidon

Stefan von Ullmann
1938 "Synästhesien in den dichterischen Werken von Oscar Wilde", dans: *Englische Studien* 72, 245-256

James Abbott McNeill Whistler
1967 *The Gentle Art of Making Enemies*, introd. Alfred Weber, New York, Dover Publications (1892[1])

Oscar Wilde
1908a *The Poems*, éd. Robert Ross, Londres, Methuen and Co
1908b *Miscellanies*, éd. Robert Ross, Londres, Methuen and Co
1966 *Complete Works*, éd. Vyvyan Holland, Londres & Glasgow, Collins.

CLAIR-OBSCUR

John Neubauer

En 1799 Goethe publie une traduction commentée des deux premiers chapitres des *Essais sur la peinture* de Diderot.[1] La traduction des autres chapitres manque, mais nous avons heureusement trouvé dans le clair-obscur de notre ordinateur, quelques notes inédites de Goethe sur le troisième chapitre, "Tout ce que j'ai compris de ma vie du clair-obscur" (Diderot 1984:3-79).[2] Comme dans le deuxième chapitre, Goethe organise le texte selon ses propres thèmes, et change l'ordre du texte de Diderot. Ses commentaires ne sont pas accompagnés de traductions. Nous publions les passages pertinents du texte de Diderot avec le commentaire de Goethe et notre propre commentaire.

Diderot et Goethe

Diderot:

> Il n'y a pas une loi pour les couleurs, une loi pour la lumière, une loi pour les ombres; c'est partout la même. (EP 32)

Goethe:

> Diderot war, wie alle Franzosen, ein Anhänger Newtons, doch hat er richtig geahnt, daß die Farben und das Helldunkel demselben Gesetz unterworfen sind. Denn Newtons These, daß die Farben durch die Zerlegung des weißen Lichtes entstehen, ist falsch; sie entstehen aus der Zusammenwirkung von Licht und Dunkel.[3] Hätte Diderot diese Dualität des Lichtes deutlich erkannt, so hätte er sein Kapitel über das Helldunkel ("clair-obscur") dem Kapitel über die Farben vorausgeschickt und nicht hinten angehängt. Das Helldunkel ist ein Grundphäno-

---

1. Voir notre édition: "Diderots Versuch über die Malerei" dans: Johann Wolfgang Goethe, *Sämtliche Werke...*, vol. 7, 1991, pp. 517-565. Nous citons selon cette édition, sous le sigle 'MA' (= Münchener Ausgabe).

2. Toutes les citations dans le texte seront selon cette édition, sous le sigle 'EP'.

3. L'idée que les couleurs résultent de l'action reciproque de la lumière et des ténèbres – et non, comme Newton le disait, de l'analyse de la lumière blanche – est la thèse centrale de Goethe contre Newton.

men und geht den Farbenerscheinungen voraus. Die Künstler werden die Farben erst verstehen, wenn sie den Gebrauch des Helldunklen völlig beherrschen.[4] Ganz richtig hat der alte Jesuit Athanasius Kircher behauptet: "color, lumen opacatum".[5] Sehen wir nun, was Diderot unter clair-obscur versteht.

Diderot:

Le clair-obscur est la juste distribution des ombres et de la lumière.[6] Problème simple et facile, lorsqu'il n'y a qu'un objet régulier ou qu'un point lumineux; mais problème dont la difficulté s'accroît à mesure que les formes de l'objet sont variées, à mesure que la scène s'étend, que les êtres s'y multiplient; que la lumière y arrive de plusieurs endroits, et que les lumières sont diverses. Ah, mon ami, combien d'ombres et de lumières fausses dans une composition un peu compliquée! Combien de licences prises! En combien d'endroits la vérité sacrifiée à l'effet! (EP 26)

Goethe:

Allerdings! Diderot geht hier gleich zum Kern der Sache: Er sieht völlig richtig, daß eine einzige Lichtquelle uninteressant ist und daß die Problematik des Helldunklen erst im Schattenspiel mehrerer Lichtquellen zum Kunstwerk wird. Herrlich seine folgende lyrisch-pathetische Beschreibung des clair-obscur.

Diderot:

S'il nous arrive de nous promener aux Tuileries, au bois de Boulogne, ou dans quelque endroit écarté des Champs-Elysées, sous quelques-uns de ces vieux arbres épargnés parmi tant d'autres qu'on a sacrifiés au parterre et à la vue de l'hôtel de Pompadour, sur la fin d'un beau jour, au moment où le soleil plonge

---

4. Goethe affirme la priorité du clair-obscur sur les couleurs presque de la même manière dans la *Farbenlehre* (1810): "Die Trennung des Helldunkels von aller Farbenscheinung ist möglich und nötig. Der Künstler wird das Rätsel der Darstellung eher lösen, wenn er sich zuerst das Helldunkel unabhängig von Farben denkt, und dasselbe in seinem ganzen Umfange kennen lernt" (Didaktischer Teil, § 851; MA 10:248).

5. "La couleur est lumière ombrée". Goethe cite le *Ars magna lucis et umbrae* (1646) du jésuite Athanasius Kircher (1602-1680). Il cite le même passage dans l'essai *Von den farbigen Schatten* (MA 4.2:354) et dans la *Farbenlehre* (MA 10:47).

6. Les sources les plus importantes pour la théorie du clair-obscur et des ombres colorées de Diderot sont d'un côté le *Trattato della pittura* de Léonard de Vinci, qu'il a lu dans la traduction française de F. de Chambray (1651), les *Cours de Peinture par Principes* de Roger de Piles (1708) et l'art de Jean-Baptiste Siméon Chardin. Voir Bukdahl 1982 II:39. Le texte de Léonard était important pour Goethe, qui en a même traduit un passage sur les ombres colorées (MA 12:602-603).

ses rayons obliques à travers la masse touffue de ces arbres dont les branches entremêlées les arrêtent, les renvoient, les brisent, les rompent, les dispersent sur les troncs, sur la terre, entre les feuilles, et produisent autour de nous une variété infinie d'ombres fortes, d'ombres moins fortes, de parties obscures, moins obscures, éclairées, plus éclairées, tout à fait éclatantes; alors les passages de l'obscurité à l'ombre, de l'ombre à la lumière, de la lumière au grand éclat, sont si doux, si touchants, si merveilleux, que l'aspect d'une branche, d'une feuille arrête l'œil, et suspend la conversation au moment même le plus intéressant. Nos pas s'arrêtent involontairement; nos regards se promènent sur la toile magique, et nous nous écrions: quel tableau! (EP 27)

Goethe:

Schade, daß Diderot sich auf die Malerei beschränkt, denn das Schattenspiel verschiedener Lichter ist ein allgemeines optisches Phänomen, das gleichsam den Schlüssel der Farben liefert. Ich habe die Entstehung der farbigen Schatten bereits im Jahre 1792 aus der Zusammenwirkung verschiedener Lichtquellen zu erklären versucht, und dabei auch an den Nutzen gedacht, den Künstler aus dieser Theorie ziehen könnten.[7] Sehen wir nun was Diderot über die farbigen Schatten zu sagen hat.

Diderot:

Mon ami, les ombres ont aussi leurs couleurs. Regardez attentivement les limites et même la masse de l'ombre d'un corps blanc, et vous y discernerez une infinité de points noirs et blancs interposés. L'ombre d'un corps rouge se teint de rouge; il semble que la lumière en frappant l'écarlate en détache et emporte avec elle des molécules. L'ombre d'un corps avec la chair et le sang de la peau forme une faible teinte jaunâtre. L'ombre d'un corps bleu prend une nuance de bleu. Et les ombres et les corps reflètent les uns sur les autres. (EP 32)[8]

---

7. Goethe fait allusion à son essai *Von den farbigen Schatten*, qui se termine sur une référence au soutien que cette théorie des ombres colorées offrira aux artistes: le paysagiste parviendra au plus haut degré de son art, s'il crée un monde magique dont personne ne pourra dénier la vérité, en combinant ces phénomènes célestes avec les formes et les couleurs des objets terrestres ("durch Verbindung dieser himmlischen Phänomene mit den Gestalten und Farben der irdischen Gegenstände eine Zauberwelt erschafft, welcher niemand die Wahrheit ableugnen kann", MA 4.2:357).

Mais notons la différence: l'idéal de Diderot, c'est quand la nature et l'art se confondent (voir EP 25, 26); Goethe parle d'un "monde magique qui possède une vérité", mais c'est l'homme qui affirme cette vérité. L'harmonie avec la nature n'est pas le critère primaire.

8. Gita May commente le texte que nous citons ici en disant que "la technique si particulière des 'reflets' du maître [Chardin] trouve ici un apte et éloquent théoricien" (1957:416). Selon May, ce sont les innovations techniques de Chardin qui inspirent une

Goethe:

> Es irritiert mich, wenn der gute Diderot bei jeder pathetisch angekündigten 'Entdeckung' seinen Freund Melchior Grimm ansprechen muß, besonders wenn – wie in diesem Fall – die 'Entdeckung' eine alte und *falsche* Ansicht ist. Die Farben der Schatten sind nicht von der Farbe des schattenwerfenden Körpers abhängig, sondern von jener Zusammenwirkung verschiedener Lichtquellen, die nach Diderots Ansicht malerisch zu gestalten so schwierig ist. Wenn man mittels einer Kerze den Schatten eines Körpers auf eine weiße Fläche wirft, die auch durch ein schwaches Tageslicht (z.B. in der Dämmerung) beleuchtet wird, dann färbt sich der Schatten blau. Das Blau verdunkelt sich mit der Abnahme des Tageslichts und wird schwarz oder schwarzgrau, wenn das Tageslicht erlischt. Es ist nicht das Blau des Himmels, das den Schatten färbt, denn die Farbe bleibt dieselbe auch wenn man das Experiment an einem grauen Tag ausführt, wird dagegen bei stärkerem Tageslicht gelb oder gelbrot.
>
> Zwei entgegengesetzte Lichter von verschiedener Energie bringen wechselweise farbige Schatten hervor, und zwar dergestalt, daß der Schatten, den das stärkere Licht wirft, und der vom schwächern beschienen wird, blau ist; der Schatten, den das schwächere wirft, und den das stärkere bescheint, wird dagegen gelb, gelbrot oder gelbbraun.[9] Diderot beschreibt jene von mir untersuchten Doppelschatten anders.

Diderot:

> Rien de plus rare que l'unité de lumière dans une composition, surtout chez les paysagistes. Ici c'est du soleil, là de la lune; ailleurs une lampe, un flambeau, ou

---

esthétique pré-impressionniste des ombres colorées chez Diderot: "c'est en grande partie à lui [Chardin] que nous devons nombre d'idées de Diderot qui frappent encore aujourd'hui par leur modernité et leur profondeur" (1957:414). "C'est que, comme dans les compositions des impressionnistes et des pointillistes un siècle plus tard, les objets de ce maître baignent dans une atmosphère où la lumière et l'ombre existent effectivement. De plus, le faire 'rude et comme heurté' (AT, x, 129 [EP 143]) de Chardin (il juxtaposait ses touches les unes à coté des autres sans les fondre) [...] évoque les larges touches d'un Delacroix et son 'innovation' du *mélange optique* des tons complémentaires" (1957:415).

9. Une autre allusion à l'essai *Von den farbigen Schatten*, où Goethe décrit un grand nombre d'expériences avec des ombres doubles, des ombres qui sont produites par deux sources de lumière. Les ombres d'une seule source de lumière non-reflétée, sont noires, mais presque toutes les ombres sont reflétées en double. L'ombre d'une bougie placée dans un endroit faiblement éclairé par le soleil est bleue, et cela n'a rien à voir avec le bleu du ciel parce que la couleur tourne au jaune ou au jaune-rouge si la lumière du soleil est plus forte. Si la lumière même est colorée, l'ombre l'est aussi, mais la couleur de l'ombre est indépendante de la couleur de la lumière (MA 4.2:340-357).

quelque autre corps enflammé. Vice commun, mais difficile à discerner. (EP 26)

Goethe:

Was meint Diderot mit "vice commun" hier? Er kann doch nicht jene "unité de lumière" befürworten, die für die Manieristen kennzeichnend ist! Er hält ja wie ich von subtilen Schattierungen, die durch die Zusammenwirkung der Kerzen, des Sonnen- und des Mondlichts entstehen. Nicht der Schatten eines grellen Lichtes fasziniert uns sondern das unendlich feine und komplizierte Spiel vieler

1 Johann Wolfgang von Goethe (1749-1832)

2 Denis Diderot (1713-1784)

Schatten und Lichter. So wenigstens spricht eine der schönsten Stellen bei Diderot.

Diderot:

Imaginez comme dans la géométrie des indivisibles de Cavalieri toute la profondeur de la toile coupée, n'importe en quel sens, par une infinité de plans infiniment petits. Le difficile c'est la dispensation juste de la lumière et des ombres, et sur chacun de ces plans, et sur chaque tranche infiniment petite des objets qui les occupent; ce sont les échos, les reflets de toutes ces lumières les unes sur les autres. Lorsque cet effet est produit (mais où et quand l'est-il?) l'œil est arrêté; il se repose. Satisfait partout, il se repose partout; il s'avance, il s'enfonce, il est ramené sur sa trace. Tout est lié, tout tient. L'art et l'artiste sont oubliés. Ce n'est plus une toile, c'est la nature, c'est une portion de l'univers qu'on a devant soi. (EP 30)

Goethe:

Hätte er nur die zwei letzten Sätze nicht hinzugefügt! Eine ungeheuere Kluft trennt die Natur von der Kunst, und selbst das Genie mag diese ohne äußere Hilfsmittel nicht überschreiten.[10] Doch bleiben wir bei der Sache, oder, besser gesagt, kehren wir zu ihr zurück: Was geschieht wenn der Schatten ein Kompositum ist, ein Doppelschatten zweier oder mehrerer Lichter? Die Experimente, die ich bereits vor sechs Jahren ausgeführt hatte, wurden durch die Gilde der Physiker, die mächtige und dominierende Schule Newtons, völlig ignoriert. Ich fasse sie hier nochmals zusammen, damit aufmerksame Leser sie wiederholen und überprüfen können: Denn Wissenschaft und Experiment bestehen aus einer ständigen Wiederholung und Revision dessen, was bisher gesagt, getan und geschrieben wurde.[11]

10. C'est un écho à un passage important de l'*Einleitung in die Propyläen* (MA 6.2:13) que Goethe a écrit en même temps.

11. C'est l'essence de la méthodologie scientifique selon Goethe. Il prend position contre Newton et son principe de l' "experimentum crucis" (c'est-à-dire qu'il n'y a qu'une seule expérience qui décide de la vérité ou fausseté d'une théorie). Voir l'article de Goethe *Der Versuch als Vermittler von Objekt und Subjekt* (1792; MA 4.2:321-332).

L'abandon du réalisme

C'est ici que se terminent les notes de Goethe sans l'exposé des expériences racontées dans son essai *Von den farbigen Schatten* de 1792 (voir notre exposé dans la note 7) et sans aucune explication pour l'abandon soudain de ce travail. Nous nous hasardons à donner cette explication.

Les notes de Goethe sur le clair-obscur chez Diderot datent de 1797-1798, mais la polémique est basée sur son article de 1792. A notre avis Goethe a abandonné son projet d'une traduction commentée du troisième chapitre de Diderot parce que ses idées sur les ombres colorées ont changé entre 1792 et 1797.

Pendant l'été 1795, entre *Von den farbigen Schatten* et la traduction des *Essais sur la peinture*, Goethe a lu la traduction allemande d'un essai du Comte Benjamin Rumford intitulé "An account of some experiments upon coloured shadows", où les ombres colorées sont caractérisées comme étant des "phénomènes physiologiques". Selon Rumford, ces phénomènes sont un trompe-l'œil ("Augentäuschung") et une "illusion d'optique" ("Gesichtsbetrug");[12] la perception des couleurs est instable.

Goethe cesse de travailler sur les couleurs pendant les années 1793 et 1798, mais quand il recommence en janvier 1798 (justement avant de préparer la traduction des *Essais sur la peinture*!), il note en s'opposant à Rumford: "Es ist eine Gotteslästerung zu sagen: daß es einen optischen Betrug gebe" ("C'est un blasphème de dire qu'il s'agit d'une illusion d'optique", MA 10:1017).

Qu'est-ce que cela veut dire? Un échange intense d'idées entre Goethe et Schiller commence en août 1794 et c'est en partie sous l'influence de Schiller (et via Schiller sous l'influence de Kant) que pendant les années qui suivent, Goethe assouplit son attitude "réaliste". Dans ce sens, il écrit le 13 janvier 1798 à Schiller qu'en remettant en ordre ses anciennes notes, il était content de voir qu'il s'était libéré "d'un réalisme rigide et d'une objectivité hésitante" ("von einem steifen Realismus und einer stockenden Objektivität", MA 8.1:494). Un mois plus tard, le 14 février 1798, Goethe envoie à Schiller un schéma de sa théorie des couleurs où, pour la première fois, il

12. *Neues Journal der Physik* de Gren, 1795. Le texte original en anglais a été publié en 1794. Dans la section "Physiologische Farben" de la *Farbenlehre* Goethe écrit que pour quelques autorités en la matière les couleurs physiologiques sont "Augentäuschungen und Gesichtsbetrug" (MA 10:27), mais il ne mentionne pas Rumford.

3 Vignette dessinée par Goethe pour son ouvrage
Beiträge zur Optik, *1791*

fait une distinction entre des aspects physiologiques (en rapport avec l'œil), physiques (en rapport avec la lumière et l'obscurité) et chimiques (en rapport avec les objets). Il commence à faire des expériences sur la *perception* des couleurs, ce qui le mènera plus tard à la conclusion que les couleurs physiologiques – qui se manifestent quelquefois comme une perception de couleurs complémentaires – ne sont pas des duperies ou des fautes de la vision, mais des phénomènes soumis à des lois.[13] La traduction des *Essais sur la peinture* tombe alors au moment où Goethe, qui avait déjà abandonné sa théorie d'autrefois sur les ombres colorées, n'avait pas encore réussi à formuler sa nouvelle interprétation. Voilà la raison pour laquelle il a justement abandonné la traduction de la partie traitant des ombres colorées – sujet qui l'intéressait peut-être plus que tous les autres sujets chez Diderot.

13. Voir la lettre du 17 août 1795 à Thomas Soemmering et celle du 15 novembre 1796 à Schiller.

De la perception subjective des couleurs physiologiques

Il nous reste quelques mots à dire sur le développement des idées de Goethe sur le clair-obscur et les ombres colorées.

Dans l'esquisse *Geschichte der Arbeiten des Verfassers in diesem Fache* (MA 6.2:798-801), qui précède la section "Konfession des Verfassers" de la *Farbenlehre* (MA 10:902-919), Goethe note le 21 février 1800:

> Farbige Schatten. / Schon früher Interesse daran. / Mannigfaltige Versuche. / Die Erscheinung stärkerm und schwächerm Licht zugeschrieben. / Realistisch objektive Erklärungsart ein langes Hindernis. / Erscheinung durch trübe Mittel./ Bläue des Himmels. / Einsicht in das Grundphänomen / Weitere Fortschritte. / Sogenannte zufällige Farben / Einsicht in den phisiologischen Teil. / Fundament im Organ gesucht. / Die Farbigen Schatten werden unter diese Rubrik gebracht / Große Förderung. (MA 6.2: 799-800)[14]

L'ancienne théorie, qui expliquait le phénomène des ombres colorées comme étant une interaction entre des lumières fortes et faibles ("Erscheinung stärkerm und schwächerm Licht zugeschrieben"), est donc remplacée par une théorie qui est fondée sur le fonctionnement de l'œil ("Fundament im Organ gesucht"). Mais dans quel sens ce changement est-il très important ("Große Förderung")?

La nouvelle interprétation est présentée dans un fragment sur l'œil, *Das Auge*, écrit pendant les années 1804-1807. Ici le clair-obscur et les couleurs offrent la morphologie de la perception et les nombreuses ressources de la peinture:

> Das Auge sieht keine Gestalten, es sieht nur was sich hell und dunkel oder durch Farben unterscheidet. / In dem unendlich zarten Gefühl für Abschattierung des hellen und dunkeln sowie der Farben, liegt die Möglichkeit der Malerei. (MA 6.2:814)

Selon Goethe, c'est la sensibilité au clair-obscur et aux couleurs qui fonde la peinture. Diderot pense que "ce n'est pas dans la nature seulement, c'est sur les arbres, c'est sur les eaux des Vernet, sur les collines de Loutherbourg que le clair de la lune est beau" (EP 28). Goethe va plus loin maintenant, se risquant à proférer l'opinion que la perception subjective valorise la peinture aux dépens de la nature: "Die Malerei ist für das Auge wahrer, als das

---

14. Voir aussi: "Verhalten des Lichtes und des Dunkels; Helldunkel" (*Das Allgemeinste über Farben*, MA 6.2:806; écrit probablement vers 1801).

wirkliche selbst. Sie stellt auf, was der Mensch sehen möchte und sollte, nicht was er gewöhnlich sieht" (MA 6.2:814). Voici une théorie qui permet l'abandon du réalisme.

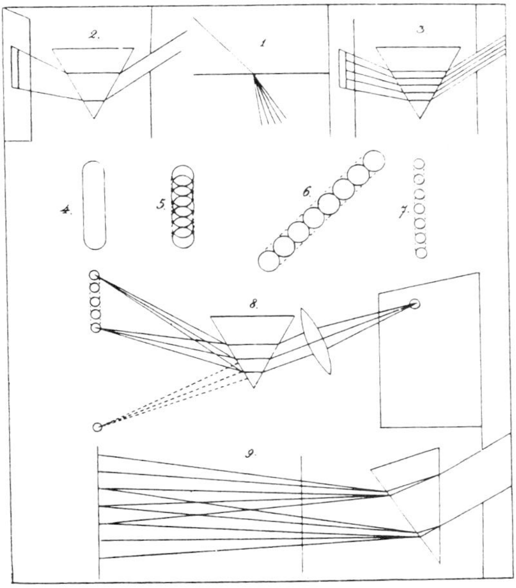

4 Illustration de la Farbenlehre *de Goethe*

Ces idées fondamentales sur le clair-obscur sont répétées dans la première section de la *Farbenlehre,* intitulée "Physiologische Farben" que Goethe a publié en 1810 (MA 10:27-63). Les expériences sur les ombres colorées qu'il présente ici (§ 62-80; MA 10: 45-51) sont en effet presque les mêmes que celles qu'il avait décrites dans l'essai *Von den farbigen Schatten,* mais ses explications sont différentes. Il trouve maintenant que deux conditions sont nécessaires à la production des ombres colorées: la lumière primaire même doit colorer la surface blanche et une deuxième lumière doit illuminer l'ombre projetée (§ 64; MA 10:46). Si on place une bougie dans une chambre faiblement éclairée par le soleil, l'ombre d'un crayon sera bleue. Ceci n'est pas une conséquence de la couleur du crayon ou de la couleur du feu: c'est que le papier blanc semble être rouge-jaune et ce rouge-jaune engage l'œil à produire le bleu complémentaire (§ 66; MA 10:46):

> Bei allen farbigen Schatten daher muß man auf der Fläche, auf welche er geworfen wird, eine erregte Farbe vermuten. (§ 67; MA 10:46)

En se basant sur cette théorie, Goethe pense pouvoir expliquer pourquoi Horace Bénédict de Saussure avait vu différentes ombres colorées dans la neige en revenant du Mont Blanc.[15]

---

15. "Eine zweite nicht uninteressante Bemerkung betrifft die Farben der Schatten, die wir trotz der genauesten Beobachtung nie dunkelblau fanden, ob es gleich in der Ebene

C'est ainsi que Goethe développe sa complexe théorie du clair-obscur (§ 848-861; MA 10:248-250). Dans un sens limité, le mot désigne les ombres colorées qui sont produites ou par la réflexion de la lumière sur les objets colorés ou par l'activité autonome de l'œil même. Dans un sens plus général, le clair-obscur est l'apparence que prennent les objets si ces objets sont regardés seulement à partir de l'interaction entre la lumière et l'ombre. Dans ce sens, c'est le clair-obscur qui fait apparaître les objets comme corps (§ 852; MA 10:249).

Diderot ou Goethe?

Mais qui a eu raison? Diderot? Goethe? Les connaissances que nous avons de nos jours justifient les deux théories, car les couleurs des ombres résultent autant des couleurs des objets reflétés que de l'œil qui produit la couleur complémentaire à la couleur de la lumière. Ce sont en effet les deux principes qui constituent le fondement de l'art raffiné sur lequel les deux écrivains anticipent: l'impressionnisme.

Universiteit van Amsterdam

Bibliographie:

Else Marie Bukdahl
1982 *Diderot, critique d'art*, Copenhague, Rosenkilde et Bagger, 2 vol.

Denis Diderot
1982 *Essais sur la peinture. Salons de 1759, 1761, 1763*, Textes établis et présentés par Gita May et Jacques Chouillet, Paris, Hermann

Johann Wolfgang Goethe
1984-... *Sämtliche Werke nach Epochen seines Schaffens* ['Münchener Ausgabe'], Munich, Hanser, 20 vol.

Gita May
1957 "Chardin vu par Diderot et par Proust", dans: *PMLA* 72, 403-418.

---

häufig der Fall gewesen war. Wir sahen sie im Gegenteil von neun und fünfzigmal einmal gelblich, sechsmal blaßbläulich, achtzehnmal farbenlos oder schwarz, und vier und dreißigmal blaßviolet" (§ 74; MA 10:48); Goethe cite un passage de l'article "Relation abrégée d'un voyage à la cime du Mont Blanc" d'Horace Bénédict de Saussure (1797).

FIÈVRE ET GUÉRISON DE L'ICÔNE

pour Áron Kibédi Varga

L'image est endormie dans le feu de l'image
Et la voici brûlante par l'esprit
Ses ailes déployées sous le vent et la nuit
Un peu de pluie à l'avant de son visage
Et la voici comme une fille nue
Endormie dans les draps et les plis de l'image
A cause de la neige et de la nuit

Son corps est pur et sa lampe indivise
En vigne obscure où s'accroît le vin d'ombre
Que boit l'oiseau en sa mémoire d'homme
Avant son grand retour au feu du monde
D'où le feu se retire
Pour qu'apparaisse une dalle d'eau noire
Cristal ontologique et non décrit
Sur qui le pied levé est retenu

Cette jambe de nuit
En suspension sur l'eau immaculée
Qui est statue de la rosée des morts
Dalle d'ici, d'ici non traversée,
Mais seulement brillante un peu dans l'âge
Avec l'oiseau de la crucifixion
Dans la chambre du feu
Et seulement très seule est cette jambe
Sur l'eau comme une éternité suspendue

Qu'emportera de nous la jambe nue
De l'autre côté de l'esprit dans la brûlure
Par le léger rideau des palmes vives
Au tremblement des palmes
Sous l'arbre intérieur à sa feuillée
Comme au jardin les rides
Ruisseaux qui sont larmes tombées d'eau vive
Écume arrachée par l'oiseau et qui
Larmes perdues se reformeront figures ?

Et nous emporterons souffle et parole
De l'autre côté de l'esprit dans la brûlure
Comme une langue absolue indivise
Établie dans la vérité du coeur
Où l'oeil de l'oeil se fait poussière immense
Sur tout chemin de tout effacement
Et l'arbre seul recouvert de rosée
Signe de son évidement le froid du monde

Quel est son fruit ? Circoncision du coeur
Est nom de la lumière dans les arbres
Arbres d'errance ... Entre eux lente lumière
Allant d'un arbre à l'autre avec ses mains
Lumière ainsi égarée ou dormante
Avec sa bouche inutile et ce délire
Que porte en lui l'enfant doré de langues

L'image n'est pas notre amie, si elle veille
Depuis toujours sur le feu de la maison
Elle est la pomme et le raisin, elle est le sel
Elle est la nappe immaculée des morts
De qui maison est la brûlure de leurs mains
Et les voici dans la maison ardente
Plusieurs étant fils des tribus d'images
Enfants dorés et brûlés d'écritures

Enfant doré connais-tu ton image
Dans la maison de l'icône des morts
Qui ne prennent à leur lueur qu'un peu de brume
Et leur lampe est obscure et leur eau vaine
Colombe d'arbre et qui vers nous s'avance
Éblouie par l'icône
Sous bien des jours où le jour s'est perdu ?

Enfant doré je tiens tes mains obscures
Entre mes mains aimées des nuits mortelles
Avec la lune et le soleil qui flambent
Au-dessus de l'altération des puits
Où l'eau jamais ne vint mais seulement
Plus grande libellule
L'idée de l'eau avec ses anges simples
Prise dans la lampe de l'être et concertant
Un soir d'amour semblable
Les grands tambours des tribus de la pierre

Et qui saura et qui dira leur nom
Et qui dira leur prénom sous la ténèbre
Oiseaux d'ici entretenant les sources
De quel pays vers quel pays, oiseaux ?
C'est nous les habitants de l'arbre et vous
C'est la maison du feu votre demeure
Et votre chant est une épée tranchante
De qui le feu tombe en gouttes de sang

Celle qui va par les chemins nocturnes
Sa chambre dans l'esprit est perle grande
Et sous l'auvent sont assis anges d'hommes
Pour protéger le feu de la colombe
Pour éviter sa dispersion totale
La femme étant plus nue face à l'icône
Elle efface l'icône
Et dans sa tête il n'y a plus d'image
Mais seulement mais seulement il y a
La nudité immense de la neige
Et la voix, d'être nue, plus noire et grande

Et la plus nue est aussi la plus vive
Dans le miroir où brille un peu sa honte
Les beaux raisins de ses cheveux brûlent sa hanche
Et sa blessure est crue dans le miroir
Son corps étant contre le feu un arbre
Désertés ses colombes
Et notre enfance étant l'enfance de ses bras
Sous bien d'azur un peu de lilas sombre
Pour que chante enfin la contrée du goudron

Il y avait le cheval et il y avait
Le cristal de l'image
Tandis que les choses dormaient, indifférentes,
Dans la dense vallée des fleurs obscures
Où le cheval était
Le profond jour bienvenu des rosées
En qui les choses dorment jusqu'aux racines
Où le cheval était
Leur chance de se réveiller flammes et plantes

Cheval du long hennissement nocturne
Ta fille est fille sevrée par le néant
Et qui s'en va cachant dans l'herbe un orteil d'or
Ses jambes sous l'urine et sous le sang
Son pied soudain touche à la dalle — et c'est
Soudainement la femme
Rose d'image et patience d'icône
Près d'une lampe pure
Dont la lumière est cicatrisation

Salah Stétié

A. Kibédi Varga

BIBLIOGRAPHIE DES TRAVAUX DE ÁRON KIBÉDI VARGA DE 1949 À 1994

1. Ouvrages

a. en français, allemand ou anglais:

Les Constantes du poème, La Haye, Van Goor Zonen, 1963, 275 p.; 2e éd., avec une préface de Claude Pichois et un supplément bibliographique, Paris, Picard, 1977, 298 p.

Rhétorique et littérature. Etudes de structures classiques, Paris, Didier, 1970, 235 p.

Discours, récit, image, Liège-Bruxelles, Pierre Mardaga, 1989, 149 p.

Les Poétiques du classicisme, Paris, Aux Amateurs de Livres, 1990, 246 p.

(avec S. Bertho) *Mots et merveilles. Une histoire de la littérature française*, Amsterdam, Meulenhoff, 1995, 240 p.

b. en néerlandais:

De dichter en de dingen, leçon inaugurale, Universiteit van Amsterdam, 6-5-1967, La Haye, Van Goor Zonen, 1967, 24 p.

De wetenschappelijkheid van literatuurwetenschap, leçon inaugurale, Vrije Universiteit Amsterdam, 22-3-1974, Assen, Van Gorcum, 1974, 19 p.

2. Editions d'ouvrages

a. en français, allemand ou anglais:

(avec Charles Grivel), *Du linguistique au textuel*, Assen, Van Gorcum, 1974, 187 p.

(avec Leo H. Hoek et Henk Kars), *C.R.I.N.* 3 'Littérature: objets, méthodes', Groningue, Faculté des Lettres, 1981, 71 p.

Théorie de la littérature, Paris, Picard, 1981, 306 p.; trad. portugaise: *Teoria da literatura*, Lisboa, Presença, 1983, 262 p.

C.R.I.N. 15 'Littérature et postmodernité', Groningue, Faculté des Lettres, 1986, 115 p.

(avec Jochen Becker), *Argumentation* 7/1 'The Appeal of Images', 1993, 131 p.

(avec Danièle Torck), *Littérature* 93 'Le Partage de la parole', 1994, 125 p.

b. en néerlandais:

(avec F.R. Ankersmit et M. Doeser), *Op verhaal komen. Over narrativiteit in de mens- en cultuurwetenschappen*, Kampen, Kok Agora, 1990, 223 p.

Hongarije. Verhalen van deze tijd, bijeengebracht en van een nawoord voorzien, Amsterdam, Meulenhoff, 1990, 219 p.

(avec F.R. Ankersmit), *Akademische beschouwingen over het postmodernisme*, (= Mededelingen van de afdeling Letterkunde van de K.N.A.W., Nieuwe reeks, Deel 56/1), Amsterdam etc, Koninklijke Nederlandse Akademie van Wetenschappen-Noord-Hollandsche, 1993, 70 p.

(avec A. de Feijter), *Dichters brengen het te weeg. Metafysische vraagstellingen in de moderne Europese poëzie*, Kampen, Kok Agora, 1994, 172 p.

c. en hongrois:

(avec S. Németh, M. Tóth et I. Tüski), *Új Magyar Út* 'A holland társadalom arca', Washington, 1956 március-április-május, 67-158

Nyugati Magyar Irodalom, Hollandiai Mikes Kelemen Kör, Amsterdam, 1976, 110 p.

3. Articles

a. en français, allemand ou anglais:

"Choix de textes anciens français", dans: *Cahiers du Sud*, 1954

"Un poète oublié du XVIIe siècle, Etienne Durand", dans: *Neophilologus*, october 1955, 249-258

"Note sur Marivaux", dans: *Neophilologus*, october 1957, 252-257

"Réflexions sur les prix littéraires et le Goncourt 1957", dans: *Levende Talen*, april 1957, 190-197

(avec M.J.J. Spoor), "Deux poèmes de Hugo", dans: *Levende Talen*, october 1959, 427-434

"A la recherche d'un style baroque dans la poésie française", dans: Pierre Guiraud e.a., *Style et Littérature*, La Haye, Van Goor Zonen, 1962, 39-74

"Isabelle, roman classique", dans: *Revue des Sciences Humaines*, juillet-septembre 1962, 327-343

"La Poésie religieuse au XVIIe siècle", dans: *Neophilologus*, october 1962, 263-278

"Une poésie savante et symbolique", dans: *Het Franse Boek*, 1962/2, 40-44

"Aventures du langage", dans: *Het Franse Boek*, 1963/3, 72-76

"La Désagrégation de l'idéal classique dans le roman français de la première moitié du XVIIIe siècle", (= Transactions of the First International Congress on the Enlightenment), dans: *Studies on Voltaire and the Eighteenth Century* XXIV-XXVII, 1963, 965-998

"Le Contexte humain au XVIIIe siècle", dans: *Het Franse Boek*, 1965/1, 2-5

"Pour une définition de la nouvelle à l'époque classique", dans: *Cahiers de l'Association Internationale des Etudes Françaises* 18, 1965, pp 53-65; réédité dans: *Die französische Erzählkunst des 17. Jahrhunderts*, Wissenschaftliche Buchgesellschaft, Darmstadt, 1985, 301-312)

"Rythme et signification poétiques", dans: *Revue d'Esthétique*, 1965/3-4, 265-286

"Situation de la poésie française d'aujourd'hui", dans: *Neophilogus*, 1965/1, 11-24

"Cosmologie et poésie au XVIe siècle", dans: *Lumières de la Pléiade*, (= Neuvième Stage International d'Etudes Humanistes, Tours 1965), Paris, Vrin, 1966, 135-155
"La Poésie entre les mots et les choses", dans: *Het Franse Boek*, 1966/3, 163-173
"Enfin Du Perron vint", dans: *Revue d'Histoire Littéraire de la France*, janvier-mars 1967, 1-17
"L'Objet en poésie", dans: *Mélanges Martinet = Word XXIII, 1-3*, 1967, 557-572
"Présence de Diderot", dans: *Het Franse Boek*, 1967/1, 2-6
"Syntaxe et rythme chez quelques poètes contemporains", dans: *Le Vers français au 20e siècle*, (= Colloque organisé par le Centre de Philologie et de Littérature Romanes à Strasbourg du 3 mai au 6 mai 1966), Paris, Klincksieck, 1967, 175-197
"La Rhétorique et la critique structuraliste", dans: *Het Franse Boek*, 1968/1, 66-73
"L'Univers romanesque de l'abbé Prévost", dans: *Die Neueren Sprachen*, April 1968, 172-187
"Analyses d'une tragédie. *Sertorius*", dans: *Het Franse Boek*, 1970/2, 55-63
"La Perspective tragique", dans: *Revue d'Histoire Littéraire de la France*, septembre-décembre 1970, 918-930
"La Poésie des siècles classiques", dans: *Het Franse Boek*, 1970/3, 148-154
"Le Poème et ses lectures", dans: *Cahiers de l'Association internationale des Etudes françaises* 23, 1971, 107-124
"Langages et Lumières", dans: *Rapports-Het Franse Boek*, 1973/1, 1-5
"Sciences humaines pas mortes", dans: *Rapports-Het Franse Boek*, 1973/4, 100-103
"Synonyme et antithèse", dans: *Poétique* 15, 1973, 307-312
"Entre linguistique et poétique", dans: Ch. Grivel et A. Kibédi Varga, *Du linguistique au textuel*, Assen, Van Gorcum, 1974, 121-126
"Recherches rhétoriques", dans: *Rapports-Het Franse Boek*, 1974/1, 12-14
"Chronique du roman 1974", dans: *Rapports-Het Franse Boek*, 1975/2, 45-50
"L'Invention", dans: *Mélanges de linguistique et de littérature offerts à Lein Geschiere*, Amsterdam, Rodopi, 1975, 145-151
"Raisons de l'avant-garde", dans: *Revue de littérature comparée*, octobre-décembre 1975, 561-571
"L'Invention de la fable", dans: *Poétique* 25, 1976, 107-115
"Relire le Cid", dans: *Rapports-Het Franse Boek*, 1977/1, 14-18
"Romans d'amour, romans de femmes à l'époque classique", dans: *Revue des Sciences Humaines* 168, 1977, 517-524
"Le Théâtre classique, dans: *Rapports-Het Franse Boek*, 1977/3, 113-117
"La Vraisemblance: problème de terminologie, problème de poétique", dans: *Critique et création littéraires en France au XVIIe siècle*, (= Colloques Internationaux du C.N.R.S. 557), C.N.R.S., Paris, 1977, 325-332
"Balthus et la poésie", dans: *Rapports-Het Franse Boek*, 1979/2, 54-58
"Le Burlesque. Le monde renversé selon la poétique classique", dans: J. Lafond et A. Redondo éds., *L'Image du monde renversé*, Paris, Vrin, 1979, 153-160

"Examen de la poétique classique", dans: *Travaux récents sur le XVIIe siècle*, (= Actes du 8e colloque de Marseille), Marseille, 1979, 67-72
"Poésie et poétique, aujourd'hui", dans: *Neohelicon* VI, 2, 1979, 27-46
"Texte: discours et récit", dans: *Rhétoriques, Sémiotiques* (= *Revue d'esthétique*, 1979/1-2), Paris, U.G.E., 374-381; trad. serbe: "Text: diskurs i pritsja" dans: *Kjizjevna Retsj* 25 (Belgrad), jan. 1983
"Discours et histoire", dans: *Rapports-Het Franse Boek*, 1981/4, 166-173
"Lire le soleil. Un commentaire du Soleil placé en abîme'", dans: *Etudes françaises* 17/1-2, 1981, 111-120
"Le Maître et l'ange", dans: *Rapports-Het Franse Boek*, 1981/2, 58-63
"Méthodes et disciplines", dans: A. Kibédi Varga éd., *Théorie de la littérature*, Paris, Picard, 1981, 51-59
"Réception et classement: lettres, arts, genres", dans: A. Kibédi Varga éd., *Théorie de la littérature*, Paris, Picard, 1981, 210-227
"Réception et enseignement: l'histoire littéraire", dans: A. Kibédi Varga éd., *Théorie de la littérature*, Paris, Picard, 1981, 228-239
"L'Univers en métamorphoses", préface à Gisèle Mathieu-Castellani éd., *La Métamorphose dans la poésie baroque française et anglaise*, Tübingen-Paris, Gunter Narr et Jean-Michel Place, 1981, 3-6
"Les Déterminations du texte", dans: *Langage et société* 19, 1982, 3-22
"Le Roman est un anti-roman", dans: *Littérature* 48, décembre 1981, 3-20
"Le Conte populaire et la théorie de la littérature", dans: *Mélanges à la mémoire de Franco Simone* vol. IV, Genève, Slatkine, 1983, 555-569
"Rhetoric: A Story or a System?", dans: James J. Murphy ed., *Renaissance Eloquence*, Berkeley etc., University of California Press, 1983, 84-91
"Rhétoriques et poétiques en Hongrie", dans: *Rhetorik. Ein Internationales Jahrbuch*, 1983, 145-149
"Sémiotique des arts et lecture du tableau", dans: *Rapports-Het Franse Boek* 'Colloque Barthes. Peinture du signe', 1983/2, 2-14
"Christiane Rochefort, 'Les Petits Enfants du siècle': quelques suggestions pour une lecture en classe", dans: *Rapports-Het Franse Boek*, 1984/4, 157-159
"Examen de l'Etre Poupée", dans: *Les Cahiers du Désert* 'Pour Salah Stétié', mai 1984, 84-91
"Les Genres littéraires", dans: Jean-Pierre de Beaumarchais et al., *Dictionnaire des littératures de langue française*, Paris, Bordas, 1984, vol. 2, 897-900
"La Rhétorique et la peinture à l'époque classique", dans: *Rivista di Letterature moderne e comparate* XXXVII, 1984/2, 105-121
"L'Histoire de la rhétorique et la rhétorique des genres", dans: *Rhetorica* 3, 1985/3, 201-221
"Pour une histoire intertextuelle de la littérature", dans: *Degrés* 39-40, 1985, g1- g10; trad. hongr.: "Egy intertextuális irodalomtörténethez", dans: *Helikon*, 1983/1, 42-49

"Un métadiscours indirect: le discours poétique sur la peinture", dans: *C.R.I.N.* 13 'La Littérature et ses doubles', Groningue, Faculté des Lettres, 1985, 19-34

"Ecrire et voir", dans: Michel Collot éd., *Autour d'André du Bouchet*, Paris, Presses de l'Ecole Normale Supérieure, 1986, 109-120

"Récit et postmodernité", dans: *C.R.I.N.* 14 'Littérature et postmodernité', Groningue, Faculté des Lettres, 1986, 101-113

"La Rhétorique des passions et les genres", dans: *Rhetorik. Ein Internationales Jahrbuch* 6, 1986, 67-83

"Rhétorique et sémiotique", dans: *Revue des Sciences Humaines* 201, 1986, 105-117

"Roman et savoir avant Cervantès", dans: *C.R.I.N.* 15 'Le roman, le récit et le savoir', 1986, Groningue, Faculté des Lettres, 109-130; trad. holl. dans: H.van Gorp éd., *Dialogen met Bakhtin*, (= ALW Cahier 4), Leuven 1986, 86-103

"Le Poète chante le poète", dans: *Rivista di Letterature moderne e comparate* XL, 1987/4, 317-322

"Rhétorique de la Franciade", dans: *Ronsard. Colloque de Neuchâtel*, Actes publiés par A. Gendre (= *Recueil des Travaux de la Faculté des Lettres de Neuchâtel* XXXIX), Genève, Droz, 1987, 147-161

"Le Visuel et le verbal: le cas du surréalisme", dans: Michel Collot et Jean-Claude Mathieu éds., *Espace et poésie*, Paris, Presses de l'Ecole Normale Supérieure, 1987, 159-170

"Les Lieux du discours poétique" dans: *Nouvelle Revue Française*, juillet-août 1988, 138-144

"Lieux, passions, figures", dans: *L'Intelligence du passé. Mélanges offerts à Jean Lafond*, Publications de l'Université de Tours, 1988, 241-247

"Narrative and Postmodernity in France", dans: T. D'Haen et H. Bertens eds., *Postmodern Fiction in Europe and the Americas*, Amsterdam, Rodopi, 1988, 27-43

"Rhetorik, Poetik und die Kunsttheorie", dans: Christian Wagenknecht Hrsg., *Zur Terminologie der Literaturwissenschaft*, Stuttgart, Metzler, 1988, 209-222

"Scènes et lieux de la tragédie", dans: *Langue française* 79 'Rhétorique et littérature', 1988, 82-95

"Stories Told by Pictures" dans: *Style* XXII, 2, Summer 1988, 194-208

"Criteria for Describing Word & Image Relations", dans: *Poetics Today X, 1*, Spring 1989, 31-53; trad. suédoise dans: Ulla-Britta Lagerroth e. a., *I Musernas tjänst*, Stockholm, Symposion, 1993, 105-123

"La Peinture en question. A propos des réflexions de Lyotard sur la peinture", dans: *Rapports-Het Franse Boek*, 1989/3, 98-102

"Prose", dans: Y. Bonnefoy éd., *Dictionnaire des poétiques*, Paris, Flammarion, [1989], (à paraître)

"Proust et les philosophes", dans: *Rapports-Het Franse Boek*, 1989/2, 50-54

"La Rhétorique et l'image", dans: *Texte* 8-9 'La Rhétorique du texte', Toronto, 1989, 131-146

"Denken over kunst", dans: W.F.G. Breekveldt e.a., *De achtervolging voortgezet*, Amsterdam, Bert Bakker, 1989, 404-411

"Folkloristische autobiografieën in Hongarije", dans: Els Jongeneel red., *Over de autobiografie*, Utrecht, Hes, 1989, 225-229

"Mogelijkheden en beperkingen van de Nederlandse romanist", dans: *Literatuurwetenschap in Nederland in een veranderende Europese context*, Den Haag, Stichting Literatuurwetenschap NWO, 1989, 53-56

"László Végel: ontwortelde en bemiddelaar", dans: *Oost-Europa Verkenningen* 106, december 1989, 56-62

"Inleiding op György Konrád", dans: B. Geremek, I. Klíma en Gy. Konrád, *Hoe cultuur overleefde*, Universitaire Pers Rotterdam, 1990, 29-33

"Het verhaal in de literatuur", dans: F. Ankersmit, M. Doeser, A. Kibédi Varga éds., *Op verhaal komen*, Kampen, Kok Agora, 1990, 20-35

"Hongaarse letterkunde in Roemenië", dans: *Oost-Europa Verkenningen* 114, april 1991, 43-46

"Proust", dans: J. B. Weenink red., *Modernisme in de literatuur*, Amsterdam, V.U. Uitgeverij, 1991, 85-97

"Vragen bij de letterkunde", dans: *In de marge* 2, nr. 1, 1993, 2-4

"Postmodernisme in de literatuur", dans: F. R. Ankersmit en A. Kibédi Varga red., *Akademische beschouwingen over het postmodernisme*, Amsterdam etc., Koninlijke Nederlandse Akademie van Wetenschappen-Noord-Hollandsche, 1993, 9-16

"Claudel, Jouve, Bonnefoy: drie Franse dichters", dans: A. de Feijter en A. Kibédi Varga red., *Dichters brengen het te weeg*, Kampen, Kok Agora, 1994, 73-78

c. en hongrois:

"A modern francia irodalom metafizikai háttere", dans: *Új Magyar Út*, 1952 december, 18-19

"Költöink és a Nagyvilág", dans: *Új Magyar Út*, 1955 szeptember-október, 370-373

"Modern holland költészet", dans: *Új Magyar Út*, 1956

"Szürrealizmus", dans: *Irodalmi Újság*, 1-10-1957

"Weöres Sándor", dans: *Jöjjetek*, 1957 aug.

"A féktelen költö – Nagy Lászlóról", dans: *Irodalmi Újság*, 1-12-1958

"Sötétbe hanyatló líra", dans: *Új Látóhatár*, 1958 szeptember-december, 115-121

"Toreádorsírató", dans: *Irodalmi Újság*, 15-9-1958

"Világlíra", dans: *Irodalmi Újság*, 15-5-1958

"Dada", dans: *Irodalmi Újság*, 15-1-1959

"Mai francia költök", dans: *Irodalmi Újság*, 15-4-1959

"Párizsi szüret 1958", dans: *Új Látóhatár*, 1959/2, 137-145

"Széljegyzetek a mai magyar irodalmi élethez", dans: *Eszmélet* 2, 1959, 55-66

"Trakl", dans: *Irodalmi Újság*, 15-5-1959

"Új magyar költök", dans: *Jöjjetek*, 1959 január

"Magyar irodalom 1960-ban", dans: *Bécsi Magyar Híradó*, 27-2-1960

"Páriszi szüret 1959", dans: *Új Látóhatár*, 1960/1, 51-57
"Pilinszky János", dans: *Jöjjetek*, 1960 szeptember-október
"Párizsi szüret 1960", dans: *Új Látóhatár*, 1961/1, 75-78
"Illyés a költö", dans: *Új Látóhatár*, 1962/5, 465-475
"Párizsi szüret 1961", dans: *Új Látóhatár*, 1962/1, 81-85
"Pascal", dans: *Jöjjetek*, 1962/4; trad. holl. dans: *Gereformeerd Weekblad*, aug. 1962
"Vajdasági magyar költök", dans: *Új Látóhatár*, 1963/3, 271-281
"Az idö árnyékában", dans: *Magyar Mühely*, 1964 március, 33-41
"Párizsi szüret 1963", dans: *Új Látóhatár*, 1964/2, 167-174
"Egy világ mesgyéjén", dans: Németh Sándor réd., *Eszmék nyomában – Válogatás a Tanulmányi Heteken elhangzott elöadásokból*, Hollandiai Mikes Kelemen Kör, 1965, 98-120 (= *Új Látóhatár*, 1964/1, 34-51)
"Párizsi szüret 1964", dans: *Új Látóhatár*, 1965/1, 69-76
"Párizsi szüret 1965", dans: *Új Látóhatár*, 1966/2, 174-180
"Retorika és strukturalizmus", dans: *Magyar Mühely*, 1968 június, 2-11
"Elmúlt és el nem múló romantika", dans: *Új Látóhatár*, 1969/6, 481-494
"Szerkezet és jelentés Krúdy regényeiben", dans: *Új Látóhatár*, 1972/1, 27-39
"A századeleji avant-garde jellege", dans: *Új Látóhatár*, 1973/6, 484-493
"Korszerüség", *Magyar Mühely*, 1974
"Nyelvészet és költészet", dans: *Új Látóhatár*, 1974/3-4, 335-346; trad. anglaise:
"Linguistics and Poetry. The Peculiarities of Poetic Language", dans: Ádám Makkai ed., *Toward a Theory of Context in Linguistics and Literature*, The Hague-Paris, Mouton, 1976, 13-34
"Vallás és irodalom", dans: von Allmen Daniel e. a., *Hit - müvészet: a jövö szolgálatában*, Európai Protestáns Magyar Szabadegyetem, Bern, 1975, 41-45
"Mikes mítoszai", dans: *Az embernek próbája – Emlékkönyv a Hollandiai Mikes Kelemen Kör fennállásának huszonötödik évfordulójára*, Amsterdam, 1976, 31-35
"Népmese és irodalomelmélet", dans: *Magyar Mühely* 50, 1976, 31-50
"A szöveg ismerete", dans: *Magyar Mühely* 56/57, 1979 február, 64-69
"Multépítö tabudöntögetés", dans: *Irodalmi Újság*, 1979 március-április, 2-3
"Az irodalomtörténet elméleti problémái", dans: *Literatura*, 1979/4, 357-364 et 1981/3-4, 374-380
"Szabadság, kötöttség és a müfajok", dans: Karátson Endre és Neményi Ninon éds., *Belsö tilalomfák – Tanulmányok a társadalmi öncenzúráról*, Hollandiai Mikes Kelemen Kör, 1982, 231-241
"'Új' filozófia", dans: *Új Látóhatár*, 1983/3, 342-351
"Retorika, poétika és a müfajok: Gyöngyösi István költöi világa", dans: *Irodalomtörténet* LXV, 1983/3, 545-591
"Gondolatok a posztmodern kultáráról", dans: *Életünk*, 1987/1
"Magyar Irodalmi Figyelö: Pusztai János", dans: *Helikon*, 14-12-1990
"Az irodalomtörténet válságai", dans: *Helikon*, 6-11-1992

4. Comptes-rendus

a. en francais, allemand ou anglais:

"Paul Delbouille, 'Poésie et Sonorités'", dans: *Neophilologus* 48, 1964, 262-263
"W.Th. Elwert, 'Französische Metrik'", dans: *Neophilologus* 48, 1964, 263-264
"Jean Laude, 'Les Plages de Thulé'", dans: *Het Franse Boek*, 1965/2, 53-54
"Marcel Arland, 'Le Grand Pardon'", dans: *Het Franse Boek*, 1966/1, 26-27
"'Attrait de Delacroix'", dans: *Het Franse Boek*, 1966/2, 86
"Alain Bosquet, 'La Confession mexicaine'", dans: *Het Franse Boek*, 1966/1, 20-21
"Corneille critique", dans: *Het Franse Boek*, 1966/2, 85-86
"Deux univers de l'érotisme", dans: *Het Franse Boek*, 1966/1, 25-25
"Roger Giroux, 'L'Arbre, le temps'", dans: *Het Franse Boek*, 1966/1, 23-24
"'L'Information littéraire 1965'; 'Mercure de France 1965'", dans: *Het Franse Boek*, 1966/2, 83-84
"Margaret McGowan, 'L'Art du ballet de cour en France, 1581-1643'", dans: *Het Franse Boek*, 1966/2, 64-66
"Michel Mohrt, 'La Campagne d'Italie'", dans: *Het Franse Boek*, 1966/1, 31-32
"Georges Mongrédien, 'Cyrano de Bergerac'", dans: *Het Franse Boek*, 1966/1, 36-37
"Georges Perec, 'Les Choses'", dans: *Het Franse Boek*, 1966/1, 16
"Marcel Proust, 'Choix de lettres'", dans: *Het Franse Boek*, 1966/2, 88
"Françoise Sagan, 'La Chamade'", dans: *Het Franse Boek*, 1966/1, 32-33
"Le Surréalisme et les genres", dans: *Het Franse Boek*, 1966/4, 186-188
"José Cabanis, 'La Bataille de Toulouse'", dans: *Het Franse Boek*, 1967/1, 13-14
"Peter France, 'Racine's Rhetoric'", dans: *Het Franse Boek*, 1967/4, 118-119
"Jacques Garelli, 'Brèche'", dans: *Het Franse Boek*, 1967/2, 37-38
"Kléber Haedens, 'L'Eté finit sous les tilleuls'", dans: *Het Franse Boek*, 1967/1, 16-17
"'L'Homme devant Dieu'", dans: *Het Franse Boek*, 1967/4, 126
"Jean Laude, 'Le Mur bleu'", dans: *Het Franse Boek*, 1967/4, 126
"Francis Scarfe, 'André Chénier'", dans: *Het Franse Boek*, 1967/1, 28-29
"Maurice Scève, 'Délie'", dans: *Het Franse Boek*, 1967/3, 82-83
"Pierre Thévenaz, 'De Husserl à Merleau-Ponty'", dans: *Het Franse Boek*, 1967/4, 128
"'Utopie et institutions au XVIIIe siècle'", dans: *Het Franse Boek*, 1967/4, 128
"Frederick W. Vogler, 'Vital d'Audiguier'", dans: *Het Franse Boek*, 1967/4, 117
"André du Bouchet, 'Où le soleil'", dans: *Het Franse Boek*, 1968/4, 166-168
"Heilwig Gräfin zu Eulenburg, 'Bewältigung des Leidens'", dans: *Het Franse Boek*, 1968/2, 115-116
"Gérard Genette, 'Figures'", dans: *Het Franse Boek*, 1968/1, 92-93
"Charles Grivel, 'Six états de franchise'", dans: *Het Franse Boek*, 1968/3, 148-149
"Charles Perrault", dans: *Het Franse Boek*, 1969/3, 92-94
"Vérités sur le Grand Siècle", dans: *Het Franse Boek*, 1969/4, 147-148
"Hélisenne de Crenne, 'Les Angoisses douloureuses'", dans: *Het Franse Boek*, 1970/3, 158-159

"Henri Thomas, 'La Relique'", dans: *Het Franse Boek*, 1970/3, 160
"Victor Hugo, 'Les Contemplations'", dans: *Rapports-Het Franse Boek*, 1971/2, 81
"La Nouvelle en France à l'âge classique", dans: *Rapports-Het Franse Boek*, 1972/1-2, 33-35
"Retz, 'La Conjuration de Fiesque'", dans: *Rapports-Het Franse Boek*, 1971/2, 83
"Un plaidoyer contre la poétique", dans: *Rapports-Het Franse Boek*, 1971/1, 2-5
"R.E. Blake, 'The Essays de Méditations poétiques of Frère Zacharie de Vitré'", dans: *Rapports-Het Franse Boek*, 1972/1-2, 35-37
"Clément Magloire-Saint-Aude, 'Dialogue de mes lampes'", dans: *Rapports-Het Franse Boek*, 1972/3, 71-72
"'Avez-vous lu Victor Hugo?'", dans: *Rapports-Het Franse-Boek*, 1973/2, 64
"Jean Grosjean, 'Clausewitz'", dans: *Rapports-Het Franse Boek*, 1973/3, 91-92
"Malherbe, 'Œuvres poétiques'", dans: *Rapports-Het Franse Boek*, 1973/3, 92
"Geneviève Bollème, 'La Bible bleue'", dans: *Rapports-Het Franse Boek*, 1976/1, 24-27
"Poésie et religion", dans: *Rapports-Het Franse Boek*, 1976/2, 61-63
"Hélène de Fitz-James, 'Lettre de la religieuse polonaise'", dans: *Rapports-Het Franse Boek*, 1977/3, 130
"Antoine Godeau, 'Actes des journeés commémoratives'", dans: *Rapports-Het Franse Boek*, 1977/3, 130
"Pierre Goubert, 'L'Ancien Régime 2'", dans: *Rapports-Het Franse Boek*, 1977/3, 130
"Robert Horville, 'Dom Juan de Molière'", dans: *Rapports-Het Franse Boek*, 1977/3, 130
"Michel Leiris, 'Frêle Bruit'", dans: *Rapports-Het Franse Boek*, 1977/1, 23-25
"Symbole et société", dans: *Rapports-Het Franse Boek*, 1978/4, 177-182
"Découvrir Bove", dans: *Rapports-Het Franse Boek*, 1979/4, 152-154
"'Exeter French Texts'", dans: *Rapports-Het Franse Boek*, 1979/4, 186
"Marcel Jouhandeau, 'La Mort d'Elise'", dans: *Rapports-Het Franse Boek*, 1979/4, 186
"Françoise Mallet-Joris, 'Jeanne Guyon'", dans: *Rapports-Het Franse Boek*, 1979/4, 167
"Marcel Proust, 'L'Indifférent'", dans: *Rapports-Het Franse Boek*, 1979/4, 154-155
"Rhétorique – Théâtre", dans: *Rapports-Het Franse Boek*, 1979/4, 155-157
"Jean-Pierre Richard, 'Microlectures'", dans: *Rapports-Het Franse Boek*, 1979/4, 184
"Terence C. Cave, 'Devotional Poetry in France'", dans: *Rapports-Het Franse Boek*, 1980/2, 98
"Léon Cellier, 'Parcours initiatiques'", dans: *Rapports-Het Franse Boek*, 1980/2, 98
"Du Plaisir, 'Sentiments sur les lettres et sur l'histoire'", dans: *Rapports-Het Franse Boek*, 1980/2, 99
"'Le Lieu et la formule'", dans: *Rapports-Het Franse Boek*, 1980/2, 100-101
"'Littérature et société au XVIIe siècle'", dans: *Rapports-Het Franse Boek*, 1980/2, 101
"Nicolas de Montreux, 'La Sophonisbe'", dans: *Rapports-Het Franse Boek*, 1980/2, 101

"'La prosa francesca del primo seicento'", dans: *Rapports-Het Franse Boek*, 1980/2, 101-102
"Tristan, 'La Lyre'", dans: *Rapports-Het Franse Boek*, 1980/4, 175
"C.W.E. Bigsby ed., 'Approaches to Popular Culture'", dans: *Rapports-Het Franse Boek*, 1981/2, 96
"Guy Bedouelle, 'Lefèvre d'Etaples'", dans: *Rapports-Het Franse Boek*, 1981/4, 188
"Deutsch-französische Gespräche 1920-1950", dans: *Rapports-Het Franse Boek*, 1981/4, 188-189
"Journal du symbolisme", dans: *Rapports-Het Franse Boek*, 1981/4, 189
"Etienne Junius Brutus, 'Vindiciae contra Tyrannos'", dans: *Rapports-Het Franse Boek*, 1981/4, 189
"'Littératures de langue française hors de France'", dans: *Rapports-Het Franse Boek*, 1981/4, 189-190
"David Maskell, 'The Historical Epic in France'", dans: *Rapports-Het Franse Boek*, 1981/4, 190
"Joseph Strelka, 'Methodologie der Literaturwissenschaft'", dans: *Rapports-Het Franse Boek*, 1981/4, 190
"Jean de Viguerie, 'L'Institution des enfants'", dans: *Rapports-Het Franse Boek*, 1981/4, 190
"Philippe Beaussant, 'Versailles, opéra'", dans: *Rapports-Het Franse Boek*, 1984/2, 99
"François Brune, '1984 ou le règne de l'ambivalence'", dans: *Rapports-Het Franse Boek*, 1984/2, 99
"'The Equilibrium of Wit'", dans: *Rapports-Het Franse Boek*, 1984/2, 99
"Karl Hölz, 'Destruktion und Konstruktion'", dans: *Rapports-Het Franse Boek*, 1984/2, 90-91
"Richard G. Maber, 'The Poetry of Pierre Le Moyne'", dans: *Rapports-Het Franse Boek*, 1984/2, 100
"Mélanges offerts à G. Couton", dans: *Rapports-Het Franse Boek*, 1984/2, 100
"Georges Molinié, 'Du roman grec au roman baroque'", dans: *Rapports-Het Franse Boek*, 1984/2, 100
"Hervé Béchade, 'Les Romans comiques de Charles Sorel'", dans: *Rapports-Het Franse Boek*, 1985/2, 91
"Ecriture et peinture en France", dans: *Rapports-Het Franse Boek*, 1985/2, 49-53
"Werner Holly, 'Imagearbeit in Gesprächen'", dans: *Rapports-Het Franse Boek*, 1985/2, 91
"Pierre-Jean Jouve, 'La Scène capitale'", dans: *Rapports-Het Franse Boek*, 1985/2, 92
"'Molière'", dans: *Rapports-Het Franse Boek*, 1985/2, 92
"Les Moralistes français", dans: *Rapports-Het Franse Boek*, 1985/2, 71-73
"Gerd Müller, 'Das Wahlplakat'", dans: *Rapports-Het Franse Boek*, 1985/2, 91
"Le Photo-roman et l'avant-garde", dans: *Rapports-Het Franse Boek*, 1985/4, 181-184
"Jochen Schulte-Sassen ed., 'Literarischer Kitsch'", dans: *Rapports-Het Franse Boek*, 1985/2, 92

"Friedrich Sengle, 'Literaturgeschichtsschreibung'", dans: *Rapports-Het Franse Boek*, 1985/2, 91
"Jean-Noël Vuarnet, 'Extases féminines'", dans: *Rapports-Het Franse Boek*, 1985/4, 195
"L'Apprentissage de Todorov", avec réponse de Todorov, dans: *C.R.I.N.* 14 'Littérature et postmodernité', 1986, 106-113
"Angelika Corbineau-Hoffmann, 'Marcel Proust'", dans: *Rapports-Het Franse Boek*, 1986/2, 47-48
"Jacques Davy Du Perron, 'Oraison funèbre sur la mort de Monsieur de Ronsard'", dans: *Rapports-Het Franse Boek*, 1986/2, 48
"Markus Hänsel, 'Selbstmord im Biedermeier'", dans: *Rapports-Het Franse Boek*, 1986/2, 48
"Jean-François Lyotard, 'La Condition postmoderne'", dans: *C.R.I.N.* 14 'Littérature et postmodernité', 1986, 101-105
"Claude Simon, 'Discours de Stockholm'", dans: *Rapports-Het Franse Boek*, 1986/2, 46-47
"Raimund Theis, 'Auf der Suche nach dem besten Frankreich'", dans: *Rapports-Het Franse Boek*, 1986/4, 192
"Hildegard L.C. Tristram, 'Linguistik und die Interpretation englischer literarischer Texte'", dans: *Rapports-Het Franse Boek*, 1986/4, 192
"Thomas Blundeville, 'The True Order and Method of Wryting and Reading Hystories'", dans: *Rapports-Het Franse Boek*, 1987/4, 167
"Emmanuel Bove, 'L'Amour de Pierre Neuhart'", dans: *Rapports-Het Franse Boek*, 1987/4, 191
"Jean Echenoz, 'L'Equipée malaise'", dans: *Rapports-Het Franse Boek*, 1987/2, 81-82
"Le Grand Siècle", dans: *Rapports-Het Franse Boek*, 1987/2, 49-52
"Sylvain Menant, 'La Chute d'Icare'", dans: *Rapports-Het Franse Boek*, 1987/2, 55-56
"Roland Mortier, 'L'Originalité'", dans: *Rapports-Het Franse Boek*, 1987/4, 186-187
"Yvette Quenot, 'Les Lectures de La Ceppède'", dans: *Rapports-Het Franse Boek*, 1987/4, 166
"Olivier Reboul, 'La Rhétorique'", dans: *Rapports-Het Franse Boek*, 1987/2, 76-77
"Gustave Moreau, 'L'Assembleur de rêves'", dans: *Rapports-Het Franse Boek*, 1988/2, 96
"'Cahiers de Paris VIII, 1'", dans: *Rapports-Het Franse Boek*, 1989/4, 191
"Philippe Dagen, 'La Peinture en 1905'", dans: *Rapports-Het Franse Boek*, 1989/2, 96
"Gerhard Ernst und Josef Felixberger, 'Sprachwissenschaftliche Analysen neufranzösischer Texte'", dans: *Rapports-Het Franse Boek*, 1989/4,192
"Charles Maingon, 'Emile Verhaeren critique d'art'", dans: *Rapports-Het Franse Boek*, 1989/2, 96
"M.R. Pearce. "English Sign Language'; Don Kindler, 'Picture Prompts'", dans: *Rapports-Het Franse Boek*, 1989/4, 190
"David Scott, 'Pictorialist Poetics'", dans: *Rapports-Het Franse Boek*, 1989/1, 38-39

"Alan J. Singermann, 'L'Abbé Prévost, l'amour et la morale'", dans: *Rapports-Het Franse Boek*, 1989/2, 71-72
"Michel Tournier, 'Le Médianoche amoureux'", dans: *Rapports-Het Franse Boek*, 1989/4, 162-163
"Tropmann, 'L'Œil de Madame'", dans: *Rapports-Het Franse Boek*, 1989/4, 190-191
"Jacques Stephen Alexis, 'Romancero aux étoiles'", dans: *Rapports-Het Franse Boek*, 1990/2, 93-94
"Pack Carnes éd., 'Proverbia in Fabula'", dans: *Rapports-Het Franse Boek*, 1990/2, 94-95
"'L'Evangile selon Jean'", dans: *Rapports-Het Franse Boek*, 1990/2, 94
"Wilhelm Kaulen, 'Geschichte des Alltagslebens'", dans: *Rapports-Het Franse Boek*, 1990/2, 94
"Bertrand Marchal, 'La Religion de Mallarmé'", dans: *Rapports-Het Franse Boek*, 1990/2, 92-93
"Andreas Blühm, 'Pygmalion'", dans: *Rapports-Het Franse Boek*, 1991/2, 96
"Annette Erler, 'Der Halberstädter Karls- oder Philosophenteppich'", dans: *Rapports-Het Franse Boek*, 1991/2, 96
"Luba Freedman, 'The Classical Pastoral in the Visual Arts'", dans: *Rapports-Het Franse Boek*, 1991/3, 139
"Piet van Meeuwen, 'Elias Canetti und die bildende Kunst'", dans: *Rapports-Het Franse Boek*, 1991/3, 141
"Paul Morand, vite", dans: *Rapports-Het Franse Boek*, 1991/3, 138
"Engagement et cécité", dans: *Rapports-Het Franse Boek*, 1992/3, 101-102
"Les Familles, la cruauté", dans: *Rapports-Het Franse Boek*, 1992/3, 103
"Christian Jouhaud, 'La Main de Richelieu ou le pouvoir cardinal'", dans: *Rapports-Het Franse Boek*, 1992/2, 94
"Servais Kévorkian, 'Thématique de l'Astrée'", dans: *Rapports-Het Franse Boek*, 1992/4, 188
"Jean-Marie Klinkenberg, 'Le Sens rhétorique'", dans: *Canadian Review of Comparative Literature*, 1992/3, 411-414
"Les Romans de Monory", dans: *Rapports-Het Franse Boek*, 1992/3, 134
"Danièle Sallenave, 'Le Don des morts'", dans: *Rapports-Het Franse Boek*, 1992/2, 94-95
"Sémiotique et rhétorique de l'image", dans: *Rapports-Het Franse Boek*, 1992/3, 128-130
"Du nouveau sur Raymond Roussel", dans: *Rapports-Het Franse Boek*, 1993/1, 47
"La Fin de la postmodernité?", dans: *Rapports-Het Franse Boek*, 1993/1, 26-27
"'Les Livres des PUF'", dans: *Rapports-Het Franse Boek*, 1993/1, 48
"Bernard Manciet, 'L'Enterrement à Sabres'", dans: *Rapports-Het Franse Boek*, 1993/1, 46
"Jacques Rancière, 'Les Mots de l'histoire'", dans: *Rapports-Het Franse Boek*, 1993/1, 47-48

"Un chef-d'œuvre du XVIIIe siècle", dans: *Rapports-Het Franse Boek*, 1993/1, 28-31
(avec L. H. Hoek), "Une histoire du colinguisme littéraire", dans: *Rapports-Het Franse Boek*, 1993/1, 40-41
"Violette Nozières", dans: *Rapports-Het Franse Boek*, 1993/1, 46
"La Belgique francophone", dans: *Rapports-Het Franse Boek*, 1994/3, 141
"Bove", dans: *Rapports-Het Franse Boek*, 1994/3, 139
"Bertrand Mary, 'La Photo sur la cheminée'", dans: *Rapports-Het Franse Boek*, 1994/3, 140-141
"Sorin Stati e.a Hrsg., 'Dialoganalyse III'", dans: *Rapports-Het Franse Boek*, 1994/3, 144

b. en néerlandais:

"Aragon, 'Elsa'", dans: *Het Franse Boek*, 1960/1, 3
"'Atlas Général Larousse'", dans: *Het Franse Boek*, 1960/1, 15
"Baudelaire, 'Les Fleurs du mal'", dans: *Het Franse Boek*, 1960/4, 50-51
"Raymond Cartier et Walter Carone, 'Le Japon'", dans: *Het Franse Boek*, 1960/4, 62
"Madeleine Chapsal, 'Les Ecrivains en personne'", dans: *Het Franse Boek*, 1960/4, 56-57
"Collection Littéraire 'Lagarde et Michard'", dans : *Het Franse Boek*, 1960/4, 62-63
"Hulpboeken bij het literatuuronderwijs", dans: *Het Franse Boek*, 1960/3, 45-47
"Henri Pichette, 'Les Revendications'", dans: *Het Franse Boek*, 1960/4, 51-52
"De 'Poésie Nouvelle' en Yves Bonnefoy", dans: *Het Franse Boek*, 1960/2, 18-20
"Les Prix littéraires 1959. Prix Renaudot: Albert Palle, 'L'Expérience'; Prix Fémina: Bernard Privat, 'Au pied du mur'; Prix Interallié: Antoine Blondin, 'Un singe en hiver'; Prix Rivarol: José-Luis de Villalonga, 'L'Homme de sang'", dans: *Het Franse Boek*, 1960/1, 4-6
"'Tel Quel'", dans: *Het Franse Boek*, 1960/4, 64
"Toneelleven en toneelhervorming", dans: *Het Franse Boek*, 1960/4, 58-59
"Yves Velan, 'Je'", dans: *Het Franse Boek*, 1960/3, 38
"Marcel Arland, 'A perdre haleine'", dans: *Het Franse Boek*, 1961/1, 19
"Marie-Jeanne Durry, 'L'Univers de Giraudoux'", dans: *Het Franse Boek*, 1961/4, 91-92
"A. Eckhardt, 'Dictionnaire Français-Hongrois'", dans: *Het Franse Boek*, 1961/4, 96
"'Ecrivains d'aujourd'hui, 1940-1960'", dans: *Het Franse Boek*, 1961/2, 38-39
"Gustave Flaubert, 'Salammbô'", dans: *Het Franse Boek*, 1961/2, 46
"François Fontaine, 'La Démocratie en vacances'", dans: *Het Franse Boek*, 1961/1, 20
"D. Gallois et J.-B. Piéri, 'Le XIXe siècle'", dans: *Het Franse Boek*, 1961/3, 71
"Literair toerisme", dans: *Het Franse Boek*, 1961/2, 40
"Candide Moix, 'La Pensée d'Emmanuel Mounier'", dans: *Het Franse Boek*, 1961/4, 92-94
"Over nieuwere Franse poëzie", dans: *Het Franse Boek*, 1961/3, 61-65
"'Quatre romans dans le goût français'", dans: *Het Franse Boek*, 1961/2, 35-36

"Muriel Reed, 'Muriel chez...'", dans: *Het Franse Boek*, 1961/2, 45
"A.L.I. Sivirsky, 'De Hongaarse literatuur van onze tijd'", dans: *Levende Talen*, october 1961, 577-578
"Roger Vailland, 'La Fête'", dans: *Het Franse Boek*, 1961/1, 12
"De zee en de dichters. Edouard Glissant, Jean Laude, Pierre Oster", dans: *Het Franse Boek*, 1961/1, 8-10
"Roger Bordier, 'Les Blés'", dans: *Het Franse Boek*, 1962/1, 8-9
"Jacques Brosse, 'L'Ephémère'", dans: *Het Franse Boek*, 1962/1, 26-27
"Eugénie Droz, 'Jacques de Constans'", dans: *Het Franse Boek*, 1962/4, 115-116
"Lagarde et Michard, 'XXe siècle'", dans: *Het Franse Boek*, 1962/3, 89
"Paulette Leblanc, 'Les Paraphrases françaises des psaumes'", dans: *Het Franse Boek*, 1962/4, 117
"Literaire tijdschriften", dans: *Het Franse Boek*, 1962/1, 29
"Montesquieu", dans: *Het Franse Boek*, 1962/4, 119
"Moraal en fantasie", dans: *Het Franse Boe*k, 1962/2, 44-47
"Jérôme Peignot, 'Constance'", dans: *Het Franse Boek*, 1962/1, 32
"Pierre Reverdy", dans: *Het Franse Boek*, 1962/4, 121-122
"Henri Thomas, 'Le Promontoire'", dans: *Het Franse Boek*, 1962/1, 9
"Twee herontdekte romans", dans: *Het Franse Boek*, 1962/1, 5-7
"Colette Audry, 'Derrière la baignoire'", dans: *Het Franse Boek*, 1963/1, 12-13
"Clément Borgal, "Baudelaire'", dans: *Het Franse Boek*, 1963/2, 66
"Simonne Jacquemard, 'Le Veilleur de nuit'", dans: *Het Franse Boek*, 1963/1, 11-12
"Pierre-Jean Jouve", dans: *Het Franse Boek*, 1963/1, 10
"La Fontaine, 'Fables'", dans: *Het Franse Boek*, 1963/2, 47-48
"Blaise Pascal, 'Les Provinciales'", dans: *Het Franse Boek*, 1963/1, 31
"Rimbaldiana", dans: Het Franse Boek, 1963/2, 57-59
"Rousseau", dans: *Het Franse Boek*, 1963/2, 56-57
"Stendhal, 'De l'amour'", dans: *Het Franse Boek*, 1963/2, 67-68
"José-Luis de Vilallonga, 'L'Homme de plaisir'", dans: *Het Franse Boek*, 1963/2, 68
"Madeleine Chapsal, 'Quinze écrivains'", dans: *Het Franse Boek*, 1963/4, 133-134
"'France mère des arts'?" dans: *Het Franse Boek*, 1963/3, 97
"Paul Hartig Hrsg., 'Frankreichkunde'", dans: *Het Franse Boek*, 1963/3, 96
"Georges Limbour, 'La Chasse au mérou'", dans: *Het Franse Boek*, 1963/4, 135
"Robert Mauzi, 'L'Idée du bonheur au XVIIIe siècle'", dans: *Het Franse Boek*, 1963/4, 112-113
"Henry de Montherlant, 'Le Chaos et la nuit'", dans: *Het Franse Boek*, 1963/3, 82
"Dominique Bouhours, 'Les Entretiens d'Ariste et d'Eugène'", dans: *Het Franse Boek*, 1964/3, 105-106
"Jacques Dupin, 'Gravir'", dans: *Het Franse Boek*, 1964/3, 87-89
"'Encyclopédie'", dans: *Het Franse Boek*, 1964/3, 106
"Flaubert, 'Extraits de la Correspondance'", dans: *Het Franse Boek*, 1964/2, 62
"'Guide littéraire de la France'", dans: *Het Franse Boek*, 1964/3, 104-105

"Jean-Edern Hallier, 'Les Aventures d'une jeune fille'", dans: *Het Franse Boek*, 1964/2, 48
"Klaus Heitmann, 'Ethos des Künstlers und Ethos der Kunst'", dans: *Het Franse Boek*, 1964/4, 140-141
"Hölderlin in het Frans", dans: *Het Franse Boek*, 1964/3, 89
"Simonne Jacquemard, 'L'Orangerie'", dans: *Het Franse Boek*, 1964/3, 107
"Edouard Krakowski, 'Le Comte Jean Potocki'", dans: *Het Franse Boek*, 1964/3, 107
"Pierre Mabille, 'Le Miroir du merveilleux'", dans: *Het Franse Boek*, 1964/2, 46-47
"Renée Massip, 'La Bête quaternaire'", dans: *Het Franse Boek*, 1964/1, 12-13
"Marcel Mouloudji, 'Le Petit Vaincu'", dans: *Het Franse Boek*, 1964/4, 135
"Georges Mongrédien, 'Les Précieux et les Précieuses'", dans: *Het Franse Boek*, 1964/3, 108-109
"Marcelin Pleynet, 'Paysages en deux'", in *Het Franse Boek*, 1964/1, 15-16
"Christiane Rochefort, 'Les Stances à Sophie'", dans: *Het Franse Boek*, 1964/2, 49
"Saint-John Perse, 'Oiseaux'", dans: *Het Franse Boek*, 1964/3, 85
"Léopold Sédar Senghor, 'Nocturnes'", dans: *Het Franse Boek*, 1964/1, 16
"Roger Vailland, 'La Truite'", dans: *Het Franse Boek*, 1964/4, 137
"Entre Scève et d'Aubigné", dans: *Het Franse Boek*, 1965/2, 38-40
"René Fallet, 'Paris au mois d'août'", dans: *Het Franse Boek*, 1965/1, 10
"'Victor Hugo dessinateur'", dans: *Het Franse Boek*, 1965/1, 17-19
"'Mercure de France, 1964'", dans: *Het Franse Boek*, 1965/1, 27-28
"Gilles Deleuze, 'Marcel Proust et les signes'", dans: *Het Franse Boek*, 1965/2, 58
"'L'Information Littéraire', 'Critique', 'Mercure de France'", dans: *Het Franse Boek*, 1965/2, 67-70
"Michel Lioure, 'Le Drame'", dans: *Het Franse Boek*, 1965/4, 142
"Raymond Picard, 'La Poésie française de 1640 à 1680'", dans: *Het Franse Boek*, 1965/2, 49-50
"Francis Ponge, 'Pour un Malherbe'", dans: *Het Franse Boek*, 1965/3, 93-94
"'Petit Larousse 1965'", dans: *Het Franse Boek*, 1965/4, 142
"Prévost, 'Manon Lescaut'", dans: *Het Franse Boek*, 1965/3, 86-87
"Marcel Raymond, 'Vérité et Poésie'", dans: *Het Franse Boek*, 1965/2, 54-55
"Naar aanleiding van Bomhoffs 'Problemen der dramaturgie'", dans: *Forum der Letteren* VIII, mei 1967, 126-128

c. en hongrois:

"Pálóczi Horváth György, 'Elveszett nemzedék'", dans: *Jöjjetek*, 1958 október
"Pasternak, 'Doktor Zsivágó'", dans: *Jöjjetek*, 1958 december
"Hernádi Gyula, 'Deszkakolostor'", *dans:Új Látóhatár*, 1959/6, 479-480
"Mészöly Miklós, 'Sötét jelek'", dans: *Jöjjetek*, 1959 április
"Kutasi-Kovács", dans: *Bibliográfia* (Washington), 1960 június-december
"Thurzó Gábor, 'Ámen, Ámen'", dans: *Új Látóhatár*, 1960/3, 262-263
"Szabó Magda", dans: *Jöjjetek*, 1961 január-február

"Tóth Veremund", dans: *Jöjjetek*, 1961 január-február
"Márai Sándor, 'Napló'", dans: *Jöjjetek*, 1962 január-február
"Illyés Gyula válogatott versei", dans: *Magyar Mühely* 5, 1963 július-augusztus, 57-59
"Baráth Lajos, 'Házak tábla nélkül'", dans: *Új Látóhatár*, 1964/2, 190-191
"Orbán Ottó, 'A teremtés napja'", dans: *Új Látóhatár*, 1964/6, 572-573
"Tiszta szigorúság", dans: *Új Látóhatár*, 1964/5, 454-458
"Tóth Judit, "Tüzfalak'", dans: *Új Látóhatár*, 1964/1, 68-71
"Szimbolizmus Magyarországon", dans: *Új Látóhatár*, 1972/4, 464-465
"Dékány Károly versei", dans: *Új Látóhatár*, 1974/3-4, 321
"Új magyar regények", dans: *Új Látóhatár*, 1977/2, 154-157
"A harmincéves Új Látóhatár", dans: *Új Látóhatár*, 1980/3, 397-402
"A magyar irodalom angol nyelvü története", dans: *Új Látóhatár*, 1984/3, 401-406
"A harcos esztéta – Emlékezés Cs. Szabó Lászlóra", dans: *Új Látóhatár*, 1985/1, 6-8
"Utóirat egy recenzióhoz", *Új Látóhatár*, 1985/1, 128
"Képírók", dans: *Új Látóhatár*, 1986/3, 415-418
"Krasznahorkai László, 'Sátántangó'", dans: *Új Látóhatár*, 1986/4, 540-544
"Holland költök", dans: *Új Látóhatár*, 1987/3, 268-269
"A mai világ szeizmográfja (Csoóri)", dans: *Új Látóhatár*, 1988/2, 268-272

5. Articles de journaux
b. en néerlandais:

dans: *Propria Cures*, Amsterdam, 1949-1950
"De Hongaarse Revolutie", dans: *Socialisme en democratie*, december 1959
"Reizen en literatuur", dans: *Trouw*, 7-7-1960
"Franse poëzie vandaag", dans: *Het Parool*, 14-3-1964
"Hongaarse literatuur nu", dans: *Het Parool*, 18-4-1964
"Francis Ponge, dichter van de dingen", dans: *Het Parool*, 13-6-1964
"'Grensgevallen' in de Franse poëzie", dans: *Het Parool*, 30-1-1965
"Marcel Proust", dans: *Het Parool*, 12-6-1965
"Wat ik zou willen zien, droom ik zo mooi", dans: *Literama* 11, februari 1977, 497-503
"Het werk van René Girard", dans: *NRC-Handelsblad*, 21-2-1981
"Een misplaatste aanval", dans: *NRC-Handelsblad*, 31-2-1986
"De technocratische paradox", dans: *NRC-Handelsblad*, 18-1-1987
"Middelpuntloos", dans: *NRC-Handelsblad*, 21-4-1989
"Hollands Glorie", dans: NRC-Handelsblad, 21-12-1990
"Ingezonden brief", *De Volkskrant*, 29-9-1990
"Het Westen is medeverantwoordelijk voor de ontwikkelingen in Oost-Europa", dans: *NRC-Handelsblad*, 12-1-1990
"Ingezonden brief", dans: *NRC-Handelsblad*, 9-9-1991

c. en hongrois:

"Camus", dans: *Jöjjetek*, 1957 október
"Magyar elbeszélök hollandul", dans: *Irodalmi Újság*, 1-11-1957
"Camus", dans: *Jöjjetek*, 1958 május
"Jouve", dans: *Jöjjetek*, 1958 május
"Lengyel gondok", dans: *Jöjjetek*, 1958 július
"Ha költök találkoznak", dans: *Irodalmi Újság*, 1-10-1959
"Beküldött levél", dans: *Irodalmi Újság*, 15-3-1959
dans: *Irodalmi Újság*, 15-11-1959
"Párizsi esték", dans: *Jöjjetek*, 1961 január-február
"Flór Ede", dans: *Magyar Mühely* 14, 1966 augusztus, 49-51
"Serkentés, nem koszorúzás", dans: *Új Látóhatár*, 1968, 453-456
"Közügy és mühely", dans: *Irodalmi Újság*, 1980 március-április
"Egyetlen irodalomtörténet?", dans: *Magyar Napló*, 3-4-1992

6. Interviews
b. en néerlandais:

interview dans: *Schuim*, augustus-september 1985
"Weken achtereen Roodkapje", interview dans: *VU-Magazine*, januari 1991

c. en hongrois:

interview dans: *Utunk*, 3-2-1981
interview dans: *Magyar Tudomány*, 1991/2, 175-177
interview dans: *Vasárnapi Hírek*, 30-8-1992
interview dans: *Világszövetség*, 1-12-1992 december

7. Poésie
a. poèmes:

dans: *Látóhatár*: 1954/2, 1955/3, 4-5, 6, 1956/1, 5, 6, 1958/4
dans *Jöjjetek*: 1957 aug., 1958 feb., március
dans: *Irodalmi Újság*, 1-9-1957, 1-6-1958, 15-7-1958, 1-9-1958, 1-1-1963, 1-2-1963, 1-10-1963, 15-2-1964
dans: *Bécsi Magyar Híradó*: 3-8-1958, 4-12-1958, 21-3-1959, 19-4-1959, 6-6-1959, 4-7-1959, 9-1-1960
dans: *Eszmélet* 1 (Oxford), 1958 okt.
dans: *Új Látóhatár*, 1959/3, 5, 6, 1960/6, 1961/1, 4, 1962/2, 6, 1963/6, 1964/3, 4, 1965/3, 1968/3, 1970/3, 1972/4, 1974/3-4, 1976/3, 1985/2, 1987/2
trad. fr. dans: *Esprit*, mai 1960
trad. fr. dans: *Le Journal des poètes*, mai 1960
dans: *Északi Tudósító* (Stockholm), 1961 május

dans: *Magyar Élet* (Toronto), 1961 május
trad. fr. dans: *1492* (Paris), mars 1962
trad. fr. dans: *Anthologie de la poésie hongroise*, Ed. du Seuil, 1962
Magyar Mühely, 1963 február, 1964 március, december, 1977 március, 1978 június, 1982 március, 1985 január
trad. holl. dans: *Maatstaf*, maart 1965
Híd (Novi Sad), 1969 március
trad. fr. (avec Charles Grivel) dans: *Argile* XXI, hiver 1979-1980, 42-55
Életünk, 1986/4
Helikon (Cluj), 1990 július 6, augusztus 31
Korunk (Cluj), 1991/4
Kelet-Nyugat (Oradea), 13-6-1991
Élet és Irodalom, 1991 december
Jelenkor, 1993 június

b. recueils:

Kilenc Költö, szerk. Szabó Zoltán, London, 1959
Kint és bent, Washington, Occidental Press, 1963
Téged, Washington, Occidental Press, 1973, 63 p.
Szépen, Versek 1957-1989, Budapest, Orfeusz Könyvek, 1991, 198 p.

8. Traductions en néerlandais:

"Attila József", dans: *Podium*, 1955, 5, 314-320
(avec Guillaume van der Graft), "Gyula Illyés, 'Eén zin over tyrannie'", dans: *Wending*, 1957/2, 19-24
"Attila József, Sándor Weöres", dans: *De Gids*, aug-sept. 1957, 116-121
"André Breton", dans: Sybren Polet red., *1900-1950*, Amsterdam, De Bezige Bij, 1961, 38
"Sándor Weöres", dans: *Maatstaf*, oktober 1968, 535-543
"György Somlyó, Ida Solymosi en István Jánosy", dans: Sybren Polet red., *Kikker en nachtegaals, buitenlandse poëzie over Nederland en Nederlanders van de zeventiende eeuw tot heden*, Amsterdam, De Bezige Bij, 1969, 165, 167, 203
"Moderne poëzie in Hongarije", dans: *Raster* VI, herfst 1972, 382-395.

SOMMAIRE

IV Reflets: fins de siècle